|高职高专新商科系列教材|

仓储与配送管理
（微课版）

李娜　刘明伟　主编
张艳　王洪联　代文杰　刘瑾瑜　副主编

清华大学出版社
北京

内 容 简 介

本书依据高等职业学校现代物流管理专业教学标准中的主要教学内容,以仓储与配送业务流程为主线,设计了9个项目和25个任务,全面系统地介绍了仓储与配送管理的相关知识与技能。本书融合现代物流管理专业技能大赛案例和实际工作过程设计教学环节,结构新颖,将项目任务分解成多个任务,结合理论知识,逐步实施各任务,最后进行整体任务的训练,任务可操作性强,加深学生对实际工作的理解,提升解决问题的能力。此外,书中插入诸多小案例、知识链接,特别强调某些工作要点,将课程思政元素融入教材,让学生在获取新知、提升技能的同时,培养良好的道德品质和爱岗敬业的工匠精神。

本书可以作为高职高专院校现代物流管理及其他相关专业的教材,也可作为物流管理人员培训和普通高等职业教育的教材或教学参考书。

本书封面贴有清华大学出版社防伪标签,无标签者不得销售。
版权所有,侵权必究。举报: 010-62782989,beiqinquan@tup.tsinghua.edu.cn。

图书在版编目(CIP)数据

仓储与配送管理:微课版/李娜,刘明伟主编. —北京:清华大学出版社,2022.9
高职高专新商科系列教材
ISBN 978-7-302-61577-4

Ⅰ. ①仓… Ⅱ. ①李… ②刘… Ⅲ. ①仓库管理—高等职业教育—教材 ②物资配送—物流管理—高等职业教育—教材 Ⅳ. ①F253 ②F252.14

中国版本图书馆 CIP 数据核字(2022)第 145562 号

责任编辑:吴梦佳
封面设计:傅瑞学
责任校对:袁 芳
责任印制:宋 林

出版发行:清华大学出版社
　　　　网　　址:http://www.tup.com.cn,http://www.wqbook.com
　　　　地　　址:北京清华大学学研大厦A座　　　邮　编:100084
　　　　社 总 机:010-83470000　　　　　　　　　　邮　购:010-62786544
　　　　投稿与读者服务:010-62776969,c-service@tup.tsinghua.edu.cn
　　　　质量反馈:010-62772015,zhiliang@tup.tsinghua.edu.cn
　　　　课件下载:http://www.tup.com.cn,010-83470410
印 装 者:三河市君旺印务有限公司
经　　销:全国新华书店
开　　本:185mm×260mm　　　印　张:15.75　　　字　数:376 千字
版　　次:2022 年 10 月第 1 版　　　　　　　　　　印　次:2022 年 10 月第 1 次印刷
定　　价:48.00 元

产品编号:093412-01

前 言

本书以仓储与配送业务流程为主线,设计了9个项目:仓储与配送认知、仓库与配送中心规划、仓库与配送中心设备配置及信息技术、入库作业管理、在库作业管理、出库作业管理、配送作业管理、仓储与配送成本管理、仓储与配送绩效管理。每个项目包括若干个任务,结合理论知识,逐步实施各任务,最后进行整体任务的训练,将知识转化为技能。本书编写特色如下。

第一,融合现代物流管理专业技能大赛案例和实际工作过程设计教学情境。

本书在编写时首先分析典型的技能大赛案例,归纳出各个知识点及技能要求,然后结合实际工作过程,设计学习情境。这样既能够激发学生的学习动机,调动学生的求知欲,也能够使学生积极实践完成各自情境下的工作任务。

第二,理论实践一体化。

本书将任务分析、知识准备、任务实施设计在同一教学单元中,融"教、学、做"于一体。将每一个项目进行任务分解,分别进行任务分析,结合任务设计学习目标和知识准备,然后完成任务的实施,体现"做中学,学中做,学以致用"的教学理念。

第三,教材配有丰富的教学资源。

在学习资源上,本书运用二维码技术,将"看书"与"操作"紧密结合,学习者除了可以学习纸质教材上的内容之外,还可以扫描书中的二维码,获取更多的物流操作视频、动画等资源。

第四,注重学生素养的培育。

书中插入一些小案例、知识链接,将课程思政元素融入教材,让学生在获取新知识、提升技能的同时,培养良好的道德品质和爱岗敬业的工匠精神。

在编写本书时,我们参阅了大量的教科书、专著、期刊和网络资料等,在此向这些作者表示感谢。在参考文献部分我们尽可能地将参阅的文献一一列出,如有遗漏,敬请见谅。因编者水平有限,书中难免有不当之处,敬请读者批评、指正。

编 者
2022年5月

CONTENTS 目 录

项目 1　仓储与配送认知 · 1

　任务 1.1　认知仓储与配送 · 2
　　1.1.1　仓储概述 · 2
　　1.1.2　配送概述 · 4
　任务 1.2　认知仓储和配送业务流程 · 6
　　1.2.1　仓储作业流程 · 6
　　1.2.2　仓储作业环节 · 8
　　1.2.3　配送流程 · 9
　　1.2.4　配送模式 · 10
　任务 1.3　认知仓储和配送岗位 · 13
　　1.3.1　仓储相关岗位介绍 · 14
　　1.3.2　仓储人员岗位职责 · 14
　　1.3.3　配送相关岗位介绍 · 19
　　1.3.4　配送人员岗位职责 · 20
　小结 · 24
　测试 · 24

项目 2　仓库与配送中心规划 · 26

　任务 2.1　仓库与配送中心选址 · 28
　　2.1.1　仓库选址概述 · 28
　　2.1.2　仓库选址的方法 · 31
　任务 2.2　仓库与配送中心布局规划 · 36
　　2.2.1　仓库整体平面布局 · 36
　　2.2.2　仓库内部平面布局 · 38
　　2.2.3　设施布局规划 · 42
　小结 · 47
　测试 · 47

项目3 仓库与配送中心设备配置及信息技术 ... 49

任务3.1 仓库与配送中心设备配置 ... 51
- 3.1.1 仓库设备类别 ... 51
- 3.1.2 储存设备 ... 53
- 3.1.3 装卸堆垛设备 ... 58
- 3.1.4 搬运传送设备 ... 61
- 3.1.5 成组搬运工具 ... 64

任务3.2 仓库与配送中心信息技术 ... 68
- 3.2.1 智能化仓储技术 ... 68
- 3.2.2 智能化配送技术 ... 70

小结 ... 71
测试 ... 72

项目4 入库作业管理 ... 74

任务4.1 入库准备工作 ... 76
- 4.1.1 入库作业基本流程 ... 76
- 4.1.2 入库作业计划 ... 76
- 4.1.3 货物接运 ... 79

任务4.2 货物验收工作 ... 82
- 4.2.1 验收准备 ... 82
- 4.2.2 核对凭证 ... 82
- 4.2.3 实物检验 ... 83
- 4.2.4 验收异常处理 ... 85

任务4.3 办理入库手续 ... 87
- 4.3.1 登账 ... 88
- 4.3.2 立卡 ... 89
- 4.3.3 建档 ... 89
- 4.3.4 签单 ... 90

小结 ... 93
测试 ... 93

项目5 在库作业管理 ... 95

任务5.1 储位管理 ... 98
- 5.1.1 储位管理的对象 ... 98
- 5.1.2 储位管理的范围 ... 99
- 5.1.3 储位管理的原则 ... 100
- 5.1.4 储位管理的要素 ... 101
- 5.1.5 储位管理的方法与步骤 ... 103

  任务 5.2 　堆码作业 ··· 104
    5.2.1 　货物堆码 ·· 104
    5.2.2 　常见的货物堆码方式 ·· 106
  任务 5.3 　保管和养护作业 ··· 110
    5.3.1 　仓库温湿度的控制和调节 ··· 110
    5.3.2 　仓库商品防老化 ··· 112
    5.3.3 　仓库物品防虫害 ··· 113
    5.3.4 　仓库金属制品的防锈蚀 ··· 114
  任务 5.4 　仓库 6S 管理 ·· 116
    5.4.1 　仓库 6S 管理的含义 ··· 116
    5.4.2 　仓库 6S 管理的实施 ··· 117
  任务 5.5 　仓库盘点作业 ·· 127
    5.5.1 　盘点作业 ·· 127
    5.5.2 　盘点作业步骤 ·· 129
  小结 ··· 137
  测试 ··· 137

项目 6 　出库作业管理 ·· 140

  任务 6.1 　出库作业流程 ·· 146
    6.1.1 　出库作业概述 ·· 147
    6.1.2 　出库作业流程 ·· 148
  任务 6.2 　订单处理 ··· 154
    6.2.1 　订单处理作业概述 ·· 154
    6.2.2 　订单处理作业流程 ·· 156
  任务 6.3 　拣货、补货作业 ··· 162
    6.3.1 　拣货作业 ·· 163
    6.3.2 　补货作业 ·· 166
  小结 ··· 171
  测试 ··· 171

项目 7 　配送作业管理 ·· 173

  任务 7.1 　配送计划 ··· 175
    7.1.1 　配送计划概述 ·· 175
    7.1.2 　配送计划制订的步骤 ·· 176
    7.1.3 　配送计划优化方法 ·· 177
  任务 7.2 　配送路线优化 ·· 180
    7.2.1 　配送路线方案 ·· 181
    7.2.2 　配送路线优化方法 ·· 182
  任务 7.3 　配载装车作业 ·· 187

  7.3.1 车辆配装 ………………………………………………………… 187
  7.3.2 配载装车作业的主要内容 ……………………………………… 189
  7.3.3 车辆配装的方法 ………………………………………………… 190
 小结 ………………………………………………………………………… 192
 测试 ………………………………………………………………………… 193

项目 8 仓储与配送成本管理 ……………………………………………… 195

 任务 8.1 仓储成本管理 ……………………………………………………… 195
  8.1.1 仓储成本认知 …………………………………………………… 196
  8.1.2 仓储成本计算 …………………………………………………… 198
  8.1.3 仓储成本优化 …………………………………………………… 202
 任务 8.2 配送成本管理 ……………………………………………………… 205
  8.2.1 配送成本认知 …………………………………………………… 205
  8.2.2 配送成本计算 …………………………………………………… 207
  8.2.3 配送成本优化 …………………………………………………… 211
 小结 ………………………………………………………………………… 218
 测试 ………………………………………………………………………… 218

项目 9 仓储与配送绩效管理 ……………………………………………… 219

 任务 9.1 仓储绩效管理 ……………………………………………………… 220
  9.1.1 仓储绩效管理认知 ……………………………………………… 220
  9.1.2 仓储绩效指标管理 ……………………………………………… 222
 任务 9.2 配送绩效管理 ……………………………………………………… 229
  9.2.1 配送绩效管理认知 ……………………………………………… 230
  9.2.2 配送绩效指标管理 ……………………………………………… 232
 小结 ………………………………………………………………………… 239
 测试 ………………………………………………………………………… 239

参考文献 ……………………………………………………………………………… 241

CHAPTER 项目 1

仓储与配送认知

项目导图

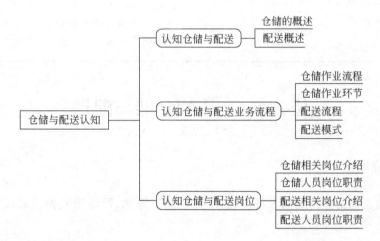

任务描述

张磊是京东亚洲一号物流园新入职的实习生,在接下来半年的实习中,他将在常温仓、冷链仓以及配送分拣中心依次轮岗。这是他第一次进入仓配一体化的智慧供应链服务企业,该企业也是涵盖入库、出库、运输、配送各个环节的大型现代化物流企业,张磊非常珍惜这次实习机会。他将负责仓储、物流分拣、配送数据监控、异常处理、质量改善等仓配工作,并将参与制订仓配与配送流程。试问张磊该如何制订仓储与配送流程?对于仓配岗位职责,张磊该如何理解?

任务分解

作为一名仓储人员,一是应掌握仓储与配送的相关知识,了解仓储与配送的一般作业流程,掌握仓储配送从业人员的岗位职责;二是能够在了解仓配一体化连贯作业的基础上,根据工作实际情况,制订与企业相匹配的仓储与配送流程,掌握仓配工作具体的岗位职责。

学习目标

任务	知识目标	能力目标	素质目标
认知仓储与配送	1. 掌握仓储的概念、功能与分类； 2. 掌握配送的概念、功能与分类	1. 能够理解仓储与配送的关系； 2. 能够理解仓储、配送在物流管理中的地位	1. 具有计划性、规划性、系统性思维； 2. 具备仓配一体化统筹安排的思想
认知仓储与配送业务流程	1. 掌握仓储作业流程； 2. 掌握仓储作业环节； 3. 掌握配送作业流程； 4. 了解常见的配送模式	1. 能够认知并协调仓储和配送作业全流程； 2. 能够规划恰当的配送模式	1. 具备全流程协调配合的意识； 2. 能够强化团队合作观念
认知仓储与配送岗位	1. 了解仓储与配送作业相关岗位； 2. 了解仓储与配送作业相关岗位职责； 3. 了解仓储与配送相关部门的组织架构	1. 能够设置仓储与配送业务部的组织架构； 2. 能够了解仓储与配送各个岗位的职责所在	1. 培养认真细致的工作态度； 2. 培养团结协作的团队精神

任务 1.1　认知仓储与配送

认知我国仓储配送行业的发展情况，了解仓配一体化、智能化等相关宏观发展态势，掌握仓储与配送的相关知识。

1.1.1　仓储概述

1. 仓储的概念

"仓"，即仓库，为存放、保管、储存货物的建筑物和场地的总称，可以是房屋建筑、洞穴、大型容器或特定的场地等，具有存放和保护货物的功能。"储"，即储存、储备，表示收存以备使用，具有收存、保管、交付使用的意思。"仓储"则为利用仓库存放、储存未即时使用的货物的行为。仓储是集中反映工厂物资活动状况的综合场所，是连接生产、供应、销售的中转站，对促进生产、提高效率起着重要的辅助作用。仓储是产品生产、流通过程中因订单前置或市场预测前置而将产品、货物暂时存放。围绕仓储实体活动同时要有清晰准确的报表、单据账目和会计部门核算的准确信息，因此仓储是物流、信息流、单证流的合一。

对仓储概念的理解要抓住以下要点。第一，满足客户的需求，保证储存货物的质量，确保生产、生活的连续性是仓储的使命之一。第二，当货物不能被即时消耗，需要专门的场所存放时，形成了静态仓储。对仓库里的货物进行保管、控制、存取等作业活动，便产生了动态仓储。第三，储存的对象必须是实物产品，包括生产资料、生活资料等。第四，储存和保管货物要根据货物的性质选择相应的储存方式。例如,食品、生物药品等对温度有特殊要求的货物,需要采用冷藏库进行储存;液体性的原油或成品油,则需要使用油品库进行储存。

2. 仓储的功能

从整个物流过程看,仓储是保证物流正常运转的基础环节之一,仓储的功能主要体现在基本功能、增值功能以及社会功能三个方面。

(1) 基本功能。基本功能是指为满足市场的基本储存需求,仓库所具有的基本的操作或行为功能,包括储存、保管、拼装、分类等基础作业功能。其中,储存和保管是仓储最基础的功能。通过基础作业,货物得到了有效的符合市场和客户需求的仓储处理。例如,拼装可以为进入下一个物流环节做好准备。

(2) 增值功能。增值功能是指通过高质量的仓储作业和服务,使经营方或供需方获取除这部分以外的利益。这个过程称为附加增值过程。这是物流中心与传统仓库的重要区别之一。增值功能的典型表现方式包括以下两种。一是提高客户的满意度。当客户下订单时,物流中心能够迅速组织货物,并按要求及时送达,提高了客户对服务的满意度,从而扩大销售量。二是信息的传递。在仓库管理的各项事务中,经营方和供需方都需要实时、准确的仓库信息。例如,仓库利用进出货频率、仓库的地理位置、仓库的运输情况、客户需求状况、仓库人员的配置等信息,为供需方或经营方进行正确的商业决策提供可靠的依据,提高供需方或经营方对市场的响应速度,提高经营效率,降低经营成本,从而为其带来额外的经济利益。

(3) 社会功能。仓储的基础作业和增值作业会给整个物流过程的运转带来不同的影响,良好的仓储作业与管理会带来正向影响,如保证生产、生活的连续性;反之,会带来负面的效应。这些功能称为社会功能,主要从以下三个方面来理解。第一,时间调整功能。一般情况下,生产与消费之间会产生时间差,通过储存可以克服货物产销在时间上的隔离(如季节生产但需全年消费的大米)。第二,价格调整功能。生产和消费之间也会产生价格差,供过于求、供不应求都会对价格产生影响,因此通过仓储可以克服货物在产销量上的不平衡,达到调控价格的效果。第三,衔接货物流通的功能。货物仓储是货物流通的必要条件,为保证货物流通的连续性,就必须有仓储活动。通过仓储,可以防范突发事件,保证货物顺利流通。例如,运输被延误、卖方缺货等,均可能通过仓储得到解决。

3. 仓储的分类

企业可以选择自有仓库仓储、租赁公共仓库仓储或合同制仓储的形式,为物料、货物准备仓储空间。

(1) 自有仓库仓储。相对于公共仓储而言,企业利用自有仓库进行仓储活动可以更大程度地控制仓储,在管理上也更具灵活性。

(2) 租赁公共仓库仓储。企业通常租赁提供营业性服务的公共仓储进行储存。

(3) 合同制仓储。合同制仓储能够提供专业、高效、经济和准确的分销服务。

一家企业是自建仓库仓储还是租赁公共仓库仓储或采用合同制仓储,需要考虑周转总量、需求的稳定性、市场密度等因素。

1.1.2 配送概述

1. 配送的概念

配送是指在经济合理区域内,根据客户的要求,对物品进行拣选、加工、包装、分割、组配等作业,并按时送达指定地点的物流活动。

配送是物流系统中一种特殊的、综合的活动形式,是商流与物流的紧密结合,包含了物流中若干功能要素的一种物流活动。从物流角度来说,配送几乎包括了所有的物流功能要素,是物流的缩影,或在较小范围内物流全部活动的体现。一般的配送集装卸、包装、保管、运输于一体,通过一系列的活动实现将物品送达客户的目的。特殊的配送还要以流通加工活动为支撑,其内容更为广泛。

2. 配送的功能

物流配送不仅具有送货功能,还具有备货、保管、分拣、配装、流通加工、运输等功能。

(1)备货功能。为实现按用户的需求配送,必须从众多供应商手中购进大量品种比较齐全的商品,以保证对客户的供应。备货是配送的准备工作,是配送的前提条件。备货工作包括寻找货源、采购、进货及相关的质量检查、结算和交接等系列活动。由于企业的客户可能不止一个,而且每个客户的货物也不是一次性配送完,所以备货数量一般大于配送数量。配送的优势之一,就是可以集中用户的需求进行一定规模的备货。备货成本往往是制约配送成本的重要因素。如果备货成本太高,会大大提高配送成本,降低配送效益。因此,备货是决定配送成败的基础工作。

(2)保管功能。大部分商品要在配送中心经过一段时间的储存后,根据客户要求的时间进行配送,因此保管功能是配送的主要功能之一。但配送保管与一般的仓库保管不同,配送保管的时间短,起着衔接的功能,同时设施设备比仓库的要求低。比如商品在配送中心停留的时间很短,即便没有配送中心,也可以根据货物的性质和要求,随时搭建储存仓库,任务完成后再撤掉储存仓库即可。

(3)分拣功能。商品在配送中心保管时,一般是按保管单元的形式分区域存放。但配送时是按顾客需求的商品进行配送。现代企业的需求特点是多品种、小批量、多频次。因此,在商品出库时必须按照顾客的订单要求组配货物。分拣及配货是决定整个配送系统水平的关键要素。分拣是完善送货、支持送货的准备性工作,有了分拣作业,就会大大提高送货服务的水平。

(4)配装功能。当单个客户的配送数量不能达到车辆的有效运载容量时,就会导致配送车辆利用不充分,因此就需要配装不同客户的配送物品,进行搭配装载,以充分利用配送车辆。配装和一般送货是不同的,通过配装送货可以大大提高配送车辆的利用率,降低送货成本。

(5)流通加工功能。产品生产的特点是大批量、少品种,而顾客消费呈现小批量、多样化的要求,这种生产和消费之间的不匹配,需要在配送过程中按照用户的不同要求对商品进行简单的加工。流通加工与制造加工不同,流通加工没有改变商品的性能和功能,改变的只是商品的数量、尺寸和包装形式。例如大包装分装成小包装,大块商品分割成小块商品,散装货物进行简单的包装等。流通加工在配送过程中往往发挥着重要的作用,通过对商品的简单加工,可以大大提高物流作业的效率和客户的满意度。

(6) 运输功能。配送运输不同于一般的运输形式,配送运输是以满足顾客的需要为前提的小规模、短距离、多顾客的运输形式。配送运输的时效性要求更强一些,配送要求也更高一些。

3. 配送的分类

(1) 按配送货物的种类和数量分类,配送可分为少品种(或单品种)大批量配送、多品种小批量配送、配套成套配送。

(2) 按配送时间及数量分类,配送可分为定时配送、定量配送、定时定量配送、定时定量定点配送、即时配送。定时配送是指按规定的间隔时间进行配送,有当日配送和准时配送两种形式。定量配送是按规定的货物品种及数量进行配送。定时定量配送是指按规定的时间和规定的货物品种及数量进行配送。定时定量定点配送是指按照确定的周期、确定的货物品种和数量向确定的客户进行配送。即时配送是指随要随送,按照客户提出的时间和货物品种、数量的要求随即进行配送。

(3) 按配送组织者分类,配送可分为商店配送、配送中心配送、仓库配送、生产企业配送。商店配送是指配送组织者是商业零售网点的配送,分为兼营配送和专营配送两种形式。配送中心配送是指配送组织者是专职从事配送的配送中心的配送。仓库配送是以一般仓库为节点进行配送的形式。生产企业配送的组织者是生产企业,尤其是进行多品种生产的企业。生产企业配送,即直接由本企业进行配送,而无须将产品发运到配送中心。

(4) 按经营形式分类,配送可分为销售配送、供应配送、销售—供应一体化配送、代存代供配送。销售配送是指配送企业是销售性企业,或销售企业进行的促销型配送。供应配送是指企业为了自己的供应需要所采取的配送形式,往往由企业或企业集团组建配送节点,集中组织大批量进货,然后向本企业配送或向本企业集团下属的若干企业进行配送。销售—供应一体化配送是指对于基本固定的客户和基本确定的配送产品,销售企业在销售的同时,承担起对客户执行有计划供应的职能。这就要求销售—供应一体化配送的主体既是销售者又是客户的供应代理人。代存代供配送是指客户将属于自己的货物委托配送企业代存、代供,有时还委托代订。

物流业发展情况

任务实施

电子商务的快速发展,推动仓储物流呈现跨越式发展。在互联网科技的支撑下,我国仓储系统呈现智能化发展,中国已实现仓库自动化运行,2018年自动化立体仓库保有量已超5 000座。物流业利用智能技术,结合自动识别技术,自动获取信息、分析信息,并根据分析结果优化资源。近年来,京东、菜鸟、顺丰、邮政特快专递(EMS)等物流企业正积极进行智慧物流升级。

配送环节作为物流活动的"最后一公里",关系到物流成本节约、物流效率提升和物流服务的呈现。随着电商的蓬勃发展,人们的购物和生活习惯发生变化,配送作业已渗入各行各业。数据显示,2017年我国快递服务企业的业务量全年累计超400亿件,2020年仅前9个月就实现500亿件的快递业务量,我国已进入日均1亿多件快递业务量的行列。

互联网模式下的仓配一体化,基于大数据分析,整合电商平台、供货商、物流企业等资源,通过最大化地提升配送车辆的满载率,以及利用销售淡季提高仓储空间的利用率等,来降低物流成本。基于电商、供货商以及物流企业的共同利益,构建仓配一体化信息系统成为发展趋势。

任务 1.2　认知仓储和配送业务流程

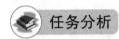

进入仓储与配送相关岗位之前,要整体把握仓储与配送的具体业务流程,掌握各个环节的注意事项,具体内容包括以下几项:一是掌握进货作业、商品在库管理、商品配载、商品出库作业、直接转运管理的仓储作业流程;二是掌握集货、储存、盘点、订单处理、拣货、补货、出货的配送流程;三是掌握订单处理作业、采购作业、入库作业、盘点作业、拣货作业、出库作业和配送作业的仓储作业环节;四是能够认知目前常见的配送模式。

1.2.1　仓储作业流程

本书以物流中心为例来讲解仓储作业流程。

物流中心涵盖的范围非常广泛,既包括从物流产地、配载中心到服务于末端环节的消费品物流中心,又包括从生产厂的供应物流中心到流通环节的物流中心。业务范围不同,作业流程也不同。简单来说,物流中心的主要运作环节包括进货作业、商品在库管理、商品配载、商品出库作业和直接转运的管理。

1. 进货作业

在物流中心的基本作业流程中,进货作业是其他作业环节的开始,主要内容包括核验单据、装卸、搬运、分类、验收、确认商品后,将商品按预定的货位储存入库的整个过程。商品进货作业是后续作业的基础和前提,进货工作的质量直接影响后续作业的质量。其作业流程包括进货作业计划、进货前的准备、接运与卸货、分类与标示、核对单据、入库验收、进货信息的处理。

2. 商品在库管理

商品在库管理的内容一般根据物流中心的业务、处理对象和客户要求来设置,但基本都包括保管、储位安排、盘点作业、拣货作业、分装加工作业。物流中心对在库商品的管理有如下基本要求:①商品的储存符合环境及卫生的要求,防虫防鼠,保持温度范围,避免商品间的污染;②商品按规定区域存放,便于识别和查找;③商品出入有序,按先进先出或后进先出的原则;④商品在库房中的移动路线尽量短,以保证仓库内部物流的合理化。

3. 商品配载

物流中心在流通中所起的作用是将不同的供应商和众多品种的商品进行统一运送,发挥规模效应,从而实现减少单位商品的物流成本,所以一般而言,物流中心通过商品的"配"

和"送"达到减少物流成本的目的。商品配送是"配"和"送"的有机结合。配送通过集中、分拣、配货等环节,对订单上的所有商品进行处理。只有配送达到一定的规模,物流中心才能利用规模优势以较低的单位运作成本来开发利润空间。可以说,商品的品种、数量越多,服务于供应商和客户的网点越多,物流中心经过配送所能实现的利润也就越高。如果不进行分拣、配货,有一件运一件,需要一点送一点,就会大大增加运力的消耗,造成资源的严重浪费和成本难以控制的增长,物流中心也就失去了存在的意义。一般情况下,当单个客户的配送数量不能达到车辆的有效装载负荷时,应集中配送路线上其他客户的配送货物进行搭配装载,以提高车辆运力的利用率,达到提高配送效率、降低配送成本的目的。但是由于配送的货物种类繁多,特性各异,在运送过程中其操作工艺和作业要求不可能完全一样,为确保配送服务质量,应选择适宜的配送车辆类型,必要时分别配送。车辆配载技术要解决的主要问题是,在充分保证货物质量和数量完好的前提下,尽可能地提高车辆在容积和载重两方面的装载量,充分利用运力。

4. 商品出库作业

物流中心的商品出库作业是依据客户服务部门或业务部门开出的送货单和商品出库凭证,按其所列的商品编号、名称、规格、数量或生产日期等项目组织商品出库的一系列活动。商品出库作业的完成,标志着商品保管工作的结束。商品出库作业包括发货前的准备工作和商品出库两项内容。

发货前的准备工作:①合理安排装车空间;②检查车辆装载条件是否满足卫生要求;③准备随车工具、卸货推车、货笼等;④安排装车人员。

商品出库:①检查装车单据;②按装车图配货装车;③核实车上商品的数量、质量;④与送货人员或接货人员确认出库事宜;⑤记录装车过程。

5. 直接转运的管理

直接转运是现代物流中心作业中对物流运作管理要求较高的运作模式,对仓储及运输管理的配合度要求较高。沃尔玛85%的商品采用直接转运的方式,其所节省的成本达到销售额的3%。但直接转运对供应商、车辆、信息传递等都有一定的要求,归纳起来有以下几点。

(1)直接转运要求物流中心提供较大的空间位置进行商品的接收、临时存放、拆板等作业。在进行物流中心规划时,对采取直接转运的商品比例要认真考虑,要留有充分的余地,以便运作。

(2)物流中心要更加严格地控制和执行接货、检验、拣货、配装程序。直接转运的货品由于在物流中心滞留的时间较短,容易造成信息传递、文件履行、质量控制等方面的遗漏,所以必须严格控制各运作环节。

(3)直接转运对运输管理提出了更高的要求,要求运输信息的实时跟踪和传递,要求有快速调配运输线路的能力,要求运输配备应急系统,以防紧急事件的发生。

(4)运输与仓储管理的协调配合。直接转运是物流系统运输与仓储一体化作业方式的体现,要求运输与仓储在信息传递方式、作业设备的统一、组织机构的配置、应急方案的制订等方面都要协调一致。

1.2.2 仓储作业环节

仓储作业过程可归纳为订单处理作业、采购作业、入库作业、盘点作业、拣货作业、出库作业和配送作业7个环节,如图1-1所示。

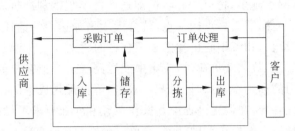

图1-1 仓储作业过程

1. 订单处理作业

仓库的业务归根结底来源于客户订单,它始于客户的询价、业务部门的报价,然后接收客户订单,业务部门了解库存状况、装卸能力、流通加工能力、包装能力和配送能力等,以满足客户的需求。对具有销售功能的仓库,核对客户的信用状况、未付款信息也是重要内容之一。对服务于连锁企业的物流中心,其业务部门也叫客户服务部。每日处理订单、与客户经常沟通是客户服务部的主要功能。

2. 采购作业

采购作业环节是将仓库的存货控制在一个可接受的水平,并寻求订货批量、时间和价格的合理关系。采购信息来源于客户订单、历史销售数据和仓库存货量,所以仓库的采购活动不是独立的商品买卖活动。采购作业包括统计商品需求数量、查询供货厂商交易条件,然后根据所需数量及供货商提供的订货批量形成采购单。对服务于连锁企业的物流中心,此项工作由存货控制部门来完成。

3. 入库作业

仓库发出采购订单后,库房管理员即可根据采购单上的预定入库日期进行作业安排,在商品入库当日进行入库商品资料查核和商品检验,当质量或数量与订单不符时,应进行准确的记录,及时向采购部门反馈信息。库房管理员按库房规定的方式安排卸货、托盘码放和货品入位。对同一张订单分次到货或不能同时到达的商品要进行认真的记录,并将部分收货记录资料保存到规定的到货期限。

4. 盘点作业

仓储盘点是仓库人员定期对在库货品的实际数量与账面数量进行核查。通过盘点,掌握仓库真实的货品数量,为财务核算、存货控制提供依据。

5. 拣货作业

拣货作业是指根据客户订单的品种及数量进行商品的拣选,既可以按路线拣选,也可以按单一订单拣选。拣货作业包括拣取作业、补充作业、货品移动安排和人员调度。

6. 出库作业

出库作业是完成商品拣选及流通加工作业之后,送货之前的准备工作。出库作业包括准备送货文件、为客户打印出货单据、准备发票、制订出货调度计划、决定货品在车上的摆放方式、打印装车单等工作。

7. 配送作业

配送作业包括送货路线规划、车辆调度、司机安排、与客户及时联系、商品在途的信息跟踪、意外情况处理及文件处理等工作。

1.2.3 配送流程

配送由集货（备货）、理货和送货3个基本环节组成。集货是配送业务的基础环节，涉及准备和筹集货物等操作性活动。理货是按照客户的需要，对货物进行分拣、配货及包装等一系列活动。理货是配送业务中操作性最强的环节，是配送区别于一般送货的重要标志，而且从操作角度上讲，理货技术也是配送业务的核心技术。送货既是配送业务的核心，也是集货和理货工序的延伸。

知识链接

配送与一般送货的重要区别如下。

配送利用有效的分拣、配货等理货工作，使送货达到一定的规模，以利用规模优势取得较低的送货成本。

配送是在经济合理区域范围内的送货，不宜在大范围内实施，通常仅局限在一个城市或地区范围内进行。

配送的一般作业流程也是配送活动的典型作业流程模式。在市场经济条件下，客户所需要的货物大部分都由销售企业或供需企业某一方委托专业配送企业提供配送服务。由于商品特性的多样化，配送服务形态也是各种各样。一般认为，随着商品的日益丰富，消费需求呈现个性化、多样化，多品种、少批量、多批次、多客户的配送服务方式，最能有效地通过配送服务实现流通终端的资源配置，成为当今最具有特色的、典型的配送形式。

1. 集货

集货作业是指对货品进行实体上的接收，将货品从货车上卸下，并核对货品数量及状态（数量检查、品质检查和开箱等），然后记录必要的信息或将信息录入计算机。

2. 储存

储存作业的主要任务是保存将来使用或者出货的物料，且经常需要对库存品进行核查控制，储存时要注意充分利用空间，还要注意存货的管理。

3. 盘点

货品在进出库过程中容易发生损耗，导致库存资料和实际数量不符，或者由于货品储存时间过长、储存方式不恰当，使货品功能受到影响，难以满足客户的需求。为掌握货品的流动（入库、在库、出库）情况，需要对仓库现有货品的实际数量与保管账上记录的数量进行核对，以便准确地掌握库存数量。在一定时间内，进行一次全面的盘点，由货主派人会同仓库保管员一起进行盘点作业。

4. 订单处理

从接到客户订单开始至准备拣货之间的作业阶段称为订单处理，包括客户及订单的资料确认、存货查询、单据处理、出货配发等。订单处理可以由人工或资料处理设备来完成,其中,人工处理较具有弹性,但只适合少量的订单,一旦订单数量稍多,处理过程就会变得缓慢且容易出错。资料处理设备能提高效率并降低成本,适合大批量的订单。

5. 拣货

每张客户订单包含多项货品,如何将这些不同种类、数量的货品由配送中心取出并集中在一起,即所谓的拣货作业。拣货作业在配送中心整个作业环节中不仅工作量大、工艺过程复杂,而且要求作业时间短、准确度高,因此,加强对拣货作业的管理非常重要。

6. 补货

补货作业是将货品从仓库保管区域搬运到拣货区域的工作,其目的是确保商品质量并按时送到指定的拣货区域。

7. 出货

将拣选的商品按订单或配送路线进行分类,再进行出货检查,做好相应的包装、标识和贴印标签工作,根据门店或行车路线等,将货品送到出货暂存区域,最后装车配送。

除了上述配送的一般作业流程,还要注意配送的特殊作业流程。具体到不同类型和不同功能的配送中心或结点的配送活动,其流程可能有些不同,而且不同的货品,由于其特性不一样,配送流程也会有所不同。对于保质期短、保鲜要求高的货品,如海鲜以及肉类制品等,集货后不经过储存,立即分拣、配货,配装后送达客户;对于保质期较长的货品,比如方便食品等,可以在集货后经过储存保管,再按客户订单要求组织配送;对于需要加工的货品,在集货后,需要按照客户的要求,根据货品特性,经过配送加工后再组织配送,如速冻食品及大包装食品等。

1.2.4 配送模式

1. 商流与物流一体化的配送模式

商流与物流一体化的配送模式是一种销售配送模式或企业(集团)内自营型配送模式,这种配送模式又称配销模式,如图1-2所示。

在这种配送模式下,配送的主体通常是销售企业或生产企业,也可以是生产企业的专门物流机构。这些配送主体不仅参与物流过程,还参与商流过程,同时将配送作为其商流活动的一种营销手段和策略,即参与商品所有权的让渡和转移,在此基础上向客户提供高水平的配送服务。其主要经营行为是商品销售,配送是实现其营销策略的具体实施手段,主要目的是通过提供高水平的配送服务来促进商品销售和提高市场占有率。在我国物流实践中,以批发为主体经营业务的商品流通机构及连锁经营企业所进行的内部配送,多采用这种配送模式,国外的许多汽车配件中心所开展的配送业务也属于这种配送模式。

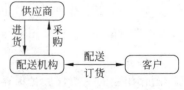

图1-2 商流与物流一体化的配送模式图

商流与物流一体化的配送模式对行为主体来说,由于其直接组织货源及商品销售,因而在配送活动中能够形成资源优势,扩大业务范围和服务对象,同时也便于向客户提供特殊的物流服务,如配套供应物资等,从而满足客户的不同需求。可见,这种配送模式是一种能全面发挥专业流通企业功能的物流形式,但这种模式对组织者的要求较高,需要大量的资金和管理技术的支持,给企业资源配置带来沉重的压力,不利于实现物流配送活动的规模经营。

此外,由于这种配送模式是围绕着销售展开的,因此不可避免地要受到后者的制约。在现代化大批量、单品种生产条件下,生产企业采取这种配送模式直接配送自己的产品,往往难以获得物流方面的优势。

知识链接

京 东 物 流

京东是拥有中小件、大件、冷链、B2B、跨境和众包(达达)六大物流网络的企业。凭借这六张大网在全球范围内的覆盖以及大数据、云计算、智能设备的引入应用,京东物流将打造一个从产品销量分析预测,到入库、出库,再到运输、配送,各个环节无所不包,综合效率最优,算法最科学的智慧供应链服务系统。

2. 商流与物流相分离的配送模式

当生产企业和商业企业把物流活动委托给第三方处理的时候,便会出现商流与物流相分离的配送模式,如图1-3所示。

在这种配送模式下,配送的组织者不直接参与商品交易活动,即不参与商流过程,只是专门为客户提供货物的入库、保管、加工、分拣、运送等物流服务,其业务实质上属于"物流代理"。从组织形式上看,这种配送模式中商流与物流活动是分离的,分属于不同的行为主体。在我国的物流实践中,这类模式多存在于由传统的储运企业发展起来的物流企业,其业务是在传统的仓储与运输业务的基础上增加了配送服务功能,其宗旨是为市场提供全面的物流服务。在国外,发达国家的运输业配送中心、仓储业配送中心和物流服务中心所开展的配送活动均属于这类配送模式。这种配送模式的优点有以下几点。

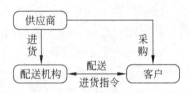

图1-3 商流与物流相分离的配送模式图

(1) 配送企业的业务活动单一,有利于专业化的形成,提高了物流服务水平。

(2) 占用资金相对较少,易于扩大服务范围和经营规模。

(3) 只提供物流代理服务,企业收益主要来自服务费,经营风险较小。

这种模式的主要缺点就是配送机构不直接掌握货源,其调度和调节能力较差;另外,对客户的依赖性强,容易随客户的销售不畅而导致自身配送规模的下降,经营的主动性差。总体说来,商流与物流相分离的配送模式,是社会化的中介型配送形态,是一种有效的、意义上比较完整的配送模式,代表了现代物流配送业务的一个主要发展方向。

3. 共同配送模式

1) 共同配送的概念

共同配送是在追求配送合理化的过程中,经长期发展探索出来的一种配送形式,也是现代社会中较广泛使用的一种配送形式。按照《日本工业标准(JIS)》的解释:共同配送是为提高物流效率,为许多企业进行配送的配送方式。其实质是相同或不同类型企业的联合,其目的在于相互调剂使用各自的仓储运输设备,最大限度地提高配送设施的使用效率。但是,国内外的实践已大大扩展了共同配送的内容。

2) 共同配送产生的原因

(1) 自设配送中心的规模难以确定。各行各业为保证生产供应或销售效率和效益,各自都想设立自己的配送中心,以确保物流系统的高效动作,但由于市场变幻莫测,自己难以准确把握生产、供应或销售的物流量,如规模建大了,则配送业务不足;如规模建小了,则配送业务无法独立完成,达不到既定目标。既然自己设立配送中心规模难以确定,还不如利用社会化的物流配送中心或与其他企业共建配送中心,开展共同配送更为有效。

(2) 自设配送中心都会面临配送设施严重浪费的问题。在市场经济时代,每个企业都要开辟自己的市场和供销渠道,因此,不可避免地要分别建立自己的供销网络体系和自己的物流设施,这样一来,便容易出现在用户较多的地区调入不足、在用户稀少的地区调入过剩的现象,造成物流设施的浪费,或出现不同配送企业重复建设配送设施的状况。而且配送中心的建设需要大量的资金投入,对众多中小企业来说,其经营成本也是难以消化的,并且还存在着投资风险。因此从资源优化配置的角度考虑,共同配送自然成为最佳的选择。

(3) 大量的配送车辆集中在商业区,导致严重的交通问题。近些年出现的"消费个性化"趋势和"用户是上帝"的观念,应运而生了准时送达的配送方式。因此,送货或用户车辆的提运额度很高,这就引发了交通拥挤、环境污染等一系列社会问题。采取共同配送,可以以共同使用的一辆车,代替原来的几辆或几十辆车,自然有利于缓解交通拥挤、减少环境污染。共同配送是解决这一系列问题的有效方法之一。

(4) 企业追求利润最大化。企业配送的目的就是追求利润最大化。共同配送通过周密计划,提高车辆、设备使用效率,以减少成本支出、增加利润,是企业追求利润最大化的有效途径。因此,企业逐渐意识到了共同配送的重要性,开始大力开展社会化横向共同配送。

共同配送是企业在以上社会背景下,为适应企业的生存发展需要而形成的一种重要的配送模式。

3) 共同配送的具体方式

共同配送的主要目的是利用物流资源,因此根据物流资源利用程序,共同配送大体上可分为以下几种具体方式。

(1) 系统优化型共同配送。一家配送企业在综合各个用户要求的情况下,对各个用户统筹安排,在配送时间、数量、次数、路线等诸多方面做出系统的最优的安排,并在用户可以接受的前提下,全面规划、合理计划进行配送。

这种配送方式,不但可以满足不同用户的基本要求,还能有效进行分货、配货、配装,选择运输方式、运输路线,合理安排送达数量和送达时间。这种对多家用户的配送,可充分发挥科学计划、周密安排的优势,实行起来虽然较为复杂,却是共同配送中水平较高的形式。

(2) 车辆利用型共同配送。这种方式有以下几种具体形式。

第一,车辆混载运送型共同配送。这是一种较为简单易行的共同配送方式,在送货时尽可能只安排一台配送车辆,实行多货主货物的混载。这种共同配送方式的优势在于:以一辆送货车代替了以往多货主分别送货或分别自运货物的多辆车,以一辆较大型的可满载的车辆解决了以往多货主、多辆车且难以满载的弊病。由于只在订货时实行多货主货物混载,而无须全面、周密的计划,所以这种共同配送方式较前一种更为简单易行。

第二,利用客户车辆型共同配送,即利用客户采购零部件或原材料的车进行产品的配送。

第三，利用返程车辆型共同配送。为了不跑空车，让物流配送部门与其他行业合作，装载回程货或与其他公司合作进行往返运输。

（3）接货场地共享型共同配送。这种配送是指多个用户联合起来，以接货场地共享为目的的共同配送形式。一般是用户相对集中，并且所在地区交通、场地较为拥挤，各个用户单独准备接货场地或货物处置场地有困难，因此多个用户联合起来设立配送的接收点或货物处置场所，这样不仅解决了场地的问题，也大大提高了接货效率，相应地减少了成本支出。

（4）配送中心、配送机械等设施共同利用型共同配送。在一个城市或地区中有数个不同的配送企业时，为节省配送中心的投资费用，提高配送运输的效率，多家企业共同出资建立配送中心，进行共同配送或多家配送企业共同利用配送中心、配送机构的机械等设施，对不同配送企业的用户共同实行配送。采用这种配送方式，配送企业可选择离用户最近的配送中心，这一配送中心可能并不属于本配送企业，但由于离用户最近，可以降低配送成本。同样，另一企业的某些用户，也可就近选择配送中心实行配送，这就形成了一种共同协作实行配送的方式。

4）共同配送的优势与局限性

进行共同配送的核心目标是充实和强化配送功能。

（1）共同配送的优势主要有：实现配送资源的有效配置，弥补企业配送功能的不足；提高企业的配送能力，扩大配送规模；更好地满足客户的需求，提高配送效率，降低配送成本。

（2）共同配送的局限性主要有：参与人员多而复杂，企业机密有可能泄露；配送的货物种类繁多，服务要求不一致，难于进行商品管理，当货物破损或出现污染等情况时，责任不清，易出现纠纷，最终导致服务质量下降；运作主体多元化，主管人员在经营协调管理方面存在困难，可能会出现管理效率低下；由于是合伙关系，管理难控制，易出现物流设施费用及管理成本的增加，并且成本收益的分配易出现问题。

任务实施

张磊在京东亚洲一号物流园实习，这里实行的是典型的商流与物流一体化配送模式。张磊在常温仓、冷链仓以及配送分拣中心依次轮岗，这三个岗位对应的仓储与配送流程又有所不同。常温仓可以按照仓储作业流程、配送的一般作业流程来制定工作流程；冷链仓不再适用于配送的一般作业流程，对保质期短、保鲜要求高的货品，应在集货后不经过储存立即分拣、配货和配装，并尽快送达客户手中，若货物还需要加工，应在集货后，按照客户的要求，经过加工后再组织配送；配送分拣中心的工作流程可参考配送的一般作业流程来制定。

任务1.3　认知仓储和配送岗位

任务分析

仓储与配送流程的顺利进行，离不开工作人员的参与和配合，即便是在智能物流迅速发展的今天，物流工作仍旧离不开各环节相关岗位人员的劳作。在成为一名仓储、配送工作人

员之前,需要了解相关岗位以及相应的岗位职责,才能够保证尽职尽责完成相关工作。

1.3.1 仓储相关岗位介绍

仓储部的组织结构可依据企业的类型、规模、经营范围和管理体制等选择不同的结构模式,设置不同的管理层次、职能工作组,安排不同的人员。仓储部相关岗位如图1-4所示。

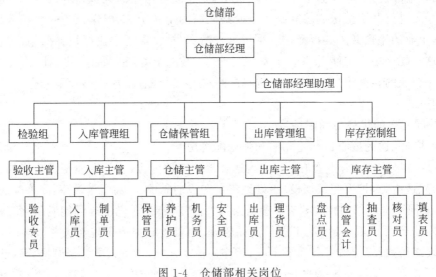

图1-4 仓储部相关岗位

1.3.2 仓储人员岗位职责

1. 入库人员岗位职责

入库作业中涉及的人员包括入库主管、入库专员、入库制单员、入库验收主管、入库验收专员。

(1) 入库主管的主要职责是负责物资入库的管理,并编制相关的库房报表。其具体岗位职责如表1-1所示。

表1-1 入库主管岗位职责

工作大项	工作细化
制定入库工作制度和规范	(1) 制定物资入库各环节的工作制度、流程及入库管理办法等; (2) 协助仓储部经理助理完成入库工作的评估与调整; (3) 完成上级交办的其他工作事项
入库准备工作	(1) 组织开展储位规划工作,根据库存、物资情况对库房进行规划; (2) 根据入库物资的体积、重量及搬运要求确定适当的物资堆码方式; (3) 安排入库专员进行入库前的准备工作
入库过程管理工作	(1) 组织入库专员对物资外包装进行检查,并接受物资验收情况的相关表单; (2) 及时处理物资外包装破损、湿损等异常情况; (3) 检查入库专员的入库工作,并办理相应的入库手续

续表

工作大项	工作细化
编制入库管理表单	(1) 定期根据合格物资的入库情况及不合格物资的退回情况,编写接货报告; (2) 定期编制入库物资的入库台账,并填写相关物资台账; (3) 定期编制库房报表,上报仓储部经理,并留存备份

(2) 入库专员的主要职责是协助入库主管核对相关的入库凭证,按时完成物资入库工作。其具体岗位职责如表1-2所示。

表1-2 入库专员岗位职责

工作大项	工作细化
协助入库主管工作	(1) 协助入库主管做好仓库规划; (2) 协助入库主管制定入库工作流程和方案
办理入库手续	(1) 负责核对成品或物料的入库凭证,并核查相关入库手续、单证; (2) 做好信息系统数据的录入、填写和传递,以及相关单证、报表的整理和存档工作; (3) 与入库验收专员办理入库交接手续
物资堆码	(1) 根据库房规划,合理安排货物的存放地点; (2) 对已通过验收的货物进行堆垛和码放; (3) 按照仓库货物码放规则合理安排储位
物资编号	(1) 按照物资类型及编号要求,对已入库的物资进行编号; (2) 为已入库的物资安排储位; (3) 将入库单据及物资编号及时录入仓储系统,并登记入库台账

(3) 入库制单员的主要职责是协助入库主管制作各类入库单据,以及协助完成物资入库工作。其具体岗位职责如表1-3所示。

表1-3 入库制单员岗位职责

工作大项	工作细化
制作入库单	(1) 负责物资入库凭证及相关入库票据的编制工作; (2) 按照公司仓储管理制度要求,及时、准确地做好单据的制作及打印工作; (3) 负责其他入库单(如赠品入库、从旧品库转入新品库)的制作
填写入库单	根据质检人员确认的合格品规格、型号及数量填制采购入库单,并根据物料适用范围选择相应的仓库
检查入库单	(1) 核对采购物料的单价是否有较大的浮动,发现问题及核实更改后要及时修改或重新填写采购入库单; (2) 同相关部门和人员进行计算机账目数据核对,生成各类数据报表; (3) 负责各种入库单内容的审核
入库单的调整与保存	(1) 根据外协件的不同状态进行仓库调整,同时进行实际调查,录入物资价格; (2) 按照要求将单据进行收集并分类管理归档,按时与财务人员进行交接

(4) 入库验收主管主要负责组织所有物资的入库验收工作。其具体岗位职责如表1-4所示。

表 1-4　入库验收主管岗位职责

工作大项	工作细化
制定物资入库验收工作规范	(1) 根据物资种类及用途,制定物资入库验收作业规范; (2) 制定异常状态物资的处理方法
组织实施入库作业	(1) 接到收货通知后,组织入库验收专员开展所有物资的入库验收工作; (2) 组织入库验收专员标示入库物资的验收状态,建立管理卡; (3) 协调采购部做好不合格物资的退换工作
管理入库验收凭证	(1) 负责检查入库验收作业,并出具入库验收报告; (2) 遇到不合格的物资,应在审核后填写表单确认,并将物资交给质量检验部门检验; (3) 定期检查入库验收专员的工作记录,审核后进行存档
管理入库物资安全	(1) 负责在物资入库前检查仓库内、外部的不安全因素,做好防范工作; (2) 检查待入库物资的暂存地点,确保物资堆放得当

(5) 入库验收专员的主要职责是执行所有物资的入库验收工作。其具体岗位职责如表 1-5 所示。

表 1-5　入库验收专员岗位职责

工作大项	工作细化
入库准备工作	(1) 协助验收主管制定物资入库验收作业规范,并严格执行; (2) 根据入库通知准备搬运设备、设施; (3) 安排好物资入库前的堆放场地
入库验收工作	(1) 核对入库凭证是否有效,是否与公司仓储信息一致; (2) 核对入库凭证与实际运达的物资是否一致,重点检查物资的数量、型号、名称等; (3) 检查物资的外观与质量是否完好,及时将不合格情况上报入库验收主管
入库凭证处理	(1) 做好物资验收记录,填写物资验收数据; (2) 对物资的验收情况进行统计、分析,保存凭证、单据等资料并录入公司仓储系统; (3) 按规定准备凭证,并与入库专员办理物资交接手续
工作改进	(1) 识别并记录物资的质量问题,对物资的包装、运输等方面提出改进建议; (2) 完成上级领导交办的其他临时任务

2. 在库人员岗位职责

在库作业中涉及的人员包括仓储主管、保管员、养护员、机务员、安全管理员。

(1) 仓储主管主要负责所管辖区域内物资的储存管理、清点、卫生、消防、安全等管理工作。其具体岗位职责如表 1-6 所示。

表 1-6　仓储主管岗位职责

工作大项	工作细化
协助制定仓储储存制度和方案	(1) 协助仓储部经理制定仓库物资管理、消防安全管理等各项规章制度; (2) 制定物资储存的各项工作流程和方案

续表

工作大项	工作细化
物资储存	(1) 组织检查物资是否存在漏包、霉变、虫害等问题,清点数量,分别存放; (2) 组织对仓库进行温湿度管理、物资防腐防霉、防锈管理和病虫害预防工作; (3) 做好危险品隔离工作,确保物资储存安全
物资安全管理	(1) 对仓储环境进行安全检查,确保仓库环境干净、整洁; (2) 定期检查仓库消防、防汛等设施,巡查安全隐患; (3) 做好防火、防盗、防潮等工作,确保仓库安全
日常人员管理	(1) 负责检查、督导库管人员的业务、劳动纪律、现场管理等; (2) 协助人力资源部做好库管人员业务知识培训工作; (3) 负责仓库的现场管理,要求库管人员严格执行 6S 管理规定

(2) 保管员主要负责所管辖区域内物资的保管工作。其具体岗位职责如表 1-7 所示。

表 1-7 保管员岗位职责

工作大项	工作细化
协助完成工作	(1) 协助仓储主管制定物资储存工作流程和方案; (2) 协助安全管理员进行仓库消防安全管理; (3) 完成仓储主管交办的其他工作
日常物资保管	(1) 负责所管辖区域内的物资保管工作,巡查库房,确保仓库环境适宜; (2) 定期检查在库物资的品种、数量、质量状况,保证物资摆放整齐、有序; (3) 对所管辖区域内的物资及时登记货位编号,并按规定填写物资保管单
确保环境的安全	(1) 定期检查仓库温湿度及安全情况,并做好记录; (2) 定期清扫保管区,保证保管区内清洁、卫生,无虫害、鼠害; (3) 负责物资的安全检查和防火工作,确保在库物资的安全

(3) 养护员主要负责库存物资的养护工作。其具体岗位职责如表 1-8 所示。

表 1-8 养护员岗位职责

工作大项	工作细化
协助完成工作	(1) 协助仓储主管制定物资储存工作流程和方案; (2) 完成仓储主管交办的其他工作
日常物资养护工作	(1) 加强仓库的温湿度管理,确保物资储存在合理的温湿度环境下; (2) 采取适当的措施,防止库存物资的腐蚀和霉变; (3) 保持仓库的卫生和清洁,防止鼠害和病虫害
特殊物资的养护工作	(1) 对库存的特殊物资,根据其物资特性采取相应的措施,保证其在库期间的质量; (2) 检查仓库养护设施设备的运转情况,并确保库区储存条件良好

(4) 机务员主要负责对仓库使用的各类仓储设施和设备,搬运装卸设施和设备,养护设施和设备运送车辆等进行维护和保养,保证设施和设备处于正常的使用状态。其具体岗位职责如表 1-9 所示。

表 1-9　机务员岗位职责

工作大项	工作细化
协助制定工作制度	(1) 制订设备使用和保养维护计划，并执行设备保养制度； (2) 协助仓储主管制定物资储存的工作流程和方案； (3) 完成仓储主管交办的其他工作
减少设备设施损耗	(1) 加强技术改造，节约设备的运营费用，降低仓储成本； (2) 对设备操作人员进行定期的技术培训
日常设备保养工作	(1) 监督仓储设备的使用情况，确保其使用方法正确； (2) 定期检查各种在用的仓储设施设备，及时发现设施设备的各种事故隐患并及时排除； (3) 做好仓储设备的日常润滑和保养工作

(5) 安全管理员主要负责仓库的消防安全管理工作。其具体岗位职责如表 1-10 所示。

表 1-10　安全管理员岗位职责

工作大项	工作细化
协助制定安全管理制度	(1) 制定仓储安全管理制度和操作方法； (2) 协助仓储主管制定物资储存的工作流程和方案； (3) 完成仓储主管交办的其他工作
日常安全管理工作	(1) 组织实施消防安全计划和防范措施； (2) 负责购置和配备仓库安全作业所需的各种设施和设备； (3) 定期进行安全检查、消防检查，消除安全隐患； (4) 对仓库管理各环节进行安全检查和监督，确保仓库储存货物的安全
表单存档	(1) 根据日常安全管理工作填写相关表单； (2) 定期编制安全管理工作报告，并上报仓储主管； (3) 负责保存表单

3. 出库人员岗位职责

出库作业中涉及的人员包括：出库主管、出库管理员、仓库理货员。

(1) 出库主管在仓储部经理的领导下，负责公司各类物资的出库管理及流程优化，保证物资出库工作的及时和准确。其具体岗位职责如表 1-11 所示。

表 1-11　出库主管岗位职责

工作大项	工作细化
制定出库管理制度	(1) 制定物资出库管理制度； (2) 制定物资出库工作流程和方案
组织开展出库作业	(1) 负责审查出库手续、凭证等是否齐全，在出库单上签字确认后放行； (2) 检验待出库物资的数量、质量及包装等情况； (3) 负责物资出库过程中的现场指挥工作，监督出库物资装载上车
出库工作管理	(1) 检查出库管理员的物资出库单据、登账是否及时准确，并检查仓库各类出库人员的工作成果；

续表

工作大项	工作细化
出库工作管理	(2) 编制每日的出库物资统计报表,并上报仓储部经理; (3) 协助生产、销售等部门做好物资出库的相关事宜
日常工作管理	(1) 指导、监督与考核出库管理员的工作,提高工作绩效; (2) 完成上级领导交办的其他工作

(2) 出库管理员主要是在出库主管的带领下,完成各类储存物资的出库检验、手续办理、数据统计、出库发货工作,保证出库工作的及时、准确。其具体岗位职责如表1-12所示。

表1-12 出库管理员岗位职责

工作大项	工作细化
协助完成出库工作	(1) 协助仓储部出库主管制定出库管理制度; (2) 协助仓储部出库主管制定出库工作流程和方案; (3) 完成仓储部经理或出库主管交办的其他工作
出库准备工作	(1) 协助审核物资出库手续、凭证等的完整性; (2) 检验待出库物资的质量、包装情况,清点数量或过磅,并将物资进行打包; (3) 根据出库物资的特点选择适当的搬运设备
出库手续办理	(1) 为物资贴好标签或单据,或者为外包装打"唛头",确保收货地址准确; (2) 做好出库记录,登记并保管发货登记表等单据; (3) 出库手续办妥后,通知装卸人员将物资搬运至指定位置
其他出库工作	(1) 负责物料出库过程中人员的安排,指导物资搬运操作,防止发生意外; (2) 负责登记物资出库台账,做好出库单据保存,上报出库主管; (3) 出库作业完毕后,清理出库场地,将出库设备归位

(3) 仓库理货员主要根据物资的出库凭单做好提货、拼装、包装等出库准备工作。其具体岗位职责如表1-13所示。

表1-13 仓库理货员岗位职责

工作大项	工作细化
协助制定出库制度	(1) 协助仓储部出库主管制定出库管理制度; (2) 协助仓储部出库主管制定出库工作流程和方案; (3) 完成仓储部经理或出库主管交办的其他工作
拣选物资工作	(1) 核对拟出库物资的品种、数量、规格、等级、型号等; (2) 按照凭单提取物资,并进行复核; (3) 检验物资的包装、标志等,并对出库待运物资进行包装、拼装、改装或加固包装
整理物资工作	(1) 对经拼装、改装和换装的物资填写装箱单,并在物资外包装上写好收货人信息; (2) 按物资的运输方式、流向和收货地点将出库物资分类集中; (3) 鉴定物资运输质量,分析货物残损的原因,划分运输事故责任

1.3.3 配送相关岗位介绍

以配送中心为例,一般可设置采购或进货组、仓储组、加工组、运输组、装卸组、质量管理组、调度组、退货组,如图1-5所示。

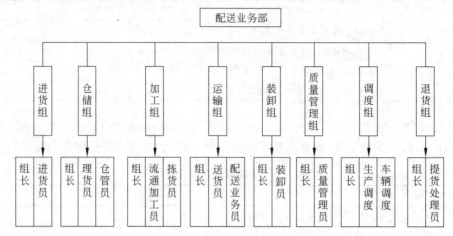

图1-5 配送业务部相关岗位

1.3.4 配送人员岗位职责

1. 配送经理岗位职责

(1) 主持制订配送中心长期发展规划和年度、月生产经营工作计划,并负责组织实施与督促、检查,保证经营目标的实现。

(2) 组织协调各种生产经营环节和各种业务间的关系,负责定期召开生产经营分析会,处理和协调生产经营中出现的各种问题,掌握生产经营动态,及时发现问题。

(3) 负责业务开发和客户管理与协调,了解和掌握存货、仓容、客户及市场动态变化。

(4) 负责配送安全生产和业务质量管理,强化内部管理,杜绝和减少各种事故和差错的发生。

(5) 负责审核、签发、授权业务部门提交业务单证、资料及其变更申请。

2. 部门负责人(或科长)岗位职责

(1) 制订本部门或科室的年度工作计划,并组织实施。

(2) 掌握员工的思想动态,深入、细致地做好员工的思想工作,组织、安排员工的教育培训工作。

(3) 负责对本部门或科室员工的工作进行指挥、检查、监督、考核和评比。

(4) 负责本部门或科室的日常工作安排和处理,做好与相关部门的协调工作。

(5) 细化部门职责,明晰岗位责任,修改完善管理制度和办法,加强领导、精心组织,确保计划目标的实现。

3. 市场业务员岗位职责

(1) 负责配送业务的治谈及合同的签订工作。

(2) 负责配送业务和配送客户的开发与管理工作。

4. 合同管理员岗位职责

(1) 对客户合同进行分类、编号和归档管理。

（2）对签合同时客户提供的预留印鉴、单证试样等进行妥善、严格的管理，以便进出库核对和验证。

（3）按标准业务需要制定货物、客户等编码。

（4）建立并不断充实完善客户档案，为有关业务部门、领导及系统内的其他单位提供各种客户信息、资料的查询服务。

5. 业务受理员岗位职责

（1）负责接收订单资料，接受客户的收发货作业。

（2）负责受理客户的退货请求，协助退货组完成退货处理工作。

（3）完成有关业务单证与资料的统计、建账和出具各类业务报表。

（4）向有关部门及客户提供所管货物的相关资料和信息的查询、咨询服务。

6. 订单处理员岗位职责

（1）在规定的时间内，对客户订单进行确认和分类，并由此判断与确定所要配送货物的种类、规格、数量及送达时间。

（2）对订货进行存货查询，并根据查询结果进行库存分配。

（3）将处理好的拣货单、出货单等进行打印输出。

7. 进货员岗位职责

（1）了解和掌握采购商品的名称、规格、型号、特点、产地、进价、售价行情等资讯，掌握配送中心的实际状况，能根据配送中心的实际需要有效地组织货源。

（2）组织人员对进货商品进行装卸搬运。

（3）到现场对进货商品进行核对验收，严格把好质量关，对不符合要求的商品坚决拒收。

8. 理货员岗位职责

（1）按规定做好入库商品的验收、记账，以及出库商品的发放手续，及时搞好清仓工作，做到账账相符、账物相符。

（2）熟悉和掌握库存与仓容情况，合理安排货物的储存与堆码。

（3）负责库存货物的定期和动态清查、盘点。

9. 仓管员岗位职责

（1）熟悉货物品种、规格、型号、产地及性能，制作货物标签，分类放置；负责库房、货场、货区、货位的现场管理。

（2）根据以往经验或利用相关的统计技术方法，以及借助计算机系统来确定最优库存水平和最优订购量，在库存低于最优库存水平时，负责制订配送中心最低库存量的申购计划，以确保存货中的每一种产品都能达到最优库存，做到合理库存，不积压资金。

（3）随时掌握库存动态，保证货物的及时供应，充分提高库存的周转效率。

（4）随时了解和掌握库存货物的保管情况和质量状况，遇到问题要及时通知业务受理员或存货人，并积极配合，妥善处理。

（5）负责商品及库房的卫生工作，认真搞好安全管理工作，做好库区的防火防盗，保证库存商品的安全。

10. 流通加工员岗位职责

（1）本着节约能源、设备、人力、耗费的原则，根据客户配送的需要，进行合理的包装与加工。

（2）遵循合理运输的理念，进行货物的拼装、裁剪等操作。

（3）根据客户的需要，简单地改变包装等措施，形成方便购买和使用的数量。

11. 拣货员岗位职责

（1）根据客户的订单要求，从储存的商品中将用户所需的商品分拣出来，放在指定的发货位置，以备发货。

（2）熟练掌握拣货作业的相关技术，认真完成每日的拣货作业任务。

（3）能定期对拣货作业的效率进行分析和总结，并做出书面的报告。

（4）做好拣货设备的定期检查工作，对设备出现的不良状况能及时向设备维修员报告。

12. 送货员岗位职责

服从调度组车辆调度的调配，按配送方案中规定的配送路线完成各项运输任务，保证所送货物的安全。

13. 配送业务员岗位职责

（1）负责客户委托代运货物的运输计划安排和组织。

（2）负责与承运部门、客户等的业务联系及有关问题的协调与处理。

（3）负责到车站、码头、机场、邮局提取货物，并将到货凭证、发货运单、结算单据等单证、资料交业务受理员。

（4）熟悉和掌握各种运输方式的业务规程和要求，了解和掌握社会运输资源、有关信息、收费标准、交通路况等，熟悉和掌握本单位的自有运输能力和车辆、设备的状况。

14. 装卸员岗位职责

（1）熟悉所要装卸、搬运货物的性能特点，根据有关部门的要求，将货物装卸、搬运到指定的位置，并进行合理的码放。

（2）熟练掌握装卸、搬运作业的相关技术，认真完成每日的装卸作业任务。

（3）做好装卸、搬运设备的定期检查工作，对设备出现的不良状况能及时向设备维修员报告。

15. 质量管理员岗位职责

（1）制订质量管理计划和质量考核、奖惩办法。

（2）深入配送中心作业现场，对货物装卸、搬运、堆码等作业质量进行检查、监督与指导，发现不符合有关质量要求和安全生产规定的现象，有权当场进行纠正和制止。

（3）负责财物相符率的检查与考核工作，填制自查、互查考核表，建立质量检查、考核档案。

（4）负责处理货损、货差事故和货物损溢情况。

（5）受理客户提出的有关质量与服务方面的意见和建议，并进行跟踪处理，出具质量事故处理报告。

（6）主动向主管领导提供质量分析报告和建议，积极配合有关部门和岗位共同改进业务质量。

16. 车辆调度岗位职责

（1）根据设计好的配送方案,结合客户的实际需要及配送中心现有车辆和送货员的情况,合理组织和调配人力和车辆。

（2）及时协调、处理和解决运输业务中出现的各种特殊情况和问题。

17. 退货处理员岗位职责

（1）当客户服务部接收到客户的退货信息时,负责安排车辆或人员对退货商品进行回收。

（2）将回收回来的退货商品集中到仓库的退货处理区重新进行清点和整理。

（3）按照配送中心的有关规定,对重新整理后的退货商品进行相应的处理。

18. 设备维修员岗位职责

（1）了解和遵守设备使用和维修方面的有关制度与规定,熟练掌握各类设备的使用、维修和养护方法。

（2）随时掌握配送中心所有设备的使用和运行状况,进行设备的日常检测和保养,确保设备的正常运行。

（3）对故障设备进行及时修理和调试,保证配送中心的正常运转。

（4）发现未经法定检测鉴定机构检测鉴定合格或超过检测鉴定使用限期的设备,有权向主管领导反映并拒绝继续使用。

19. 市场系统分析员岗位职责

（1）完善市场信息的调查和收集工作,负责调查数据和市场信息的处理、分析和整理工作。

（2）负责市场信息数据库的建立与维护。

（3）负责市场信息调查报告的撰写,为各级管理人员提供相应的信息服务。

20. 财务与会计岗位职责

（1）参与配送中心财务、会计制度的制定、修改和完善。

（2）负责配送中心的财务处理工作,以及财务报表的编制及分析工作。

（3）负责配送中心短期和长期预算的编写与控制。

（4）负责设计配送中心的税务方案,并处理公司的日常税务问题。

（5）负责分析公司投资项目的运作情况,为公司的项目投资提供参考意见。

（6）审阅配送中心经营合同,审核并指导出纳的工作,妥善保管会计凭证、账簿、报表和其他会计资料。

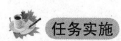

任务实施

对仓储与配送相关岗位职责的理解,张磊应结合具体的岗位与工作内容来理解。岗位不同,工作内容不同,岗位职责也不同。但不论是仓储与配送的哪个岗位,都离不开工作人员认真、细致的工作态度以及团结协作的团队意识。只有仓配作业流程中每一个环节的每一位工作人员都做好本职工作,才能确保整个仓储与配送工作的顺利进行。

小　　结

　　本章主要围绕仓储与配送的相关知识展开学习,对仓储与配送的认知分为三部分:认知仓储与配送;认知仓储和配送业务流程;认知仓储和配送的岗位。

　　首先是认知仓储与配送,包括仓储的概念、仓储的功能、仓储的分类、配送的概念、配送的功能、配送的分类。

　　其次是认知仓储和配送业务流程。仓储作业流程包括进货作业、商品在库管理、商品配载、商品出库作业、直接转运的管理;仓储作业环节包括订单处理作业、采购作业、入库作业、盘点作业、拣货作业、出库作业和配送作业;配送流程依次为集货、储存、盘点、订单处理、拣货、补货、出货。此外,目前常见的配送模式有商流与物流一体化的配送模式、商流与物流相分离的配送模式、共同配送模式。

　　最后是认知仓储和配送岗位,包括相关的岗位设置和岗位职责。虽然每个岗位的职责不同,但每个岗位工作的完成都离不开工作人员认真、细致的工作态度和团结协作的合作精神。

测　　试

一、单选题

1. 仓储的对象是(　　)。
　　A. 实物动产　　　　B. 固定资产　　　　C. 虚拟产品　　　　D. 房屋建筑
2. 在物流系统中,起着缓冲、调节和平衡作用的物流活动是(　　)。
　　A. 运输　　　　　　B. 配送　　　　　　C. 装卸　　　　　　D. 仓储
3. 仓储在整个物流系统中扮演着极其重要的角色,仓储最基本的功能是(　　)。
　　A. 储存功能　　　　B. 移动功能　　　　C. 信息传递功能　　D. 预测功能
4. 保管能力的大小与保管的(　　)有关。
　　A. 人员　　　　　　B. 费用　　　　　　C. 仓容　　　　　　D. 设备
5. 配送是将物流和(　　)紧密结合起来。
　　A. 装卸　　　　　　B. 供应链　　　　　C. 商流　　　　　　D. 仓储
6. 配送是指在(　　),根据用户的要求,对物品进行拣选、加工、包装、分割、组配等作业,并按时送达指定地点的物流活动。
　　A. 经济合理范围内　　　　　　　　　　B. 城市范围内
　　C. 工厂区域内　　　　　　　　　　　　D. 城市之间

二、多选题

1. 配送组织物资的环节包括(　　)。
　　A. 订货　　　　　　B. 签约　　　　　　C. 进货　　　　　　D. 分拣
2. 配送运输适合于(　　)的形式。
　　A. 距离长　　　　　B. 批量大　　　　　C. 距离短　　　　　D. 批量小

3. 影响配送成败非常重要的工作是(　　)。
   A. 分拣　　　　B. 拣选　　　　C. 运输　　　　D. 集货
4. 以下属于配送要素的有(　　)。
   A. 集货　　　　B. 结算　　　　C. 储存　　　　D. 装配
5. 按经营形式不同来分类,配送可以分为(　　)。
   A. 销售配送　　　　　　　　B. 供应配送
   C. 销售—供应一体化配送　　D. 代存代供配送
6. 仓储相关岗位可以分为(　　)。
   A. 建档　　　　　　　　　　B. 出库人员岗位
   C. 在库人员岗位　　　　　　D. 入库人员岗位

三、简答题
1. 共同配送的优势是什么？
2. 简述仓储业务流程。
3. 配送的功能有哪些？
4. 仓储主管岗位职责是什么？
5. 请思考京东商城和天猫商城的配送模式是什么？

项目 2

仓库与配送中心规划

项目导图

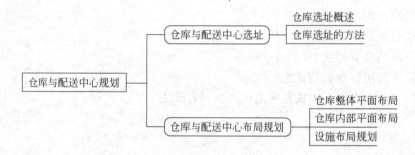

任务描述

任务 1

某公司拟建一座爆竹加工厂,有三处待选场址 A、B、C,不同经济因素的生产成本如表 2-1 所示,非经济因素主要考虑政策法规、气候因素和安全因素。就政策而言,A 地最宽松,B 地次之,C 地最次;就气候而言,A 地、B 地相平,C 地次之;就安全而言,C 地最好,A 地最差。据专家评估,三种非经济因素的比重分别为 0.5、0.4 和 0.1。要求选择合适的方法确定最佳场址。

表 2-1 不同经济因素的生产成本　　　　　　　　　单位:万元

经济因素	成本		
	A	B	C
原材料	300	260	285
劳动力	40	48	52
运输费	22	29	26
其他费用	8	17	12
总成本	370	354	375

任务 2

某配送中心作业区域分为进货区、理货区、流通加工区、储存区、发货区、办公区,配送中心的作业流程和各作业区的作业量已知,根据五要素分析、物流分析和非物流分析,试确定物流作业区空间关系图,并制订配送中心布局方案。

配送中心各区域相互关系以及物流作业区作业量如表 2-2 和表 2-3 所示。

表 2-2 配送中心各区域相互关系

作 业 区	进货区	理货区	流通加工区	储存区	发货区	办公区
进货区		A	U	I	U	I
理货区			O	E	A	O
流通加工区				E	I	O
储存区					E	O
发货区						I
办公区						

表 2-3 配送中心物流作业区作业量

作 业 区	进货区	理货区	发货区	储存区	流通加工区	办公区
作业量/t	100	30	100	150	10	—
单位面积作业量/(t/m²)	0.2	0.2	0.2	1	0.2	

任务分解

选址和布局规划是仓库与配送中心建设之初首先要考虑的问题,选址是否合理,直接关系到后期各项运营、服务、运输的相关成本,布局规划问题则对整个仓库与配送中心的运作效率影响较大,因而做好仓库与配送中心的选址和布局规划至关重要,其影响也较为长远。这个项目可分解为两个任务:仓库与配送中心选址;仓库与配送中心布局规划。

学习目标

任务	知识目标	能力目标	素质目标
仓库与配送中心选址	1. 了解仓库选址的原则,理解仓库选址的影响因素; 2. 掌握仓库选址的步骤和方法	1. 能够结合仓库选址的影响因素进行仓库选址; 2. 能够应用不同的选址方法解决仓库选址问题	1. 当前利益与长远利益综合考虑,具备大局观; 2. 应具备社会责任意识,考虑可持续发展
仓库与配送中心布局规划	1. 了解仓库整体平面布局的要求,掌握仓库整体平面布局的构成; 2. 了解仓库内部平面布局的要求,掌握仓库内部平面布局的形式; 3. 了解货区布局的形式,掌握仓库面积的确定; 4. 掌握设施布局规划的方法	1. 能够对仓库及配送中心进行整体和平面布局; 2. 能够完成实际物流设施的布局规划	1. 结合实际内部结构、功能要求、操作要求等确定布局样式,具体问题具体分析; 2. 考虑事物之间的关联性,不可孤立地分析问题

任务 2.1　仓库与配送中心选址

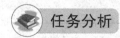

选址是仓储与配送管理战略的一部分,是取得竞争优势的重要条件之一。仓库与配送中心的选址直接影响物流服务投资成本和运行成本。库址是否靠近市场、毗邻原材料产地,当地劳动力资源是否丰富,基础设施是否完善等,不仅影响初始投资,也影响投产后的运营成本、服务成本和经营成本。

2.1.1　仓库选址概述

仓库选址是指在一个具有若干供应点及若干需求点的经济区域内,选一个地址建立仓库的规划过程。合理的选址方案应该使货物通过仓库的汇集、中转、分发达到需求点全过程的效益最好。因为仓库的建筑物及设备投资太大,所以选址时要慎重,如果选址不当,损失不可弥补。

1. 仓库选址的原则

仓库选址应遵循适应性原则、协调性原则、经济性原则、战略性原则和可持续发展原则。

(1) 适应性原则。仓库选址须与国家以及省市的经济发展方针、政策相适应,与我国物流资源分布和需求分布相适应,与国民经济和社会发展相适应。

(2) 协调性原则。仓库选址应将国家的物流网络作为一个大系统来考虑,既应使仓库的设施设备在地域分布、物流作业生产力、技术水平等方面互相协调,同时,仓库选址也应与企业内部其他仓库相协调。

(3) 经济性原则。仓库建立过程中,有关选址的费用,主要包括建设费用及物流费用(经营费用)两部分。仓库定在市区、近郊区或远郊区,其未来物流辅助设施的建设规模及建设费用以及运费等物流费用是不同的,选址时应以总费用最低作为仓库选址的经济性原则。

(4) 战略性原则。仓库选址应具有战略眼光。一是要考虑全局;二是要考虑长远利益。局部要服从全局,当前利益要服从长远利益,既要考虑目前的实际需要,又要考虑日后发展的可能。

> **工作要点**
> 当前利益与长远利益综合考虑,应具备社会责任意识,考虑可持续发展。

(5) 可持续发展原则。可持续发展原则主要指在环境保护上,充分考虑长远利益,维护生态环境,促进城乡一体化发展。

2. 仓库选址的影响因素

进行选址决策时,需要考虑各种需求和影响因素,在此基础上预先列出多个可供选择的可行方案,借助科学的评价方法,进行技术经济分析,从多个可行方案中选定理想的位置。

对影响仓库选址的因素,可以将其划分为成本因素与非成本因素。成本因素是指那些与成本直接有关的、可以用货币单位直接度量的因素;非成本因素主要是指与成本无直接的关系,但能够影响成本和企业未来发展的因素。

1) 主要成本因素

(1) 运输成本。转运多,运输成本居高不下,一直是困扰物流企业的难题。运输成本占物流成本30%以上,因此要通过合理选址,从战略角度出发,调整运输结构,提高铁路和水路运输量的比例;做好运输接驳,多种运输方式之间有效衔接,有效开展多式联运;缓解地域经济结构差异导致运输来回满载率不平衡的矛盾;为开展物流领域标准化工作创造有利条件,降低运输成本。

(2) 原材料供应成本。将仓库、配送中心地址定位在原材料产地附近,不仅能够保证原材料的安全与及时地供应,还能够降低运输费用和采购成本。

(3) 人力资源成本。不同地区的劳资水平不尽相同,差异较大,在选址决策时需要考虑人力资源成本在物流费用中所占的比重。

(4) 建筑成本和土地成本。不同的选址方案,在对土地的征用、建筑等方面的要求是不相同的,从而导致不同的成本开支。因此,在选址过程中,应尽量避免占用农业用地和环保用地,减少拆迁费、安置费和建设成本。

2) 主要非成本因素

(1) 经营环境。选址时既应考虑当地的经营环境,商业氛围,政府为企业服务的意识和行为,经济发展水平等因素,还应该注重选址周围的社区环境,周边地区的顾客流量,人们的购买力水平,交通运输状况和公用设施条件,医疗卫生,子女入学,购物,休闲场所等因素。

(2) 当地政府政策法规。在进行选址决策时,要充分考虑当地政府的政策法规。有些地区的政府采取比较积极的政策,鼓励在经济开发区进行配送中心、仓库的建设或出租,并在资本、税收等方面提供比较优惠的政策;同时,这些地区的交通、通信、能源等方面的基础设施建设也比较便利。

(3) 自然环境因素。有些商品的仓储与运输需要在一定的温度和湿度范围内进行,需要特定的地理环境条件,这样才能确保商品的质量。因此,在选址过程中,要考虑自然环境因素。此外,仓储是大量商品的集结地,某些容重很大的建筑材料堆码起来会对地面造成很大的压力,因此选址还需要考虑到地质条件。如果仓库地面以下存在淤泥层、流沙层、松土层等不良地质条件,会在受压地段造成沦陷、翻浆等严重后果。另外,在沿江河地区选址时,需要调查和掌握有关的水文资料,特别是汛期洪水最高水位的情况,防止洪水隐患。同时,在水文条件方面,还要考虑地下水位的情况,水位过高的地方不宜作为工程的基地,洪泛区、内涝区、故河道、干河滩区等区域更是绝对禁止用于建设仓库或配送中心。

(4) 时间影响因素。快速响应、快速送达是物流企业竞争的重要因素之一。建立综合物流中心,就是既要使整个供应链的成本最低,又要对顾客的需求做出有效的快速响应。而且有些产品的时效性强,因此选址时必须考虑时间因素。

3. 仓库选址的步骤

仓库选址一般可分三个阶段,即准备阶段、地区选择阶段和具体地点选择阶段。

(1) 准备阶段。准备阶段的主要工作是对选址目标提出要求,并提出选址所需要的技术经济指标。这些要求主要包括产品、生产规模、运输条件、需要的物料和人力资源等,以及相应的各类技术经济指标,如每年需要的用电量、运输量、用水量等。

(2)地区选择阶段。地区选择阶段的主要工作是调查研究和收集资料,如走访主管部门和地区规划部门征询选址意见,在可供选址的地区内调查社会、经济、资源、气象、运输、环境等条件,对候选地区作分析比较,提出初步意见。

(3)具体地点选择阶段。在这一阶段,要对地区内若干候选地址进行深入调查和勘测,查阅当地有关气象、地址、地震、水文等部门的调查和研究历史统计资料,收集供电、通信、给排水、交通运输等资料,研究运输线路以及公共管线的连接问题,收集当地有关建筑施工费用、地方税制、运输费用等各种经济资料,经研究和比较后提出数个候选场址。

各阶段都要提出相应的报告,尤其在最后阶段要有翔实的报告和资料,并附有各种图样,以便领导和管理部门决策。小型设施的场址选择工作可以简化,并将各阶段合并。

仓库选址过程中,前期工作很重要,先进的理念必须与实践相结合,才能发挥其蕴藏的力量。在进行仓库选址时,必须综合考虑各方面因素,运用先进的原则和方法,还要开展前期市场调研、行业调研和实地考察,做可行性分析和备选方案,做出预算并进行对比,选出最优方案。

案例 2-1

肯德基选址策略

影响门店发展最重要的因素当属选址,选址是取得成功的关键。肯德基选址成功率几乎能够达到100%,这也是这家餐饮巨头的核心竞争力之一。肯德基选址一般按照以下两步进行。

第一步,商圈的划分与选择。一是商圈的划分。肯德基计划进入某城市某区,就先通过有关部门或专业调查公司收集该区的资料,之后开始规划商圈。商圈规划采取的是计分的方法。例如,该区有一个大型商场,商场营业额1 000万元算1分,5 000万元算5分;有公交线路,则可加分,有地铁线路也要加分。这些分值标准是多年平均下来的一个较准确的经验值。通过打分把商圈分成几大类,以广东为例,有市级商业型、区级商业型、定点消费型、还有社区型、社区商务两用型、旅游型等。二是商圈的选择。主要根据商圈选择的标准确定:一方面,要考虑餐馆自身的市场定位;另一方面,要考虑商圈的稳定度和成熟度。肯德基与麦当劳的市场定位相似,顾客群基本上重合,因此在商圈选择方面也是一样的。可以看到,有些地方的麦当劳和肯德基分别在同一条街的两侧。

第二步,聚客点的测算与选择。首先确定这个商圈内最主要的聚客点在哪里。肯德基开店的原则是:努力争取在最聚客的地方和其附近开店。人流动线是怎么样的,在这个区域里,人从地铁出来后是往哪个方向走,等等,这些都派人去记录、去测量,有一套完整的数据之后才能据此确定地址。肯德基选址人员将采集来的人流数据输入专用的计算机软件,就可以测算出在此地的最高投资额,超过多少投资额这家店就不能开。然后还要考虑人流的主要动线会不会被竞争对手截住。人流是有一个主要动线的,在竞争对手的聚客点比肯德基选址更好的情况下,肯德基的经营就会受到影响。

资料来源:http://manage.tbshops.com/Html/news/363/181448.html,有改编。

2.1.2 仓库选址的方法

1. 德尔菲法

德尔菲法又名专家意见法或专家函询调查法,是采用背对背的通信方式征询专家小组成员的预测意见,经过几轮征询,使专家小组的预测意见趋于集中,最后做出符合市场未来发展的预测结论。

选址方法的选择

德尔菲法本质上是一种反馈匿名函询法。其大致流程是:就所要预测的问题分别征得专家的意见之后,进行整理、归纳、统计,再匿名反馈给各专家,再次征求意见,再集中,再反馈,直至得到一致的意见。其过程可简单表示如下:匿名征求专家意见—归纳、统计—匿名反馈—归纳、统计……若干轮后停止。

由此可见,德尔菲法是一种利用函询的形式进行的集体匿名思想交流过程。它有三个明显区别于其他专家预测方法的特点,即匿名性、反馈性、统计性。

(1) 匿名性。采用这种方法时,所有的专家组成员不直接见面,只是通过函件交流,这样就可以消除权威的影响。这是该方法的主要特征。匿名是德尔菲法极其重要的特点,从事预测的专家不知道还有哪些人参与预测,他们是在完全匿名的情况下交流意见的。后来改进的德尔菲法允许专家开会进行专题讨论。

(2) 反馈性。该方法需要经过3~4轮的信息反馈,最终结果基本能够反映专家的基本想法和对信息的认识,所以结果较为客观、可信。

(3) 统计性。一般的小组预测结果只反映多数人的观点,少数派的观点至多概括性地提及一下。而德尔菲法的回答统计却不是这样,它报告1个中位数和2个四分点,其中一半落在2个四分点之内,一半落在2个四分点之外。这样,每种观点都包括在统计中,避免了结论只反映多数人观点的缺点。

2. 量本利分析法

在选址评价中可用确定产量规模下成本为最低的选址方案。它建立在产量、成本、预测销售收入的基础之上。其分析步骤如下。

(1) 确定每一个备选地址的固定成本和变动成本。

(2) 在同一张表上绘制各地点的总成本线。

(3) 确定在某一预定产量水平上,哪一地点成本最低。

【例2-1】 某公司有三种不同的仓库建设方案,由于各场址有不同的征地费、建筑费、工资、原材料等成本费用也都不同,从而有不同的仓储成本。三种选址方案的仓储成本如表2-4所示,试决定不同仓储规模下最优的选址。

表2-4 三种选址方案的仓储成本

费用项目	方案A	方案B	方案C
固定费用/元	600 000	1 200 000	1 800 000
单件可变费用/(元/件)	40	20	10

解:设TC表示总成本,CF表示固定储存费用,CV表示单件可变储存费用。

根据题意列出三个备选方案的成本函数,并绘制函数图(图2-1)。

$$TC_A = CF_A + CV_A = 600\,000 + 40X$$

$$TC_B = CF_B + CV_B = 1\,200\,000 + 20X$$
$$TC_C = CF_C + CV_C = 1\,800\,000 + 10X$$

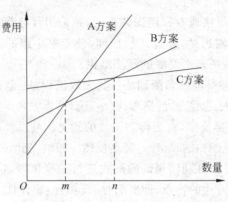

图 2-1 方案费用比较

先求 A、B 两方案交点的物流量，再求 B、C 两方案交点的物流量，就可以决定不同物流规模下的最优化选址。

(1) 在 m 点，A、B 两方案的物流成本相同，该点物流量为 Q_m，则

$Q_m = (CF_B - CF_A)/(CV_A - CV_B) = (1\,200\,000 - 600\,000)/(40 - 20) = 30\,000$（件）

(2) 在 n 点，B、C 两方案的物流成本相同，该点物流量为 Q_n，则

$Q_n = (CF_C - CF_B)/(CV_B - CV_C) = (1\,800\,000 - 1\,200\,000)/(20 - 10) = 60\,000$（件）

(3) 如按物流成本最低为标准，当物流量低于 30 000 件时选 A 方案；当物流量为 30 000～60 000 件时选 B 方案；当物流量大于 60 000 件时选 C 方案。

3. 综合因素评价法

综合因素评价法是基于影响设施选址的诸多因素而设计出的一种选址定量分析的方法。

前面讲到，影响仓库选址的影响因素有很多，有些因素是可以进行定量分析的，并用货币的形式加以反映，称为经济因素或成本因素，可以采用基于选址成本因素的盈亏点平衡评价法、重心法、线性规划的表上作业法、启发式算法等方法进行选址分析评价。而有些因素诸如政策法规、气候条件、人文环境、环境保护等则是非经济因素，对这些非经济因素，采用基于选址成本因素的盈亏点平衡评价法、重心法、线性规划的表上作业法、启发式算法等方法评价目前尚存在较大的难度。我国对这些非经济因素在设施选址上的影响，长期以来一直采用定性的经验分析方法，此方法很大程度上依赖于设计者个人的经验和直觉，使得有些决策存在较大的失误。

设施选址的一个重要原则是应根据系统分析的方法，求得整体优化，同时把定性分析与定量分析结合起来，避免决策的失误。如何采用更加科学的定量分析方法来避免或者减少定性分析方法的个人主观化色彩。

综合因素评价法是目前设施选址中对非经济因素影响进行定量分析的好方法。它是基于数理统计与概率论分析问题的方法，将非经济因素进行量化处理，然后用一定的方法计算各选址方案得分，以得分高的方案为合理方案。综合因素评价法的作用在于可以对影响设施选址的非经济因素（非成本因素）进行量化分析，为设施选址决策提供重要依据。不仅如

此,综合因素评价法中的因次分析法还可以将影响选址的经济因素和非经济因素一并纳入进行计算分析评价,为设施选址决策提供重要依据。

综合因素评价法在设施选址上的应用目前包括加权因素法和因次分析法。

1) 加权因素法

若在设施选址中仅对影响设施选址的非经济因素进行量化分析评价,一般可以采用加权因素法。

加权因素法的应用步骤如下。

(1) 对设施选址涉及的非经济因素通过决策者或专家打分,再求平均值的方法,确定各非经济因素的权重,权重大小可界定为1～10。

(2) 专家对各非经济因素就每个备选场址进行评级,可分为五级,用五个元音字母A、E、I、O、U表示。各个级别分别对应不同的分数,A=4分、E=3分、I=2分、O=1分、U=0分。

(3) 将某非经济因素的权重乘以其对应选址方案的级别分数,得到该因素所得分数。

(4) 将各方案的各种非经因素所得分数相加,即得各方案分数,分数最高的方案即为最佳选址方案。

2) 因次分析法

因次分析法是将经济因素(成本因素)和非经济因素(非成本因素)按照相对重要的程度统一起来。设经济因素和非经济因素的重要程度之比为 $m:n$,经济因素的相对重要性为 M,则 $M=m/(m+n)$,非经济因素的相对重要性为 N,则 $N=n/(m+n)$,且有 $M+N=1$。

(1) 确定经济因素的重要性因子 T_j。

$$T_j = \frac{\frac{1}{c_i}}{\sum_{i=1}^{k} \frac{1}{c_i}}$$

(2) 非经济因素的重要性因子 T_f 的计算分三个步骤。

① 确定单一非经济因素对于不同候选场址的重要性。将各方案的比重除以所有方案所得比重之和,得到单一因素相对于不同场址的重要性因子 T_d,用公式表示则为

$$T_d = \frac{W_j}{\sum_{j=1}^{k} W_j}$$

② 确定各个因素的权重比率。对不同的因素,确定其权重比率 G_i,G_i 的确定可以用上面两两相比的方法,也可以由专家根据经验确定,所有因素的权重比率之和为1。

③ 将单一因素的重要性因子乘以其权重,将各种因素的乘积相加,得到非经济因素对各个候选场址的重要性因子 T_f,其公式为

$$T_f = \sum_{i=1}^{k} G_i \times T_{di}$$

(3) 将经济因素的重要性因子和非经济因素的重要性因子按重要程度叠加,得到该场址的重要性指标 C_t。

$$C_t = M \times T_j + N \times T_f$$

4. 重心法

重心法可以解决为现有工厂提供原材料,在哪里建厂使总运费最低的决策问题。重心

法是一种布置单个设施的方法,这种方法要考虑现有设施之间的距离和要运输的货物量。

设有一系列点分别代表生产地和需求地,各自有一定量货物 V_i 需要以一定的运费率运向位置待定的配送中心 (X_0,Y_0),或从配送中心运出,它们各自的坐标是 $(X_i,Y_i)(i=1,2,\cdots,n)$,其网络图如图 2-2 所示,那么配送中心应位于何处?

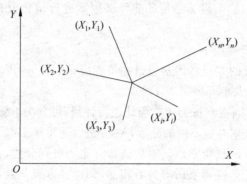

图 2-2 重心法示意图

在此以该点的运量乘以位置待定的配送中心到该点的运输费率,再乘以位置待定的配送中心到该点的距离,求出上述乘积之和(总运量成本)最小的点,即为配送中心应该设置的位置。

拟建配送中心坐标为 (X_0,Y_0),其配送客户的坐标为 (X_i,Y_i),则有

$$\overline{X}_0 = \frac{\sum_{i=1}^{n}(a_i w_i x_i)}{\sum_{i=1}^{n}(a_i w_i)}$$

$$\overline{Y}_0 = \frac{\sum_{i=1}^{n}(a_i w_i y_i)}{\sum_{i=1}^{n}(a_i w_i)}$$

式中,a_i 表示从配送中心到客户 L 每单位运量、单位距离的运输费;w_i 表示从配送中心到客户 L 的运输量;d_i 表示从配送中心到客户 L 的直线距离。

【例 2-2】 某公司拟在某城市建设一座化工厂,该厂每年要从 P、Q、R、S 四个原料供应地运来不同的原料。已知各地距城市中心的距离和年运量如表 2-5 所示,假定各种材料运输费率相同,试用重心法确定该厂的合理位置。

表 2-5 厂址坐标及年运输量表

供应地	P	Q	R	S
供应地坐标	(50,60)	(60,70)	(19,25)	(59,45)
年运输量/t	2 200	1 900	1 700	900

解:

$$\overline{X}_0 = \frac{50 \times 2\,200 + 60 \times 1\,900 + 19 \times 1\,700 + 59 \times 900}{2\,200 + 1\,900 + 1\,700 + 900} = 46.2(\text{km})$$

$$\overline{Y}_0 = \frac{60 \times 2\,200 + 70 \times 1\,900 + 25 \times 1\,700 + 45 \times 900}{2\,200 + 1\,900 + 1\,700 + 900} = 51.9(\text{km})$$

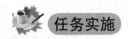

任务实施

步骤 1：首先确定经济性因素的重要性因子 T_j。

$$T_{jA} = \frac{1/c_1}{\sum_{i=1}^{3}\left(\frac{1}{c_i}\right)} = 0.330$$

$$T_{jB} = \frac{1/c_2}{\sum_{i=1}^{3}\left(\frac{1}{c_i}\right)} = 0.345$$

$$T_{jC} = \frac{1/c_3}{\sum_{i=1}^{3}\left(\frac{1}{c_i}\right)} = 0.325$$

步骤 2：确定非经济因素的重要性因子 T_f。

首先确定单一因素的重要性因子 T_d。

（1）政策法规比较如表 2-6 所示。

表 2-6 政策法规比较

场址	两两相比			比重和	T_d
	A—B	A—C	B—C		
A	1	1		2	2/3
B	0		1	1	1/3
C		0	0	0	0

（2）气候因素比较如表 2-7 所示。

表 2-7 气候因素比较

场址	两两相比			比重和	T_d
	A—B	A—C	B—C		
A	1	1		2	2/4
B	1		1	2	2/4
C		0	0	0	0

（3）安全因素比较如表 2-8 所示。

表 2-8 安全因素比较

场址	两两相比			比重和	T_d
	A—B	A—C	B—C		
A	0	0		0	0
B	1		0	1	1/3
C		1	1	2	2/3

(4) 各因素汇总比较如表 2-9 所示。

表 2-9　各因素汇总比较

因　素	场　址			权重
	A	B	C	
政策法规	2/3	1/3	0	0.5
气候因素	2/4	2/4	0	0.4
安全因素	0	1/3	2/3	0.1

步骤 3：确定各厂址非经济因素重要性因子 T_f。

$$T_{fA} = \frac{2}{3} \times 0.5 + \frac{2}{4} \times 0.4 = 0.533$$

$$T_{fB} = \frac{1}{3} \times 0.5 + \frac{2}{4} \times 0.4 + \frac{1}{3} \times 0.1 = 0.4$$

$$T_{fC} = \frac{2}{3} \times 0.1 = 0.067$$

步骤 4：计算总的重要性指标 C_t。

$$C_t = M \times T_j + N \times T_f$$

假定经济因素和非经济因素同等重要，则有

$$M = N = 0.5$$

$$C_{tA} = 0.5 \times 0.33 + 0.5 \times 0.533 = 0.4315$$

$$C_{tB} = 0.5 \times 0.345 + 0.5 \times 0.4 = 0.3725$$

$$C_{tC} = 0.5 \times 0.325 + 0.5 \times 0.068 = 0.1965$$

根据以上计算，A 厂址重要性指标最高，故选 A 作为建厂厂址。

任务 2.2　仓库与配送中心布局规划

仓库布局是指一个仓库的各个组成部门，如库房、货棚、货场、辅助建筑物、铁路专用线、库内道路、附属固定设备等，在规定范围内，进行平面和立体的全面合理的安排，即设计仓库总平面图。

2.2.1　仓库整体平面布局

1. 仓库整体平面布局的要求

1) 要适应仓储企业的生产流程，有利于仓储企业进行正常生产

(1) 单一的物流方向。仓库内货物的卸车、验收、存放地点之间的安排，必须适应仓储

的生产流程，按一个方向流动。

(2) 短的运距。应尽量减少迂回运输，专用线的布置应在库区中部，并根据作业方式、仓储货物品种、地理条件等，合理安排库房、专用线与主干道相对应。

(3) 少的装卸环节。减少在库货物的装卸、搬运次数和环节，货物的卸车、验收、堆码作业最好一次完成。

(4) 大的利用空间。仓库总平面布置是立体设计，应有利于货物的合理储存和充分利用库容。

2) 有利于提高仓储经济效益

(1) 因地制宜，充分考虑地形、地质条件，使之既能满足物品运输和存放方面的要求，又能避免大量的基础建设工程，并能保证仓库被充分利用。

(2) 平面布置应与竖向布置相适应。所谓竖向布置，是指场地平面布局中每个因素，如库房、货场、转运线、道路、排水、供电、站台等，在地面标高线上的相互位置，既满足仓储生产上的要求，有利于排水，又要充分利用原有地形。

(3) 总平面布置应能充分、合理地使用机械化设备。特别是需要使用门式、桥式起重机一类固定设备的，就需要在这类设备的数量和位置布置上，注意与其他设备的配套，以便于开展机械化作业。

3) 有利于保证安全生产和文明生产

库内各区域间、各建筑间，应根据"建筑设计防火规范"的有关规定，留有一定的防火间距，并有防火、防盗等安全设施。

2. 仓库整体平面布局的构成

一个仓库通常由生产作业区、辅助生产区和行政生活区三大部分组成，如表2-10所示。

表2-10 仓库的总平面结构

区域	功能	主要建筑物
生产作业区	生产作业区是仓库的主体。仓库的主要业务和货物保管、检验、包装、分类、整理等都在这个区域里进行	库房、货场、站台，以及加工、整理、包装场所等
辅助生产区	在辅助生产区内进行的活动是为主要业务提供各项服务	维修加工以及动力车间、车库、工具设备库
行政生活区	行政生活区由办公室和生活场所组成	办公楼、警卫室、化验室、宿舍和食堂等

(1) 生产作业区。生产作业区是仓库的主体部分，是货物储运活动的场所，主要包括储货区、铁路专用线、道路、装卸台等。储货区是储存保管的场所，具体分为库房、货棚、货场。货场不仅可以存放货物，同时起着货位周转和调剂的作用。铁路专用线、道路是库内外的货物运输通道，货物的进出库、库内货物的搬运，都要通过这些运输线路。专用线应与库内道路相通，保证畅通。装卸站台是供货车或汽车装卸的平台，有单独站台和库边站台两种，其高度和宽度应根据运输工具和作业方式而定。

(2) 辅助生产区。辅助生产区是为货物储运保管工作服务的辅助车间或服务站，包括车库、变电室、油库、维修车间等。

(3) 行政生活区。行政生活区是仓库行政管理机构和生活区域。行政生活区一般设在仓库入库口附近,便于业务接洽和管理,与生产作业区应分开,并保持一定的距离,以保证仓库的安全及周边居民生活的安静。

仓库平面布局示例如图 2-3 所示。

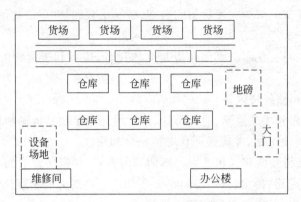

图 2-3　仓库平面布局示例

2.2.2　仓库内部平面布局

库内布局规划是指根据仓库的场地条件,仓库业务性质和规模,物资储存要求以及技术设备的性能和使用特点等因素,对仓库各组成部分,如存货区、理货区、配送备货区、通道以及辅助作业区等,在规定的范围内进行平面和立体的合理安排和布置,最大限度地提高仓库的储存能力和作业能力,并降低各项仓储作业的费用。库内的货区布局和规划是仓储业务和仓库管理的客观需要,其合理与否直接影响到各项工作的效率和储存物资的安全。

1. 库内布局的要求

(1) 仓库位置应便于货物的入库、装卸和提取,库内区域划分明确、布局合理。

(2) 集装箱货物仓库和零担仓库尽可能分开设置,库内货物应按发送、中转、到达货物分区存放,并分线设置货位,以防事故的发生。要尽量减少货物在仓库的搬运距离,避免任何迂回运输,并要最大限度地利用空间。

(3) 有利于提高装卸机械的装卸效率,满足装卸工艺和设备的作业要求。

(4) 仓库应配置必要的安全、消防设施,以保证安全生产。

(5) 仓库货门的设置,要考虑集装箱和货车集中到达时同时装卸作业的要求。

2. 库内布局的形式

在配送型仓库平面布置中,动线规划至关重要。动线决定了卸货的验收区、储存保管区、配货发运区等各个区域的设置和安排。

物流配送中心作业区域内的物流动线基本形式有四种,即 I 形、S 形、L 形和 U 形,如图 2-4 所示。

在进行动线规划时,可根据进、出货月台的位置和实际作业流程,选用不同的动线或动线组合,以满足实际需要,使整个物流作业顺畅、有序、省时、省力。

(1) I 形和 S 形动线适用于进、出货月台分别位于仓库两端的情况。具体采用哪种,要根据实际作业需要来选择。

(2) L 形动线适用于进、出货月台分别位于仓库相邻两边的情况。

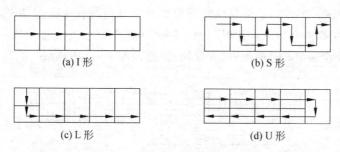

图 2-4 动线的主要类型

(3) U 形动线适用于进、出货月台位于仓库同侧的情况。

3. 货区布局

货区布局的目的,一方面是提高仓库平面和空间的利用率;另一方面是提高物品保管质量,方便进出库作业,从而降低物品的仓储处置成本。

货区布局的基本思路:根据物品特性,分区分类储存,将特性相近的物品集中存放;将单位体积大、单位质量大的物品存放在货架底层,并且靠近出库区和通道;将周转率高的物品存放在进出库装卸搬运最便捷的位置;将同一供应商或者同一客户的物品集中存放,以便于进行分拣、配货作业。

> **工作要点**
> 结合实际内部结构、功能要求、操作要求等确定布局样式,具体问题具体分析。

平面布局是指对货区内的货垛、通道、垛间距、收发货区等进行合理的规划,并正确处理它们的相对位置。平面布置的形式可以概括为垂直式和倾斜式。

1) 垂直式布局

垂直式布局是指货垛或货架的排列与仓库的侧墙互相垂直或平行,具体包括横列式布局、纵列式布局和纵横式布局。

(1) 横列式布局(图 2-5)是指货垛或货架的长度方向与仓库的侧墙互相垂直。这种布局的主要优点是主通道长且宽,副通道短,整齐美观,便于存取和查点,且有利于通风和采光。

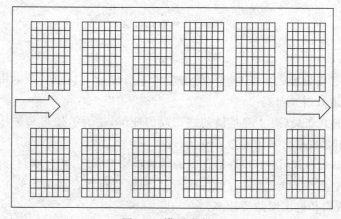

图 2-5 横列式布局

(2) 纵列式布局(图 2-6)是指货垛或货架的长度方向与仓库的侧墙平行。这种布局的优点主要是可以根据库存物品在库时间的不同和进出频繁程度安排货位。在库时间短、进出频繁的物品，放置在主通道两侧；在库时间长、进出库不频繁的物品，放置在仓库里侧。

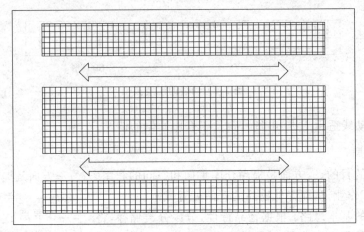

图 2-6　纵列式布局

(3) 纵横式布局(图 2-7)是指在同一保管场所内，横列式布局和纵列式布局兼而有之，可以综合利用两种布局的优点。

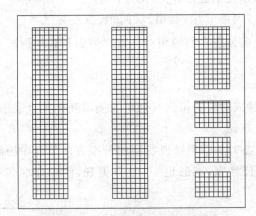

图 2-7　纵横式布局

2) 倾斜式布局

倾斜式布局是指货垛或货架与仓库侧墙或主通道成 60°、45° 或 30° 夹角，具体包括货垛倾斜式布局和通道倾斜式布局。

(1) 货垛倾斜式布局(图 2-8)是横列式布局的变形，是为了便于叉车作业、缩小叉车的回转角度、提高作业效率而采用的布局方式。

(2) 通道倾斜式布局(图 2-9)是指仓库的通道斜穿保管区，把仓库划分为具有不同作业特点的区域，如大量储存和少量储存的保管区等，以便进行综合利用。采用这种布局形式的仓库内部复杂，货位和进出库路径较多。

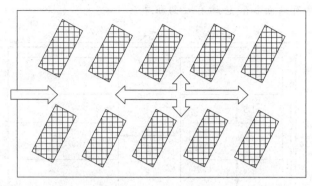

图 2-8 货垛倾斜式布局

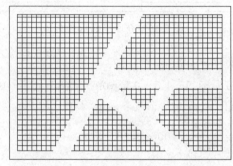

图 2-9 通道倾斜式布局

4. 仓库面积的确定

现代仓库的种类与规模不同,其面积的构成也不尽相同,因此,必须首先明确仓库面积的有关概念,然后再确定仓库的相关面积。

(1) 仓库总面积,即从仓库外墙线算起,整个围墙包围的全部面积。若在墙外还有仓库的生活区、行政区或库外专用线,则应计算进来。

(2) 仓库建筑面积,即仓库内所有建筑物所占平面面积之和。若有多层建筑,则还应加上各层面积的累计数。

(3) 仓库使用面积,即仓库内可以用来存放商品的地方的面积,也就是库房、货棚、货场的使用面积之和。其中,库房的使用面积为库房建筑面积扣除外墙、间隔墙、内柱及固定设施等所占的面积。

(4) 仓库有效面积,即在库房、货棚、货场内计划用来存放商品的地方的面积。

(5) 仓库实际利用面积,即在仓库使用面积中,实际用来堆放商品的部分所占的面积,也就是库房使用面积减去必需的通道、垛距、墙距、柱距及收发、验收、备料等作业区所占面积后所剩余的面积。

(6) 仓库有效面积率,即仓库有效面积除以仓库总面积的得数。

【例 2-3】 仓库相关面积的计算。

某一平面仓库墙内长 35m,宽 18m,过道宽度 3.5m,两条支道宽度各 1.5m,外墙距 0.5m,内墙距 0.3m。假设仓库内无柱子、壁墙、扶梯、固定设备等,仓库平面示意图如

图 2-10 所示,求仓库有效面积和仓库有效面积率。

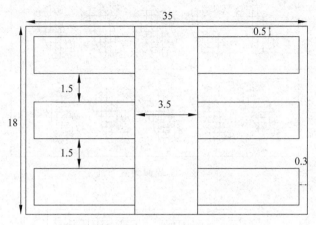

图 2-10 仓库平面示意图

解:仓库总面积 $= 35 \times 18 = 630 (m^2)$

仓库有效面积 $= (18-1.5-1.5-0.5-0.5) \times (35-3.5-0.3-0.3)$
$= 432.6 (m^2)$

仓库有效面积率 $= \dfrac{432.6}{630} \times 100\% \approx 68.7\%$

2.2.3 设施布局规划

1. 设施布局的概念

所谓设施布局,是指在选定的设施区域内,合理安排组织内部各生产作业单元和辅助设施的相对位置和面积、设备的布置,使之构成一个符合企业生产经营要求的有机整体。

2. 物流设施布局规划

在物流设施计划任务的指导下,将物流设施所涉及的所有对象,即物流节点自身、物流计划任务执行人员、所需机器设备和相关的物料管理作业设施,在信息的辅助下达成物流节点系统设施的最佳效果。

3. 设施布局的方法

设施布局需要对仓库内各个区域进行分析。

所谓相关,是指各区域之间的关系密切程度,或称相关程度。相关程度取决于两个因素。

一是两个区域之间传递的物流量的大小。物流量越大,关系密切程度就越高,否则关系密切程度就低。

二是两个区域之间业务交流的频繁程度,如人员接触、文件传递等。前者称物流相关,后者称活动相关或非物流相关。

> **工作要点**
> 考虑事物之间的关联性,不可孤立地分析问题。

物流相关分析,即对配送中心各区域间传递的物流量的大小进行分析。用物流量的大小来表示各功能区域之间的物流相关程度,分成六个等级,分别用 A、E、I、O、U、X 表示,A 为绝对必要、E 为特别重要、I 为重要、O 为一般、U 为不重要、X 为禁止。

从至表法就是从使生产运作过程中的物料流量和运输费用最小化的目标出发进行工厂布置的一种方法。从至表法的一般原则：只要使相互间物流量大的部门尽量靠近布置，就可能降低物料运费。

（1）设配送中心有10个功能区域A1至A10，根据各区域间的物流量绘制物流起讫棋盘。表中斜线上方为顺行物流量，下方为逆行物流量，如表2-11所示。

表 2-11 区域间的物流量

区域	A1	A2	A3	A4	A5	A6	A7	A8	A9	A10	∑
A1		2	8				4		2		16
A2			1	2			1			3	7
A3		2		4			1		1	3	11
A4		1			1		2	1		5	10
A5				1							1
A6				1					1		2
A7				2					6		8
A8									1		1
A9			2								2
A10						1					1
∑		5	11	10	1	1	8	1	3	19	59

（2）求每两区域间的物流总量（顺行物流量与逆行物流量之和），称"对物流量"，即一对作业区域之间的物流量，因为考核区域间的相关程度时不需要考虑物流量的方向，如表2-12所示。

表 2-12 区域间的物流总量

区域	A1	A2	A3	A4	A5	A6	A7	A8	A9	A10	∑
A1		2	8				4		2		16
A2			3	3			1			3	10
A3				4			1		3	3	11
A4					2	1	4	1		5	13
A5											
A6									2		2
A7									6		6
A8									1		1
A9											
A10											
∑		2	11	7	2	1	10	1	5	20	59

（3）对"物流量"按大小顺序进行排列，并确定物流的相关性等级（一般A级占5%～10%、E级占10%～15%、I级占15%～25%、O级占25%～30%，其余为U级），如表2-13所示。

表 2-13 物流量的相关性等级

序号	单位对	物流量	相关性等级	序号	单位对	物流量	相关性等级
1	1~3	8	A	24	1~8	0	U
2	7~10	6	A	25	1~10	0	U
3	4~10	5	A	26	2~5	0	U
4	3~4	4	E	27	2~6	0	U
5	1~7	4	E	28	2~8	0	U
6	4~7	4	E	29	2~9	0	U
7	2~3	3	I	30	3~5	0	U
8	2~4	3	I	31	3~6	0	U
9	2~10	3	I	32	3~8	0	U
10	3~9	3	I	33	4~9	0	U
11	3~10	3	I	34	5~6	0	U
12	1~2	2	O	35	5~7	0	U
13	1~9	2	O	36	5~8	0	U
14	4~5	2	O	37	5~9	0	U
15	6~10	2	O	38	5~10	0	U
16	2~7	1	O	39	6~7	0	U
17	3~7	1	O	40	6~8	0	U
18	4~6	1	O	41	6~9	0	U
19	4~8	1	O	42	7~8	0	U
20	8~10	1	O	43	7~9	0	U
21	1~4	0	U	44	8~9	0	U
22	1~5	0	U	45	9~10	0	U
23	1~6	0	U				

为方便绘制物流相关图,将物流量排列表整理成物流相关表,如表2-14所示。

表 2-14 物流相关表

单位号	A级	E级	I级	O级	U级
A1	A3	A7		A2 A9	A4 A5 A6 A8 A10
A2			A3 A4 A10	A1 A7	A5 A6 A8 A9
A3	A1	A4	A2 A9 A10	A7	A5 A6 A8
A4	A10	A3 A7	A2	A5 A6 A8	A9 A1
A5				A4	A3 A6 A7 A8 A9 A10 A1 A2
A6				A4 A10	A1 A2 A3 A5 A7 A8 A9
A7	A10	A1 A4		A2 A3	A5 A6 A8 A9
A8				A4 A10	A1 A2 A3 A5 A6 A7 A9
A9			A3	A1	A2 A4 A5 A6 A7 A8 A10
A10	A4 A7		A2 A3	A6 A8	A1 A5 A9

(4)根据物流相关表绘制物流相关图,如图 2-11 所示。根据图即可进行物流区域的布置规划。

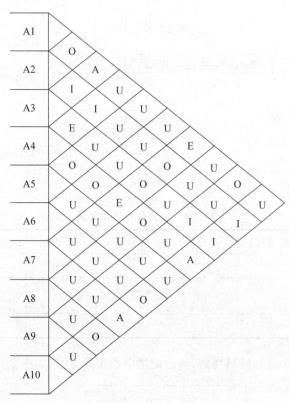

图 2-11 物流相关图

任务实施

(1) 根据配送中心各区域相互关系图绘制相互关系表,如表 2-15 所示。

表 2-15 区域相互关系表

区 域	A 级	E 级	I 级	O 级	U 级
进货区	2		46		35
理货区	15	4		36	
流通加工区		4	5	26	1
储存区		235	1	6	
发货区	2	4	36		1
办公区			15	234	

(2) 根据相互关系表中作业单位之间相互关系的密切程度,决定各作业单位之间距离的远近,安排各作业单位的位置,绘制作业空间关系图,如图 2-12 所示。

A 级关系,四条平行线;E 级关系,三条平行线;I 级关系,两条平行线;可以不必画出 U 级关系,但 X 级关系必须表示出来。

(3) 根据物流作业区作业量确定各个区域的面积,如表 2-16 所示。

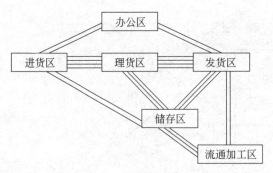

图 2-12 空间关系图

表 2-16 物流作业区作业量

物流作业区	进货区	理货区	发货区	储存区	流通加工区	办公区
作业量/t	100	30	100	150	10	—
单位面积作业量/(t/m²)	0.2	0.2	0.2	1	0.2	—
作业面积/m²	500	150	500	150	50	150

（4）根据面积大小进行区域规划，确定配送中心布局方案，如图 2-13 所示。

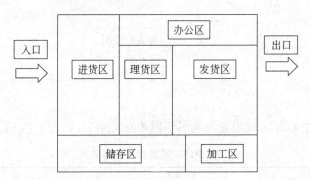

图 2-13 配送中心布局方案

任务训练

某公司准备建立一家物流中心，共有三处地点可供选择，各地点每年经营费用如表 2-17 所示，三处场址非成本因素优劣比较和各因素加权指数如表 2-18 所示。

表 2-17 每年经营费用　　　　　　　　　　　　　　　　　单位：万元

费用	A	B	C
运输费用	260	180	280
人力资源费用	160	170	320
能源费用	280	230	180
税收	300	160	300

续表

费用	A	B	C
其他	180	180	220
合计	1 180	920	1 300

表 2-18 非成本因素比较

场址	自然环境	经营环境	公共设施
A	很好	好	一般
B	较好	很好	少
C	一般	一般	较多
加权指数	0.3	0.5	0.2

假设非经济因素与经济因素同等重要,比重值 $x=0.5$,试用综合因素评价方法决定配送中心场址应选在何处?

小　　结

选址和布局规划是仓库与配送中心建设之初首先要考虑的问题,选址是否合理关系到后期各项运营、服务、运输相关成本,布局规划问题则对整个仓库与配送中心的运作效率影响较大,因而做好仓库与配送中心的选址和布局规划至关重要,影响较为长远。本项目可分解为两个任务:仓库与配送中心选址;仓库与配送中心布局规划。

仓库选址过程应遵循适应性原则、协调性原则、经济性原则、战略性原则和可持续发展原则。

仓库选址的影响因素:主要成本因素,包括运输成本、原材料供应成本、人力资源成本、建筑成本和土地成本;主要非成本因素,包括经营环境、当地政府政策法规、自然环境因素、时间影响因素。

仓库选址一般可分三个阶段,即准备阶段、地区选择阶段和具体地点选择阶段。仓库选址的方法:德尔菲法、量本利分析法、加权因素法、因次分析法、重心法。

一个仓库通常由生产作业区、辅助生产区和行政生活区三大部分组成。物流配送中心作业区域内的物流动线基本形式有四种,即 I 形、S 形、L 形和 U 形。平面布置的形式可以概括为垂直式和倾斜式。垂直式布局具体包括横列式布局、纵列式布局和纵横式布局。倾斜式布局具体包括货垛倾斜布局和通道倾斜式布局。相关程度取决于两个因素:一是两个区域之间传递的物流量的大小;二是两个区域之间业务交流的频繁程度。

测　　试

一、单选题

1. 仓库建立过程中,有关选址的费用,主要包括建设费用及物流费用(经营费用)两部分。此时考虑的是仓库选址的(　　)。

A. 适应性原则　　　B. 协调性原则　　　C. 经济性原则　　　D. 战略性原则

2. 在已知各供应客户的需求量以及他们之间的距离的情况下,适合采用的选址方法为（　　）。

　　A. 重心法　　　　　　　　　　　　B. 加权因素分析法
　　C. 量本利分析法　　　　　　　　　D. 因次分析法

3. 在已知各个备选方案的固定投入和单位可变成本的情况下,适合采用（　　）选址方法。

　　A. 重心法　　　B. 量本利分析法　　C. 因次分析法　　D. 加权因素分析

4. 工具设备库属于仓库总平面布局中的（　　）区域。

　　A. 仓储作业　　　B. 行政生活　　　C. 通道　　　D. 辅助作业

5. 货垛或货架的长度方向与仓库的侧墙互相垂直的是（　　）布局方式。

　　A. 横列式　　　B. 纵列式　　　C. 纵横式　　　D. 倾斜式

二、多选题

1. 仓库选址应该考虑的因素有（　　）。

　　A. 经营环境因素　　　　　　　　　B. 自然环境因素
　　C. 基础设施配套因素　　　　　　　D. 国家政策

2. 属于仓库选址考虑的非成本因素的是（　　）。

　　A. 经营环境　　　B. 运输成本　　　C. 自然环境因素　　　D. 时间因素

3. 仓库平面布局的基本原则包括（　　）。

　　A. 充分利用仓库空间　　　　　　　B. 有效保护库存商品
　　C. 提高仓储作业效率　　　　　　　D. 把轻、脆货物放在易受损的地方

4. 库内布局的形式包括（　　）。

　　A. U 型布局　　　B. I 型布局　　　C. L 型布局　　　D. S 型布局

5. 区域之间相关程度决定于（　　）因素。

　　A. 物流量的大小　　　　　　　　　B. 作业时间
　　C. 业务交流的频繁程度　　　　　　D. 采用设备

三、简答题

1. 简述仓库选址的影响因素。
2. 简述仓库选址的方法。
3. 简述因次分析法的求解步骤。
4. 简述仓库整体平面布局的构成。
5. 简述仓库布局的形式。

项目 3

仓库与配送中心设备配置及信息技术

项目导图

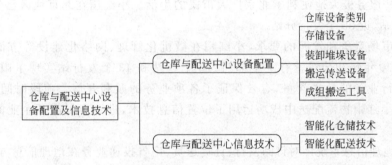

任务描述

任务 1

采用货架储存方式以托盘为计算单位,要确定货架货格尺寸,货架排列和层数,再确定面积。

某仓库拟储存 A、B 两类货物,包装尺寸(长×宽×高,单位为 mm)分别为 500×280×180 和 400×300×205,采用在 1 200×1 000×150 的标准托盘上堆垛,高度不超过 900,两类货物最高库存量分别是 19 200 件和 7 500 件,采用选取式重型货架堆垛,货架每一货格存放两个托盘货物。

作业叉车为电动堆垛叉车,提升高度为 3 524mm,直角堆垛最小通道宽度为 2 235mm。试确定货架长宽高、层数和排数,并计算货架区面积。货架货格示意图如图 3-1 所示。

图中,a. 货架柱片宽,80～100mm;b. 托盘与货架间隙,一般取 100mm;c. 托盘宽度;d. 托盘间间隙,一般取 100mm;e. 横梁高度;f. 托盘堆放与货架横梁间隙,一般取 80～100mm;g. 托盘堆放高度(含托盘高度);h. 托盘高度。

任务 2

信息在"小红帽"物流配送系统中的应用

小红帽发行股份有限公司(以下简称"小红帽")是北京著名的配送企业。小红帽全面代理 40 多种报纸和期刊的发行工作,还涉及投递广告、收购旧报及送书、送奶、送水上门等多

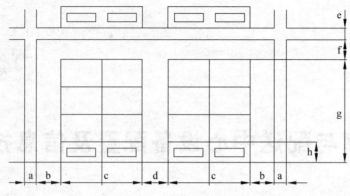

图 3-1 货架货格示意图

项业务。这些服务极大地便利了北京广大市民的生活。小红帽在北京地区已先后建立了10个发行区站,近80个发行分站。

为适应市场竞争和发展的要求,小红帽在微机化管理、网络化建设等方面做了不懈的努力。2000年年初公司就有7个部门、10个区站和43个发行站实现了微机联网,大大提高了发行业务的技术含量,有效保证了各项业务的顺利开展。前段时间,方正数码有限公司在小红帽物流配送中成功运用了位置信息技术,进一步提高了企业的电子商务竞争实力。

小红帽地理信息系统针对订阅发行、订货送货、广告投递业务在地理信息方面的需求,以业务数据图形化管理和业务机构、业务对象图形化编辑为核心,从客户、产品、业务结构三个管理层面上实现对小红帽业务的全面图形化管理。

小红帽业务主要包括订阅发行、订货送货、报刊零售、广告投递,总公司负责汇集、整理各种业务客户的要求,管理各类业务产品和各业务机构的人事、行政,再将整理后的客户和产品信息作为任务,下达给相关的各下属业务机构。总公司要汇总各下属业务机构提交的业务执行情况数据,进行业务分析,根据业务分析结果制订下一步的业务运行和行政、人事管理的计划。

请根据小红帽业务进行系统需求分析,可以划分为哪些系统模块,并对核心功能模块进行分析。

➡ 任务分解

完成了仓库选址和布局规划,还需要对仓库的设备进行配置。设备配置对仓库有效运作非常关键,企业要根据自身发展情况、库区内部状况、具体业务需求及业务流程等确定配置相关设备,保障业务整体有效运作。本项目可分解为两个任务:仓库与配送中心设备配置;仓库与配送中心信息技术。

项目 3 仓库与配送中心设备配置及信息技术

学习目标

任　务	知识目标	能力目标	素质目标
仓库与配送中心设备配置	1.了解仓库设备的类别； 2.理解不同类别的设备类型； 3.掌握不同类别的设备特点及应用	1.能够区分不同设备的具体应用范畴； 2.能够针对实际情况进行设备选择与配置	1."工欲善其事,必先利其器",设备配置影响较长远,需慎重考虑； 2.单元化、规范化和标准化会大大提升效率,要学以致用
仓库与配送中心信息技术	1.了解智能化仓储技术和配送技术的类型； 2.理解智能化仓储技术和配送技术的工作原理及应用场景	1.能够对智能化仓储技术和配送技术进行分析； 2.能够根据具体业务需要提出技术需求	1.实时了解各种技术的最新动态,不能故步自封； 2.先进的技术应结合企业实际而应用,不可盲目跟风

任务 3.1 仓库与配送中心设备配置

任务分析

仓库设备是仓储与物流技术水平高低的主要标志,特点主要表现在设备出现了趋势,即连续化、大型化、高速化、电子化,提高了生产率。近年来的仓储设备现代化、自动化程度较高,应实时了解最新的仓库设备,根据企业的实际需求配置设备。

知识准备

3.1.1 仓库设备类别

仓库设备类别

按用途和特征,可以将仓储设备分成装卸搬运设备、保管设备、计量设备、养护检验设备、通风保暖照明设备、消防安全设备、劳动防护用品和其他用品与用具。

1. 装卸搬运设备

装卸搬运设备是用于商品的出入库、库内堆码及翻垛作业。这类设备对改进仓储管理、减轻劳动强度、提高收发货效率具有重要作用。目前,我国仓库中所使用的装卸搬运设备通常可以分成三类。

> **工作要点**
> 工欲善其事,必先利其器。设备配置影响较长远,需慎重考虑。

(1)装卸堆垛设备。装卸堆垛设备包括桥式起重机、轮胎式起重机、门式起重机、叉车、堆垛机、滑车、跳板及滑板等。

(2)搬运传送设备。搬运传送设备包括电平搬运车、皮带输送机、电梯及手推车等。

(3)成组搬运工具。成组搬运工具包括托盘、集装袋等,如图 3-2 所示。

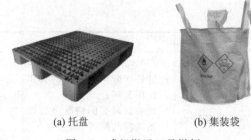

(a) 托盘　　　　　　　(b) 集装袋

图 3-2　成组搬运工具样例

2. 保管设备

保管设备是用于保护仓储商品质量的设备,主要可归纳为以下两种。

(1) 苫垫用品。苫垫用品起遮挡雨水和隔潮、通风等作用,包括苫布(油布、塑料布等)、苫席、枕木、石条等。苫布、苫席用在露天堆场,如图3-3所示。

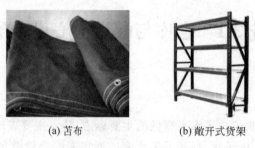

(a) 苫布　　　　　　　(b) 敞开式货架

图 3-3　保管设备样例

(2) 存货用具。存货用具包括各种类型的货架、货橱。

货架是存放货物的敞开式格架。根据仓库内的布置方式不同,货架可采用组合式或整体焊接式两种。整体焊接式的货架制造成本较高,不便于货架的组合变化,因此较少采用。货架在批发、零售量大的仓库,特别是立体仓库中起很大的作用。货架既便于货物的进出,又能提高仓库容积利用率。

货橱是存放货物的封闭式格架,主要用于存放比较贵重的或需要特别养护的货物。

3. 计量设备

计量设备用于商品进出时的计量、点数,以及货存期间的盘点、检查等,如地磅、轨道秤、电子秤、电子计数器、流量仪、皮带秤、天平仪及磅秤、卷尺等。随着仓储管理现代化水平的提高,现代化的自动计量设备将会更多地得到应用。

4. 养护检验设备

养护检验设备是指商品进入仓库验收和在库内保管测试、化验及防止商品变质、失效的机具、仪器,如温度仪、测潮仪、吸潮器、烘干箱、风幕(设在库门处,以隔内外温差)、空气调节器、商品质量化验仪器等。在规模较大的仓库,这类设备使用较多。

5. 通风保暖照明设备

通风保暖照明设备是根据商品保管和仓储作业的需要而设的设备。

6. 消防安全设备

消防安全设备是仓库必不可少的设备,包括报警器、消防车、手动抽水器、水枪、消防水源、砂土箱、消防云梯等。

7. 劳动防护用品

劳动防护用品主要用于保护仓库职工在作业中的人身安全。

8. 其他用品与用具

其他用品与用具是指除上述设备外的仓储设备。

3.1.2 储存设备

货架在现代物流活动中起着相当重要的作用。货架的作用主要体现在以下五个方面。

(1) 货架是一种架式结构物,可充分利用仓库空间,提高库容利用率,扩大仓库的储存能力。

(2) 使存入货架中的货物互不挤压,可完整保全物资本身的功能,以减少货物的损失。

(3) 使货架中的货物存取方便,便于清点及计量,可做到先进先出。

(4) 保证所存货物的质量,可以采取防潮、防尘、防盗、防破坏等措施。

(5) 很多新型货架的结构及功能有利于现代仓库的机械化及自动化管理。

货架的种类有多种,企业应根据物品特性和流通特性选择适用的货架,下面主要介绍几种常用货架。

1. 托盘单货架

托盘单货架是指用于储存单元化托盘货物,并配以巷道式堆垛机及其他储运机械进行作业的货架,是机械化、自动化货架仓库的主要组成部分。托盘单货架使用广泛,通用性强,被很多仓库和大卖场等选用。通常沿仓库的宽度方向布置若干排托盘单货架,每两排货架之间有一条巷道,供堆垛起重机、叉车等搬运机械进行作业,每排货架分为若干列,样式如图 3-4 所示。

图 3-4 托盘单货架

1) 托盘单货架的优点

(1) 存取方便,拣选效率高。每一块托盘均能单独存入或移动,而不需要移动其他托盘。

(2) 可适用于各种类型的货物,可按照货物尺寸的要求调整横梁高度。

(3) 配套设备简单,成本低,能快速安装和拆除。

(4) 货物存取较快,适用于整托盘出入库或手工拣选的场合。

2) 托盘单货架的缺点

(1) 库房利用率相对较低。由于每两排货架间必须有一条巷道,所以库房利用率受到影响。

(2) 货架高度有一定的限制,单排货架结构的承载强度受到限制,所以不能设计得太高。这种货架适用于品种较多、整托盘储存的货物。其出入库不受先后顺序的影响,一般的叉车都可以使用。

2. 驶入式货架

驶入式货架采用钢制结构,是把货架连接起来形成的,存放货物时,托盘按深度方向存放,一个接着一个。这种货架允许堆高机驶入货架并从里层的位置开始存放至最前方的位置。其通道空间和储存空间大,因此储存密度非常高,地板使用率达到65%,适合于大批量、少品种的货物储存作业,叉车可直接驶入货道内进行存取货物,作业极其方便。

驶入式货架存取货物时,叉车从通道的一端进出,存放时先内后外,取货时先外后内,遵循"先存后取,后存先取"的原则。驶入式货架的示例如图3-5所示。

1) 驶入式货架的优点

(1) 库房利用率较高。由于每一条通道的两侧可以布置纵深不等的货位,所以可以布置较多的存货位置。

(2) 可以适用各种类型的货物,可按照货物尺寸的要求调整横梁高度。

(3) 货架整体强度较好。

(4) 单位货位成本较低。

2) 驶入式货架的缺点

(1) 适用于批量存取,对先进后出要求较高,对批量小、品种多的货物不适用。

(2) 对叉车的选择有限制,一般要求叉车的宽度比较小。

3. 驶出式货架

驶出式货架的结构与驶入式货架相同,但驶出式货架前后通道是通的,没有拉杆封闭,前后均可安排存取货,能够实现先进先出,如图3-6所示。

图3-5 驶入式货架

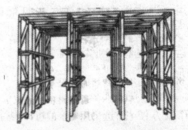

图3-6 驶出式货架

此类货架仓容利用率高,在高密度配置的情况下,高度可达10m,库容利用率可以高达90%以上,而且能够保证先进先出,只是对托盘质量和规格要求较高。此类货架适用于大批量、少品种的货品,但不太适合太长或太重的货品。

4. 重力式货架

重力式货架的一端较高,其通道可用于存放大货架;另一端较低,倾斜布置,其通道用于出货。由于货物放在滚轮上,因此可以利用重力使货物向出口方向自动下滑,以待取出。存货时托盘从货架斜坡高端送入滑道,通过滚轮下滑,逐个存放;取货时从斜坡底端取出货物,其后的托盘逐一向下滑动。这种储存方式在排与排之间没有作业通道,大大提高了仓库利用率。使用时,最好同一排、同一层上的货物,应为相同的货物或一次同时入库和出库的货物。

此外,当通道较长时,在导轨上应设置制动滚道,以防止终端加速度太大。重力式货架的储存空间比一般托盘货架的储存空间多 50% 左右,样例如图 3-7 所示。

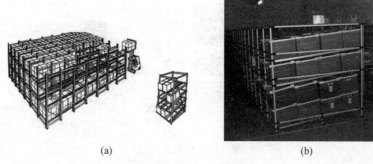

图 3-7 重力式货架

1) 重力式货架的优点
(1) 适用于大量储存、短时发货的货物。
(2) 适用于先进先出的货物存取。
(3) 空间利用率可达 85%。
(4) 适用于一般叉车配套存取货物。
2) 重力式货架的缺点
(1) 高度受限,一般在 6m 以下。
(2) 对仓库的清洁度要求高。

5. 层架

层架由立柱、横梁和层板构成,层间用于存放货物,样例如图 3-8 所示。

6. 悬臂式货架

悬臂式货架由 3~4 个塔形悬臂和纵梁相连而成。悬臂式货架在储存长形货物的仓库中运用广泛。悬臂式货架适合储存大件货物和不规则货物,诸如钢铁、木材、塑料等,其前伸的悬臂具有结构轻巧、载重能力好的特点。如果增加搁板,则适合空间小、高度低的库房,一般高度在 6m 以下为宜,空间利用率低,为 35%~50%,样例如图 3-9 所示。

图 3-8 层架

图 3-9 悬臂式货架

7. 移动式货架

移动式货架的底部装有滚轮，并装有控制装置，若开启该装置，滑轮可以沿轨道滑动。按驱动方式不同，移动式货架可分为人力推动式、摇把驱动式和电动式三种，具体样例如图3-10所示。

图3-10 移动式货架

移动式货架因为只需要一个作业通道，所以使用该货架会提高仓库面积的利用率。该货架广泛应用于办公室（存放文档）、图书馆（存放档案文献）、金融部门（存放票据）和工厂车间、仓库（存放工具和物料）等。该货架适用于库存品种多、出入库频率较低的仓库，或库存频率较高，但可按巷道顺序出入库的仓库。

移动式货架的特点如下。

（1）储存量大，节省空间。

（2）适合保管品种少、批量大、出入库频率低的货物。

（3）库房利用率较高，地面使用率达80%。

（4）可直接存取每一项货品，不受先进先出的限制。

（5）高度可达12米，单位面积的储存量可达托盘货架的2倍左右。

8. 旋转式货架

旋转式货架又称回转式货架。在拣选货物时，取货者不动，通过货架的水平、垂直或立方向回转，货物随货架移动到取货者的面前。旋转式货架在存取货物时，可以通过计算机自动控制，即根据下达的货格指令，该货物以最近的距离自动旋转至拣货点时停止。这种货架的储存密度大，货架间不设通道，与固定式货架相比，可以节省地面面积30%～50%。由于货架转动，拣货线路简捷，拣货时不易出现差错。根据旋转方式不同，旋转式货架可分为垂直旋转式、多层水平旋转式两种。

（1）垂直旋转式货架。垂直旋转式货架类似直升机。在两端悬挂有成排的货格，货架可以正转，也可以反转。货架高度一般在2～6m。正面宽2m左右，货位载重为100～400kg，回转速度为6m/min左右。货架货格的小格可以拆除，这样可以灵活储存各种尺寸的货物。在货架的正面及背面均设置台面，可以方便安排出入库作业。在旋转控制上，用开关按钮即可轻松操作，也可以利用计算机操作控制，形成联动系统，将指令要求的或按最短的路程送至指定的位置。垂直旋转式货架主要适用于多品种、拣选频率高的货物。如果取消货格，用支架代替，也可以用于成卷货物的存取。

（2）多层水平旋转式货架。多层水平旋转式货架的最佳长度是10～20m，高度为2～3.5m，单元货位载重为200～250kg，回转速度为20～30m/min。多层水平旋转式货架是一种拣选型货架,这种货架各层可以独立旋转,每层都有各自的轨道,用计算机操作时,可以同时执行几个命令,使各层货物从近到远有序到达拣选地点,拣选效率很高。这种货架主要适用于出入库频率高、多品种拣选的仓库。

旋转式货架设有电力驱动装置。货架沿着由两个直线段和两个曲线段组成的环形轨道,由开关或用计算机操纵运行。旋转式货架操作简单,存取作业迅速,适用于电子元件、精密机械等少批量、多品种的小物品的储存及管理。通过计算机系统控制,该货架可实现自动存取和自动管理,具体样例如图 3-11 所示。

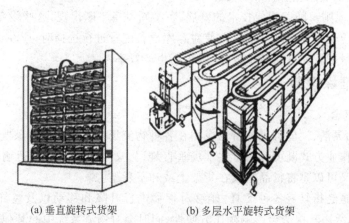

(a) 垂直旋转式货架　　　(b) 多层水平旋转式货架

图 3-11　旋转式货架

旋转式货架的特点如下。
(1) 节省人力,空间利用率高。
(2) 由标准化的组件构成,可适用于各种空间配置。
(3) 存取出入口固定,货品不易丢失。
(4) 计算机快速检索和寻找储位,拣货快捷。
(5) 取料口高度符合人机学,作业人员可长时间工作。

9. 阁楼式货架

阁楼式货架是在已有的工作场地或货架上建一个中间阁楼,采用木板、花纹板、钢板等材料做楼板,设计成二层或多层的样式。上层适用于存放轻量物品,货物通常由叉车、液压升降台或货梯送至二楼、三楼,再由轻型小车或液压托盘车送至某一位置。

阁楼式货架适于人工存取多品种的货物,阁楼式货架在汽车零部件领域,如汽车 4S 店、轻工、电子等行业有较多应用,具体样例如图 3-12 所示。

阁楼式货架的特点。
(1) 提高储存高度,增加空间利用率。
(2) 上层存放轻量物品,如箱、包和散件,下层存放托盘。

图 3-12　阁楼式货架

10. 货架的选择原则

（1）实用性原则。货架应当满足所储存物品的品种、规格尺寸和性能的要求，并符合物资先进先出的原则。

（2）经济性原则。货架的配备必须从仓库自身的经济条件出发，在满足规模需要的情况下，以最少的资金占用来配置相对比较全面的设备，实现仓库的最大经济效益。

（3）安全可靠原则。货架的牢固性要满足所载物品重量的要求，并有一定的安全余量。对于存放危险品的货架应有特殊的规定。

（4）先进性原则。随着现代技术的发展，各类新设备不断出现，这些设备在技术上更先进，性能上更适应仓储作业的要求。企业对仓库设备配置进行选择时，应在适应现代仓储要求的前提下，尽量配置先进的技术设备，以提高生产效率。

3.1.3 装卸堆垛设备

1. 叉车的概念

叉车以机动灵活、性能可靠的特点应用在各种物流场所。其作业对象既可以是集装箱，又可以是杂货；作业方式既可以用于在堆场垂直堆码，又可以用于水平运输；作业内容既可以是装卸货物，又可以是将物品摆放在货架上或卸下货架。

因此，叉车是泛指具有各种叉具，能够对货物进行升降和移动以及装卸作业的搬运车辆，如图 3-13 所示。其构造会影响操作方便性，同时会对物流系统中的其他设备产生影响。其结构指标具体如下。

图 3-13 叉车结构

（1）货叉。它是直接搬运物品用的，一般宽 100～150mm，长 1 000～1 200mm，厚 40mm。两叉距离根据货物尺寸可以调整。

（2）载重心距。这是负载重心到货叉架的距离，是决定负载能力的因素之一。

（3）轴距。它是决定负载能力、旋转半径、直角堆放通道宽度和离地高度等作业特性的重要参数。

（4）动力系统。托板车和窄道式叉车均采用电瓶式操作，用于室内工作；室外多使用内燃机式叉车。

(5) 安全架。它用来保护操作者的头部,可以将其设计成多段式的,大部分是液压式的,也有采用电动提升装置的。

(6) 货架叉。它可以用于固定货叉和有关附件。

2. 叉车的分类

1) 按动力装置分类,叉车可以分为内燃动力叉车、电动叉车、步行操纵式叉车等

(1) 内燃动力叉车以内燃机为动力提供作业所需的能量。内燃动力叉车又可以分为普通内燃动力叉车、重型叉车、集装箱叉车等。

普通内燃动力叉车一般采用柴油、汽油、液化石油气或天然气发动机作为动力,载荷能力为1.2~8.0t,作业通道宽度一般为3.5~5.0m。考虑到尾气排放和噪音问题,普通内燃动力叉车通常用在室外、车间或其他对尾气排放和噪音没有特殊要求的场所。由于燃料补充方便,普通内燃动力叉车可实现长时间连续作业,而且能胜任在雨天等恶劣环境下工作。

重型叉车采用柴油发动机作为动力,承载能力为10.0~52.0t,一般用于货物较重的码头、钢铁等行业的户外作业。

集装箱叉车采用柴油发动机作为动力,承载能力为8.0~45.0t,一般分为空箱堆高机、重箱堆高机和集装箱正面吊。集装箱叉车应用于集装箱搬运,如集装箱堆场或港口码头作业。

(2) 电动叉车也叫电瓶叉车,以电动机为动力,以蓄电池为能源。

电动叉车的承载能力为1.0~8.0t,作业通道宽度一般为3.5~5.0m。由于没有污染、噪音小,电动叉车广泛应用于室内作业和其他对环境要求较高的工况,如医药、食品等行业。随着人们对环境保护的重视,电动叉车正在逐步取代内燃动力叉车。由于每组电池一般在工作约8小时后需要充电,因此对于多班制的工况需要配备备用电池。

(3) 步行操纵式叉车靠人的体能进行操作,样例如图3-14所示。

2) 按结构特点,叉车可以分为平衡重式叉车、前移式叉车、侧叉式叉车

(1) 平衡重式叉车的货叉在车前轮的前方伸出。为消除货叉上的货物重量产生的前倾力矩、保持叉车的纵向稳定性,在车体后部会装有平衡重块。该类叉车由于适应性强,已经成为叉车中应用最广的一种,如图3-15所示。

图3-14 步行操纵式叉车　　　　图3-15 平衡重式叉车

(2) 前移式叉车。该类叉车有两条前伸的支腿,两前支轮较大,支腿较高。当叉取货物时,支腿不插入托盘下面,而是叉车和门架一起前移,插入托盘或货物底部,然后提升至货叉高出支腿的位置,带着货物与门架一起后退,使货物重心位于前后车轮所决定的平面内,再进行搬运。因此,该叉车稳定性好,但其结构较复杂,如图3-16所示。

(3) 侧叉式叉车的货叉位于叉车侧面位置,承载能力为3.0~6.0t。在不转弯的情况下,

侧叉式叉车具有直接从侧面叉取货物的能力,因此主要用来叉取长条形的货物,如木条、钢筋等,样例如图3-17所示。

图3-16 前移式叉车

图3-17 侧叉式叉车

3. 叉车的主要技术参数

叉车的主要技术参数用于表明叉车的结构特征和工作性能。叉车的主要技术参数有额定起重量、载荷中心距、最大起升高度、门架倾角、最大起升速度、最小转弯半径、最小离地间隙、轴距和轮距等。

4. 选择叉车应考虑的因素

(1) 根据叉车的负载能力不同进行选择。

(2) 根据作业区的日吞吐量、作业高度、搬运距离进行选择。

作业区的日吞吐量、作业高度、搬运距离应与叉车的技术性能参数相符。作业区的日吞吐量是指作业区,如车站、码头等每天入库和出库的货物的总重量或搬运托盘的数量。企业可根据这个指标确定所选叉车的搬运能力和叉车的数量。

(3) 根据作业区的高度不同,选择货叉最大的起升高度,在选择时应保证货叉的最大起升高度高于作业区的作业高度。

(4) 根据作业环境不同,选择合适的叉车。

5. 确定叉车数量及工时

人力或叉车需求量可用托盘的数量乘以工作周期时间再除以可用时间来测算,具体计算公式如下:

$$人力或叉车需求量 = 搬运托盘数 \times \frac{工作周期时间}{叉车可用时间}$$

【例3-1】 在某仓库中,叉车是连续作业的,叉车的工作周期为3.5分钟,该仓库每日需搬运托盘800个,叉车每日的工作时间为8小时。请计算此仓库需安排几辆叉车。

解:
$$叉车需求量 = 800 \times \frac{3.5}{8 \times 60} \approx 6(辆)$$

即该仓库需要安排6辆叉车。

6. 其他装卸堆垛设备

1) 起重机

起重机属于起重机械的一种,是一种做循环、间歇运动的机械。起重机主要用来实现货物的垂直升降运动,同时伴随着实现货物的水平移动,以满足货物的装卸、转载等作业要求。

(1) 桥式起重机是桥架在高架轨道上运行的一种桥架型起重机,又称天车,如图 3-18 所示。

(2) 门式起重机也是在固定跨间内搬运和装卸物品的机械设备,被广泛应用于车间、仓库或露天场地,如图 3-19 所示。

图 3-18　桥式起重机

图 3-19　门式起重机

(3) 地面动臂式起重机是可以上下回转、拥有灵活臂架、具备超强起重性能的动臂式起重机,如图 3-20 所示。

2) 堆垛机

巷道式堆垛机的主要用途是在高层货架的巷道内来回穿梭运行,将位于巷道口的货物存入货格,或取出货格内的货物后运送到巷道口,如图 3-21 所示。

图 3-20　地面动臂式起重机

图 3-21　巷道式堆垛机

3.1.4　搬运传送设备

1. 输送机

输送机(conveyor)是指按照规定路线,连续地或间歇地运送散状货物或成件物品的搬运机械。输送设备主要是指连续输送机。连续输送机是自动化物流配送中心必不可少的重要搬运设备,是沿着一定的输送路线,以连续的方式运输货物的机械。输送机是现代物料搬运系统的重要组成部分。输送机系统是由两个输送机及其附件组成的一个比较复杂的工艺输送系统,具有搬运、装卸、分拣物料等功能,广泛应用于工厂企业的流水生产线、物料输送线及流通中心、配送中心物料的快速拣选和分拣。

按货物性质划分,输送机可分为间歇性输送机(主要用于集装单元的装卸搬运)和连续性输送机(主要用于散货的装卸搬运)两类。

按动力性质划分,输送机可分为:①有牵引构件的输送机,如带式输送机(图 3-22)、链式输送机(图 3-23)、板式输送机、悬挂式输送机(图 3-24)等;②无牵引构件的输送机,如滚轮式输送机、螺旋输送机、振动输送机;③气力输送装置,如悬浮式气力输送装置、推送式气力输送装置等。

图 3-22　带式输送机

图 3-23　链式输送机　　　　　图 3-24　悬挂式输送机

2. 分拣输送系统

分拣输送系统是将随机的、不同类别、不同去向的物品,按其要求(产品类别或产品目的地)进行分类的一种物料搬运系统。随着社会生产力的提高,商品品种日益丰富,在生产和流通领域中的物品分拣作业,已成为耗时、耗力、占地大、差错率高、管理复杂的生产环节。为此,物品分拣输送系统已经成为物料搬运系统的一个重要分支,广泛应用于邮电、航空、食品、医药等行业及各流通中心和配送中心等。

在分拣系统中,分拣机是最主要的设备。因分选对象的尺寸、重量、外观形状存在很大的差别,分拣机的种类繁多,小的分拣机可以分拣信件,大的分拣机可以分拣长达 1.5m 的大型货品。

在物流自动分拣设备中,目前常用的分拣机有横向推出分拣机、胶带式横向推出分拣机、升降推出式分拣机、翻板式分拣机、活动货盘分拣机、挡板式分拣机、直落式分拣机、悬吊式分拣机、辊子浮出式分练机、皮带浮出式分拣机、滑块式分拣机、摇臂式分拣机,如图3-25~图3-30所示。

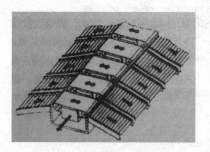

图3-25　横向推出分拣机

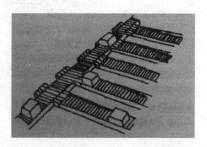

图3-26　升降推出式分拣机

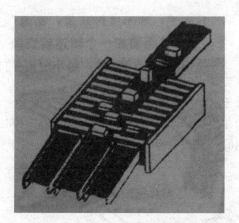

图3-27　活动货盘分拣机

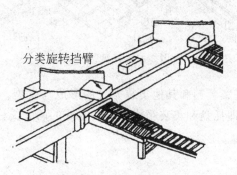

图3-28　挡板式分拣机

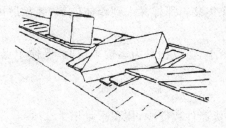

图3-29　翻板式分拣机

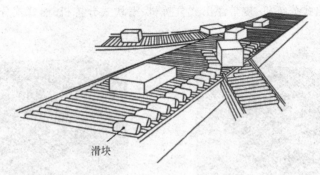

图 3-30 滑块式分拣机

3.1.5 成组搬运工具

1. 托盘的概念

托盘是用于集装、堆放、搬运和运输的放置作为单元负荷的货物和制品的水平平台装置,如图 3-31 所示。这种平台可供叉车从下部叉入并将台板托起,以实现快速存放。以这种结构为基础的平面台板和在这种基本结构基础上所形成的各种形式的集装器具都可统称为托盘。作为与集装箱类似的一种集装设备,托盘现已广泛应用于生产、运输、仓储和流通等领域。

> **工作要点**
>
> 单元化、规范化和标准化大大提升了效率,要学以致用。

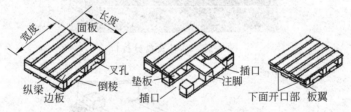

图 3-31 托盘结构图

托盘的出现也促进了集装箱和其他集装方式的形成与发展。现在,托盘已成为和集装箱一样重要的集装方式,即托盘和集装箱成为集装系统的两大支柱。

2. 托盘的特点

1) 托盘的优点

(1) 自重量小,用于装卸、运输的托盘本身所消耗的劳动量较小。

(2) 返空容易。

(3) 装盘容易。不需像集装箱那样深入到箱体内部,装盘后可采用捆扎、紧包等技术处理,使用简便。

(4) 装载量虽较集装箱小,但以托盘为运输单位时,既便于点数、理货交接,又可以减少货差事故。

2) 托盘的缺点

(1) 占用一定空间,使货件数变少,体积重量增大。

(2) 对物品的保护性较差。

3. 托盘的分类

1) 按结构不同对托盘进行分类(图 3-32)

(a) 平式托盘　　　　　　(b) 箱式托盘

(c) 柱式托盘　　　　　　(d) 轮式托盘

图 3-32　托盘结构图

(1) 平式托盘。托盘一般是指平式托盘。其由双层板或单层板另加底脚支撑构成,无上层装置,在承载面和支撑面间设有纵梁,可使用叉车或搬运车等进行作业。

(2) 箱式托盘。以平式托盘为底,上面有箱形装置,四壁围有网眼板或普通板,顶部可以设有盖或不设盖,可用于存放形状不规则的物料。

(3) 柱式托盘。柱式托盘是在平式托盘的基础上发展起来的,其特点是在不挤压货物的情况下进行码垛(一般为四层)。托盘上的立柱大多采用可卸式的,高度多为 1.2m,立柱的材料多为钢制,耐荷重 3t,自重 30kg 左右,多用于包装物料、管材等的集装。柱式托盘还可进一步分成固定式托盘(四角支柱与底盘固定连接在一起)和可拆装式托盘。近年来,柱式托盘在国外推广迅速。

(4) 轮式托盘。轮式托盘是指在箱式托盘下部安装脚轮的箱型设备。

2) 按材质不同对托盘进行分类

(1) 木托盘。根据中国物流与采购联合会托盘专业委员会的初步调查,中国现拥有各种类托盘 5 000 万~7 000 万片,每年产量递增 2 000 万片左右。其中,木制平托盘约占 90%。由此可见,木托盘在我国的占有量还是非常大的。木托盘的优点是成本低、维修方便,本身重量小,但是也存在容易损坏、标准不统一、不容易清洁等缺点。

(2) 塑料托盘。塑料托盘与钢托盘、木托盘相比,具有质轻、平稳、美观、整体性好、无钉无刺、无味无毒、耐酸、耐碱、耐腐蚀、易冲洗消毒、不腐烂、不助燃、无静电火花、可回收等优点,使用寿命是木托盘的 5~7 倍,是现代化运输、包装、仓储的重要工具,是国际上规定的用于储存食品、水产品、医药、化学品、立体仓库等的必备器材。但由于其成本较高,使用普及率偏低。

(3) 金属托盘。金属托盘的优点是承重能力强、结构牢靠、不易损坏;缺点是自身重量大,容易锈蚀。

(4) 纸质托盘。纸质托盘因具有无虫害、环保、价格低廉以及承重能力强等优点,目前正成为大多数企业关注的焦点。

另外,按叉车叉入托盘的方向分类,托盘又可分为单向叉入式托盘、双向叉入式托盘和四向叉入式托盘。

4. 托盘标准化

托盘标准化是实现托盘联运的前提,是实现物流机械和设施标准化的基础及产品包装标准化的依据。下面主要介绍国际及国内托盘标准规格。

1) 国际托盘标准规格

目前,国际标准化组织(ISO)制定的四种托盘的国际规格如下。

(1) 1 200mm×800mm(欧洲规格)。

(2) 1 200mm×1 000mm(欧洲部分、加拿大、墨西哥规格)。

(3) 1 219mm×1 016mm(美国规格)。

(4) 1 100mm×1 100mm(亚洲规格)。

2) 国内托盘标准规格

由于历史原因,我国托盘规格比较复杂。1982年我国颁布国家标准规定了三种联运托盘的平面尺寸,加上 ISO 标准中包括适用于集装箱的托盘,我国目前的托盘规格主要有以下四种尺寸。

(1) 800mm×1 000mm。

(2) 800mm×1 200mm。

(3) 1 000mm×1 200mm。

(4) 1 100mm×1 100mm。

在这几种托盘中,1 100mm×1 100mm 规格托盘是为配合现在流行的 ISO 国际集装箱而设计的,1 000mm×1 200mm 规格托盘则被很多国家采用,这两种托盘也是世界上目前使用最为广泛的托盘。

任务实施

步骤1:计算 A、B 两类货物所需的托盘储存单元数。

对 A 类货物,1 200mm×1 000mm 托盘每层可放 8 件(不超出托盘尺寸),可堆层数为 (900－150)÷180≈4.17,取整即 4 层,故一个托盘可堆垛 32 件。库存量折合 SKU 为 19 200÷32＝600(个)。

同理,对 B 类货物,每个托盘可堆垛 30 件,需 250 个托盘。A、B 共需 850 个托盘。

步骤2:确定货格尺寸。

因每货格放 2 个托盘,按托盘货架尺寸要求,确定货格尺寸为 1 200×2＋50＋3×100＝2 750(mm)(含立柱宽度 50mm)长、1 000mm 深、1 100mm 高(含横梁高度 100mm)。

步骤3:确定货架层数。

由叉车的提升高度 3 524mm,确定货架层数为 4 层,含地上层。

步骤4:确定叉车货架作业单元。

由于叉车两面作业,故可以确定叉车货架作业单元,如图 3-33 所示。该单元共有 16 个托盘，长度为 2.75m，深度为两排货架深度＋背靠背间隙 100mm＋叉车直角堆垛最小通道宽度，即 $D=2\times1+0.1+2.235=4.335(\mathrm{m})$，取 4.4m。面积 $S_0=2.75\times4.4=12.1(\mathrm{m}^2)$。

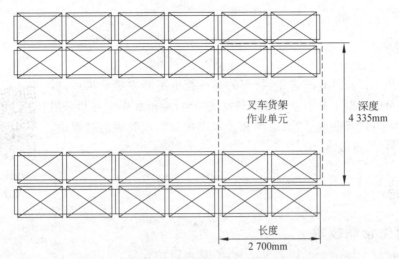

图 3-33 叉车货架作业单元

步骤 5：确定面积。

由总 SKU 数除以叉车货架作业单元得所需单元数，再乘单元面积，即可得货架区面积（包括作业通道面积），即

单元数＝$850\div16=53.125$，取不小于 1 的整数得 54 个。

故面积 $S=54\times S_0=54\times12=648(\mathrm{m}^2)$。

步骤 6：确定货架排数。

货架总长和排数与具体的面积形状有关。对新建仓库则可以此作为确定仓库大体形状的基础。本例 54 个单元，按 6×9 得货架长 9 个单元，即长 $9\times2.7=24.3(\mathrm{m})$，共 6 个巷道，12 排货架，深 $6\times4.4=26.4(\mathrm{m})$。深度比长度大，不符合货架沿长方向布置的原则。可考虑用 4 巷道，取 $4\times14=56(\mathrm{m})$，此时长度为 37.8m，深度为 17.6m。设计时还要进一步放宽为整数，如 39m×18m，如图 3-34 所示。

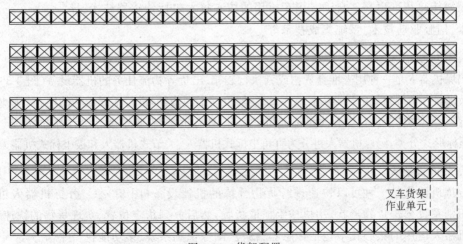

图 3-34 货架配置

任务 3.2　仓库与配送中心信息技术

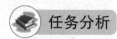
任务分析

随着科学技术日新月异的进步,物流的高科技也不断发展和推广,根据我国国情和目前大型工业企业的规模和发展趋势,应该加强学习和采用物流现代化技术,将"互联网+"的思维和技术应用到物流管理的过程中,使其管理更加科学、有效。

智能化仓储与
配送技术

知识准备

3.2.1　智能化仓储技术

仓储物流机器人属于工业机器人的范畴,是指应用在仓储环节,可通过接受指令或系统预先设置的程序,自动执行货物转移、搬运等操作的机器装置。仓储物流机器人作为智慧物流的重要组成部分,顺应了新时代的发展需求,成为物流行业在解决高度依赖人工、业务高峰期分拣能力有限等瓶颈问题的突破口。

> **工作要点**
>
> 实时了解各种技术的最新动态,不能故步自封。

根据应用场景的不同,仓储物流机器人可分为 AGV 机器人、码垛机器人、分拣机器人、AMR 机器人、RGV 穿梭车五大类。

1. AGV 机器人

AGV(automatic guided vehicle)机器人又称自动引导车,是一种具备高性能的智能化物流搬运设备,主要用于货物的搬运和移动(图 3-35)。自动引导车可分为有轨引导车和无轨引导车。顾名思义,有轨引导车需要铺设轨道,只能沿着轨道移动。无轨引导车则无须借助轨道,可任意转弯,灵活性及智能化程度更高。自动导引车运用的核心技术包括传感器技术、导航技术、伺服驱动技术、系统集成技术等。

菜鸟仓库机器人

2. 码垛机器人

码垛机器人是一种用来堆叠货物或者执行装箱、出货等物流任务的机器设备(图 3-36)。每台码垛机器人携带独立的机器人控制系统,能够根据不同货物,进行不同形状的堆叠。码垛机器人进行搬运重物作业的速度和质量远远高于人工,具有负重高、频率高、灵活性高的优势。按照运动坐标形式分类,码垛机器人可分为直角坐标式机器人、关节式机器人和极坐标式机器人。

3. 分拣机器人

分拣机器人是一种可以快速进行货物分拣的机器设备(图 3-37)。分拣机器人可利用图像识别系统分辨货物形状,用机械手抓取货物,然后放到指定位置,实现货物的快速分拣。分拣机器人运用的核心技术包括传感器、物镜、图像识别系统、多功能机械手。

图 3-35　AGV 机器人

图 3-36　码垛机器人

4. AMR 机器人

AMR(automatic mobile robot)机器人又称自主移动机器人(图 3-38)。与 AGV 机器人相比具备一定的优势,主要体现在:①智能化导航能力更强,能够利用相机、内在传感器、扫描仪探测周围环境,规划最优路径;②自主操作灵活性更加优越,通过简单的软件调整即可自由调整运输路线;③经济适用,可以快速部署,初始成本低。

图 3-37　分拣机器人

图 3-38　AMR 机器人

5. RGV 穿梭车

RGV(rail guided vehicle)穿梭车是一种智能仓储设备(图 3-39),可以配合叉车、堆垛机、穿梭母车运行,实现自动化立体仓库存取,适用于密集储存货架区域,具有运行速度快、灵活性强、操作简单等特点。

图 3-39　RGV 穿梭车

3.2.2 智能化配送技术

1. 无人配送车＋智能配送站

相较于传统送件模式,无人配送车反应快、运行稳,覆盖范围更广,可送货物品种更多,"在岗"时间更长。无人车能克服恶劣天气因素,可 24 小时全天候运转,解决"最后一公里"的难题。

无人车集合了很多高配置,不仅包括物联网、AI(人工智能)、云计算等最新科技元素,还把激光雷达、面阵雷达、GPS(全球定位系统)、惯性导航传感器等有效激活与结合,如此便拥有了高精度定位和导航,可以规划出安全、高效的绕行路径,如图 3-40 所示。

图 3-40 京东无人配送车＋智能配送站

知识链接

2018 年,京东启用全球首个机器人智能配送站。首个京东配送机器人智能配送站位于长沙市科技新城,占地面积 600m²,设有自动化分拣区、配送机器人停靠区、充电区、装载区等多个区域,可同时容纳 20 台配送机器人,完成货物分拣、机器人停靠、充电等一系列环节。

当包裹从物流仓储中心运输至配送站后,在物流分拣线按照配送地点对货物进行分发,分发完成后,站内装载人员按照地址将包裹装入配送机器人,再由配送机器人配送至消费者手中。

2. 无人机配送

无人机快递也称无人飞行器快递,是指快递公司使用无人飞行器将小型包裹送到客户手中。为解决偏远地区"最后一公里"投递难度大的问题,一部分快递企业已经进行了无人机投递试验。无人机内置导航系统,工作人员预先设置目的地和路线,飞行器自动将包裹送达目的地,误差能够控制在 2m 以内。根据企业反馈,采用无人机进行偏远地区的投递工作,单个包裹的平均投递成本远低于企业现在所付出的交通和人力成本,如图 3-41 所示。

图 3-41 京东无人机配送

仓储和运输成本的压力,是推动无人机更多应用到物流配送领域的原因之一。无人机具有不受地面交通影响、直线距离配送更快等优势,一旦广泛运用,最有可能解决"最后一公里"配送的问题,同时也将加速整合快递行业末端配送的板块布局。

> **工作要点**
>
> 先进的技术应结合企业实际而应用,不可盲目跟风。

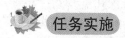

步骤1:小红帽配送系统需求分析。

小红帽配送系统需求主要集中在以下几个方面。

(1)通过客户邮编和详细地址字符串,自动确定客户的地理位置(经纬度)和客户所在的区站、分站和投递段。

(2)通过基于地理信息系统的查询,借助地图表现的辅助决策,实现对投递路线的合理编辑(如创建、删除、修改)和客户投递排序。

(3)用特定的地图符号在地图上表示客户的地理位置,不同类型的客户(如普通客户和会员客户,单位客户和个人客户等)采用不同的符号表示。

(4)通过地理信息系统的查询功能或在地图上点击地图客户符号,显示此客户符号的属性信息,并可以编辑属性。

(5)在地图上查询客户的位置。

(6)通过业务系统调用地理信息系统,以图形的方式显示业务系统的各种相关操作结果的数值信息。

(7)由上级机构基于综合评估模型和地理信息系统的查询,实现对下级机构区域的拆分、合并。

(8)由总公司基于广告投递综合评估模型和地理信息系统的查询,实现广告投递区域的选择。

步骤2:系统模块及核心功能模块分析。

小红帽地理信息系统的主要模块有:客户地址定位,机构区域划分、站点选址,投递排序,投递路线编辑和广告投递。其中,"客户地址定位"和"机构区域划分"为系统核心功能实现模块。

首先系统根据业务前台提供的客户邮编和地址信息,自动分析确定在城市地图上该客户楼房的位置,然后根据楼房的位置确定该由小红帽报刊发行服务公司下属的哪个分站的哪位投递员去为该客户送报或送货。

小 结

完成了仓库选址和布局规划,还需要对仓库的设备进行配置。设备配置对仓库有效运作非常关键,企业要根据自身发展情况、库区内部状况、具体业务需求及业务流程等确定配置相关设备,保障业务整体有效运作。本项目可分解为两个任务:仓库与配送中心设备配置;仓库与配送中心信息技术。

仓库设备类别包括装卸搬运设备、保管设备、计量设备、养护检验设备、通风保暖照明设备、消防安全设备、劳动防护用品、其他用品与用具。几种常用货架包括托盘单货架、驶入式货架、驶出式货架、重力式货架、层架、悬臂式货架、移动式货架、旋转式货架、阁楼式货架。选择叉车应考虑的因素包括叉车的负载能力、作业区的日吞吐量、作业高度、搬运距离、作业区的高度、作业环境。托盘按结构不同可分为平式托盘、箱式托盘、柱式托盘、轮式托盘;按材质不同可分为木托盘、塑料托盘、金属托盘、纸质托盘、胶合板托盘、冷冻托盘及复合托盘等。常用的分拣机有横向推出分拣机、胶带式横向推出分拣机、升降推出式分拣机、翻盘式分拣机、活动货盘分拣机、直落式分拣机、悬吊式分拣机、辊子浮出式分练机、皮带浮出式分拣机、滑块式分拣机、摇臂式分拣机。

根据应用场景的不同,仓储物流机器人可分为 AGV 机器人、码垛机器人、分拣机器人、AMR 机器人、RGV 穿梭车五大类;智能化配送技术有无人配送车+智能配送站、无人机配送等。

测　　试

一、单选题

1. 以下属于计量设备的是(　　)。
   A. 桥式起重机　　　　B. 皮带输送机　　　　C. 盘点机　　　　D. 测潮仪
2. 主要用于长料货物的搬运,如钢管、木材、钢筋、电线杆等的是(　　)。
   A. 前移式叉车　　　　　　　　　　B. 侧叉式叉车
   C. 高位拣选式叉车　　　　　　　　D. 平衡重式叉车
3. 主要用于露天货场作业,平衡性能好、稳定性高的是(　　)。
   A. 前移式叉车　　　　　　　　　　B. 平衡重式叉车
   C. 侧叉式叉车　　　　　　　　　　D. 高位拣选式叉车
4. 耐酸耐碱,易于清洁的是(　　)。
   A. 木托盘　　　　B. 塑料托盘　　　　C. 金属托盘　　　　D. 纸质托盘
5. 适用于存放长物料、环形物料、板材、管材及不规则货物的是(　　)货架。
   A. 重力式　　　　B. 移动式　　　　C. 悬臂式　　　　D. 旋转式
6. 自动化立体仓库使用的起重机是(　　)。
   A. 高架叉车　　　　　　　　　　　B. 叉式升降机
   C. 巷道堆垛起重机　　　　　　　　D. 升降电梯

二、多选题

1. 仓库的主要设备有(　　)。
   A. 货架　　　　B. 托盘　　　　C. 叉车　　　　D. 起重机
2. 进行存货取货的设备类型有(　　)。
   A. 货架　　　　B. 叉车　　　　C. 堆垛机械　　　　D. 起重运输机
3. 按结构分,托盘可分为(　　)。
   A. 平托盘　　　　B. 柱式托盘　　　　C. 木托盘　　　　D. 箱型托盘
4. 下列属于托盘优点的是(　　)。
   A. 自重量大　　　　　　　　　　　B. 返空容易
   C. 装盘容易　　　　　　　　　　　D. 露天存放困难
5. 集装单元器具有(　　)。
   A. 集装箱　　　　B. 托盘　　　　C. 周转箱　　　　D. 封口设备

三、简答题

1. 仓库设备的类别有哪些?
2. 简述货架的作用。
3. 简述选择叉车应考虑的因素。
4. 请列举搬运传送的设备。
5. 简述托盘的优缺点。

CHAPTER
项目 4

入库作业管理

项目导图

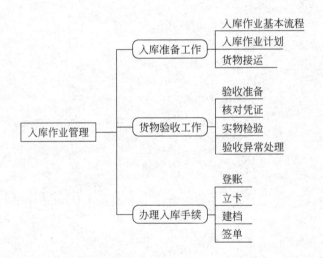

任务描述

2021年2月1日,某集团仓储中心的夏辉接到其合作客户××集团传真过来的货品入库通知单,需要在仓库内完成接货,存入 KF01 仓库,预计储存期 30 天,货品为饼干、蜂蜜、话梅糖,入库通知单如表 4-1 所示。该批货物实际有饼干 54 箱、蜂蜜 35 箱、话梅糖 40 箱,其中有 1 箱话梅糖外包装破损。仓库中原有饼干 6 箱、蜂蜜 4 箱、话梅糖 5 箱。夏辉将入库信息通知其仓库的相关工作人员。作为仓库管理人员,应该如何完成这批货品的入库作业?

表 4-1 入库通知单

入库流水单号			001
单据类型	入库单	入库时间	2021年2月1日 13:00
客户编号	ZTC008	客户名称	××集团
入库申请人	张晓	申请人联系方式	135××7856

续表

配送受理人	雷剑	受理人联系方式	134××8991
仓库地址		北京市顺义区××工业区C区××路12号	

序号	入库编号	货品编号	名称	单位	规格/mm (长×宽×高)	单价/(元/箱)	毛重/kg	包装材料	数量/箱	实际数量	情况说明
1	10121301	3362	饼干	箱	460×260×180	100	5	纸箱	54		
2	10121302	3323	蜂蜜	箱	395×245×180	100	8	纸箱	36		
3	10121303	3345	话梅糖	箱	395×295×180	100	15	纸箱	40		
合计									130		

供应商客户签字盖章：张晓　　　　　　　　　　　　　入库接收签字盖章：
时间：2021年2月1日　　　　　　　　　　　　　　　时间：

◆ 任务分解

作为仓库管理人员，要完成这批货品的入库作业，首先应具备把控全局的能力，明确整体入库的流程，做好入库的准备工作，制订好入库作业计划，按照计划逐步完成货物的入库；其次在货物入库时应该完成货物及单据等的验收工作；最后要保证入库过程的记录完整，手续齐全，便于日后的相关查验工作。

因此，可以将此项工作分解为三个任务：入库准备工作；货物验收工作；办理入库手续。

◆ 学习目标

任务	知识目标	能力目标	素质目标
入库准备工作	1.掌握入库作业的一般流程； 2.了解货物接运的相关知识； 3.掌握入库作业计划制订的内容	1.能够进行入库准备工作并制订入库作业计划； 2.能够做好入库货物的接运安排	1.具备提前规划的意识； 2.具备统筹安排的思想
货物验收工作	1.了解验收准备的主要内容； 2.掌握验收时需要核对的凭证； 3.了解实物验收的含义，理解实物检验的方法，掌握实物检验的内容	1.能够做好验收的准备工作； 2.能够完成凭证和实物的实际验收	1.具备提前规划的意识； 2.能够认真细心，严格把关，具备较强的责任心
办理入库手续	1.了解办理入库手续的工作内容； 2.掌握登账、立卡、建档的具体工作内容	1.能够完成入库手续； 2.能够对入库货物完成登账、立卡、建档	1.能够认真细心完成手续办理，减少差错； 2.能够及时总结工作环节并优化，提升工作效率

任务 4.1 入库准备工作

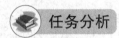 **任务分析**

对于做好入库准备工作,应梳理入库准备的相关知识,首先要明确入库作业的一般流程,然后按照流程进一步操作;其次要制订入库作业计划,保证入库时人、材、物、单证、货位等准备充足;最后明确货物的接运方式,完成接运操作。

> **工作要点**
>
> 部门人员之间及时沟通协调,各尽其职,才能确保流程顺畅。

  知识准备

4.1.1 入库作业基本流程

入库作业是仓储作业的第一步,标志着仓储工作的开始,其水平的高低,直接影响到仓储作业的效率和效益。入库作业内容主要包括入库准备、接货、验收、搬运入库及办理入库手续等。货品入库作业流程如图 4-1 所示。

4.1.2 入库作业计划

入库准备工作

在组织入库准备时,入库管理员首先应该了解要入库的商品品名、型号、特性和一般保管知识、装卸搬运注意事项等。在提货前应做好接运商品的准备工作。例如,装卸运输工具的选择,存入商品场地的选择等。仓库应根据仓储合同或者入库单、入库计划,及时进行库场准备,以便商品能按时入库,保证入库过程顺利进行。仓库的入库准备需要由仓库的业务部门、管理部门、设备作业部门分工合作,共同做好入库相关准备工作。

知识链接

仓储部门进行入库作业时应遵循以下原则。

集中作业:尽量将卸货、搬运、分类等环节集中在一个场所完成,以节省空间、人力和物力。

合理安排作业顺序:尽量将货物流动路线设计成直线,以避免货物倒装、倒流、交叉现象。

保持畅通:合理安排搬运设备、作业人员和日常活动的分布,以保持作业空间畅通。

详细记录:详细记录货物入库信息,以便管理和查询。

1. 查看入库通知单

入库通知单是存货人对仓储服务产生需求,并向仓储企业发出需求通知,也称为入库申请。仓储企业接到申请之后,对此项业务进行评估,并结合仓储企业自身业务状况做出反应,或拒绝该项业务,并做出合理解释,以求客户的谅解;或接受此项业务,制订入库作业计划,并分别传递给存货人和仓库部门,做好各项准备工作。所以,入库申请是生成入库作业计划的基础和依据。

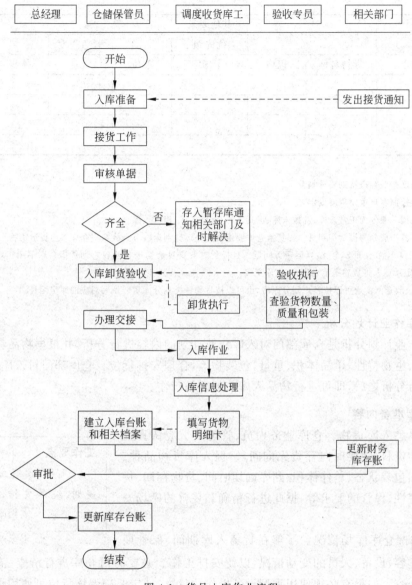

图 4-1 货品入库作业流程

2. 填制入库作业计划单

根据入库通知单上所到货物情况,结合仓库本身情况以及设备情况,填制出作业计划单,如表 4-2 所示,并将任务下达到相应的作业单位、管理部门。

入库作业计划是存货人发货和仓库部门进行入库前准备的依据。

表 4-2 作业计划单

作业计划单　NO.			
预计到库时间		客户名称	
预计储存期		入库类型	

续表

入库方式			其他要求				
库房			优先级		紧急程度		
货品编码	货物名称	规格	批次	单位	数量	体积	重量

签单人：

注：
① 紧急程度按照客户特别要求划分。
② 优先级按照客户重要程度设定。
③ 入库类型一般分为正常入库、调拨入库、退货入库、维修入库、租赁入库。
④ 入库方式一般分为提货和到货。提货指仓库要组织库外运输到运输节点或客户仓库等地提运货物至回仓库。涉及选择路线、安排车辆、保证安全、结算运费等问题。且提货时就要对货物进行验收。到货指仓库不用组织库外运输。由客户或其指定承运人将货物送至仓库，与仓库交接。
⑤ 库房，一般仓储企业可以按客户划分库房，也可以按货物种类划分库房。填写对应的库房编号。

3. 入库作业计划分析

入库作业计划分析是仓库部门对入库作业计划的内容进行分析，并根据物品在库时间、物理、化学、生物特性、单品体积、重量、包装等，合理安排货位。仓库部门对入库作业计划做出测评与分析之后，即可进行物品入库前的准备工作。

4. 入库准备内容

（1）熟悉入库货物。仓库业务人员、管理人员应认真查阅入库货物资料，必要时向存货人询问，掌握入库货物品种、规格、数量、包装状态、单件体积、到库确切时间、货物存期、货物的理化特性、保管的要求等，据此进行精确和妥善的库场安排和准备。

> **工作要点**
> 凡事"预则立"，提前规划，统筹安排，才能有条不紊。

（2）掌握仓库库场情况。了解在货场入库期间、保管期间仓库的库容、设备、人员的变动情况，以便安排工作。必要时对仓库进行清查，清理归位，以便腾出仓容。如果有必须使用重型设备操作的货物，一定要确保该货位可使用设备。

（3）仓库妥善安排货位。仓库部门根据入库货物的性能、数量、类别，结合仓库分区分类保管的要求，核算货物大小，根据货位使用原则，妥善安排货位、验收场地，确定堆垛方法、苫垫方案。

（4）做好货位准备。仓库员要及时进行货位准备，彻底清洁货位，清除残留物，清理排水管道(沟)，必要时安排消毒、除虫、铺底；仔细检查照明、通风等设备，发现损坏及时维修。

（5）合理组织人力。根据商品进出库的数量和时间，做好收货人员和搬运、堆码等劳动力的工作安排，做到合理分工。采用机械操作的，要定人、定机，事先安排作业序列，做好准备。

（6）准备苫垫材料、作业用具。在货物入库前，根据所确定的苫垫方案，准备相应的材料，并组织衬垫铺设作业。对作业所需的用具要准备妥当，以便能及时使用。

(7) 验收准备。仓库验收人员要根据货物情况和仓库管理制度,确定验收方法;准备验收所需的点数、称量、测试、开箱装箱、丈量、移动照明等工具和用具。

(8) 装卸搬运工艺设定。根据货物、货位、设备条件、人员等情况,合理、科学地制定卸车搬运工艺,保证作业的效率。

(9) 文件单证准备。仓库员对货物入库所需的各种报表、单证、记录簿等,如入库记录、理货验收单、料卡、残损单等预填妥善,以备使用。

由于不同仓库、不同货物的性质不同,入库准备工作会有所差别,需要根据具体实际和仓库制度做好充分准备。

4.1.3 货物接运

1. 货物接运的任务和目的

货物接运是指向托运方或者承运方办清业务交接手续,按时按量将货物安全地接运回仓库,并协助仓管员做好货物的入库工作。货物接运的主要任务是要及时而准确地向交通运输部门提取入库物资,认真填写货物接收单,做到手续清楚,责任分明,为仓库验收工作创造有利条件。

货物接运

接货是货物入库业务流程的第一道作业环节,是仓库与外部发生的经济联系。接运的目的是防止将运输过程中或运输之前已经发生的货物损坏和各种差错带入仓库,减少或避免经济损失,为验收和保管与保养工作创造良好的条件。

2. 货物接运方式

货物接运方式如表 4-3 所示。

表 4-3　货物接运方式

货物接运方式	接货操作及注意事项
车站、码头提货	(1) 了解接运物品。了解所要接运的物品品名、型号、特性和一般保管知识、装卸搬运注意事项等。 (2) 核对与检查。详细核对品名、规格、数量,并要注意外观,查看包装、封印是否完好,有无玷污、受潮、水、油等异状(依据运单以及有关资料)。 (3) 运输维护与处理。在短途运输中,做到不混不乱,避免碰坏损失。 (4) 到库检验与入库。物品到库后,提货员应与保管员密切配合,尽量使提货、运输、验收、入库、堆码形成一条龙作业,从而缩短入库验收时间,并办理内部交接手续
专用线到货接车	(1) 接到专用线到货通知后,应立即确定卸货货位,力求缩短场内搬运距离;组织好卸车所需的机械、人员以及有关资料,做好卸车准备。 (2) 车皮到达后,引导对位,进行检查。 (3) 卸车时要注意为验收和入库保管提供便利条件,分清车号、品名、规格,不混不乱;保证包装完好,不碰坏,不压伤,更不得自行打开包装。 (4) 编制卸车记录,记明卸车货物的规格、数量,连同有关证件和资料,尽快与保管员办好内部交接手续
仓库自行接货	(1) 要求:自提,即仓库接受货主委托直接到供货单位提货,并且将这种接货与检验工作结合起来同时进行。 (2) 操作:到供货单位后,首先出示提货通知,经检查无误后,双方当场检验货物(质量、数量),并且做好验收及接货记录,办理交接手续,划清责任

续表

货物接运方式	接货操作及注意事项
库内接货	(1) 要求:存货单位或供货单位将物品直接运送到仓库储存。 (2) 操作:首先办理交接手续(保管员或验收员直接与送货人员对接),接着当面验收并做记录(若有差错,则填写记录,由送货人员签字证明,据此向有关部门提出索赔)

3. 货物接运异常的责任划分

责任划分的一般原则如下。

(1) 在交给运输部门前和承运前发生的货损或者由发货单位过失、处理不当发生的货损,由发货单位负责。

(2) 从运输部门自发货单位接收货物起,到交付货物给收货人时止,发生的货损(除自然灾害,货物本身性质和发、收、中转单位的责任造成的损失外)由运输部门负责。

(3) 收货单位与运输部门办好货物交接手续后,从提货后所发生的损失或由于收货单位工作问题发生的损失,由收货单位负责。

(4) 从接收中转货物起,到交付转运时止,所发生的损失或由于中转单位工作问题运输时发生的损失,由中转单位负责。

4. 接运时货损货差的处理

应保护现场,做好事故记录,划清责任界限,作为处理和索赔的依据。

(1) 货运记录(旧称商务记录)。铁路运输中,表明承运单位负有责任事故,收货单位据此索赔的基本文件。

(2) 普通记录单。承运单位开具的一般性证明文件,不具备索赔的效力,仅作为收货单位向有关部门交涉处理的依据。

(3) 公路运输交接单(或三联单)。公路运输中,发生损失或差错,确定责任属于承运单位时,所编写的书面凭证,是收(发)货单位向承运单位提出索赔的依据。

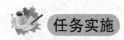

步骤 1:入库指令的收集传递。

根据发货人××集团的入库指令,收到夏辉传递的入库信息通知,查看入库通知单,了解入库货品的情况,包括三种货品饼干、蜂蜜、话梅糖,明确了其类别、规格、重量、数量、包装等情况。

步骤 2:编制入库计划。

仓库业务部门根据货物预入库信息、仓库情况、设备资源等情况制订入库计划,并将任务下达到相应的作业单位、管理部门。仓库业务部门利用以上信息编制入库计划表,如表 4-4 所示。

表 4-4 作业计划单

作业计划单　NO.001

预计到库时间	2021年2月1日 13:00		客户名称		××集团	
预计储存期	30天		入库类型		正常入库	
入库方式	到货		其他要求			
库房	KF01		优先级	一般	紧急程度	一般
货品编码	货物名称	规格/mm (长×宽×高)	批　次	单位	数量	体积/m³	重量/kg
3362	饼干	460×260×180	2021020101	箱	54	1.16	270
3323	蜂蜜	395×245×180	2021020102	箱	36	0.63	288
3345	话梅糖	395×295×180	2021020103	箱	40	0.84	600

签单人：

步骤3：资源准备。

仓库保管员根据仓库业务部门制订的入库计划，及时做好货位准备、验收准备以及装卸搬运、搬运人员等资源的准备工作，主要做好以下几项工作。

(1) 组织人力。接到指令后，预先安排好装卸、搬运、检验、堆码、信息采集等几名工作人员来组织完成工作。

(2) 准备物力。预先为人工搬运卸货、入库货品检验，配备叉车、托盘以及必要的防护膜等用品，确保顺利完成货品的入库作业。

(3) 选择储存方法。根据食品的性质确定储存方法，箱数较多且每箱体积不大，可以直接堆放在托盘上，放入托盘货架区。

(4) 计算储存空间。根据入库货品特有的性质和外包装的形状与规格，需要提前计算好储存空间，才能够保证入库货品准确入库，提高工作效率和正确性。托盘尺寸可选择为1 200mm×1 000mm。计算占用的托盘数量及占用的储位数量。具体计算过程见项目5在库作业管理堆码作业。货物组托缩略表如表4-5所示。

表 4-5 货物组托缩略表

货物品名	包装规格/mm (长×宽×高)	重量/kg	入库数量/箱	托盘个数/个	码放层数	每托箱数	基本码放方式
饼干	460×260×180	5	54	2	3	27	旋转式
					3	27	
蜂蜜	395×245×180	8	36	1	3	36	平行式
话梅糖	395×295×180	15	40		3	28	交错式
					2	12	
合　计			130	5		130	

(5) 整理存放区域。确定货品具体存放位置后，还需要对相应区域做适当的整理工作，从而便于货品的存放及保养，包括准备验收场地、腾出存放空间、做好现场清洁、备足苫垫用品。

步骤 4：到货接运。

根据入库通知单的相关说明，本次业务采用的接运方式为库内接货。当货物到达后，仓库管理员直接与送货人办理接收工作，当面验收并办理交接手续。如果有差错，立即进行记录，让送货人签字，向有关方面提出索赔；或根据货物入库凭证，与送货人员办理入库手续。

货物在运输中可能发现的问题包括：错发、混装、漏装、丢失、损坏、受潮、污损及单证少缺等。如有这些问题，需要首先找出造成差错的原因：是发货单位造成的，承运单位造成的，还是接运短途运输装卸中造成的？然后尽快处理，即尽量保护现场，做好事故记录，找责任方，划清责任界限，凭记录证据协商调节或索赔。

做好以上几项工作即完成了入库作业中的准备工作。

任务 4.2　货物验收工作

完成入库准备工作后，需要对货物进行验收。对货物验收工作，应明确验收对象，做好验收准备工作，整体把握需要验收的内容，包括需要验收的单据类凭证、货物类型、验收检验的方法等，及时处理验收过程中出现的异常情况，完成货物的验收交接工作。

4.2.1　验收准备

（1）人员准备。安排好负责检验工作的相关人员，对于技术特性复杂的物品，要及时和用货单位的专业技术人员进行有效沟通。

（2）器具准备。准备好检验工具，如衡器、器具等并检验正确，以便保证验收数量的准确性和质量的可靠性。

（3）防护装备。对有些特殊物品的检验，如毒害品、腐蚀品、放射品等的检验，需要做相应的防护用品的准备。

（4）收集和熟悉验收凭证及有关资料。

（5）进口物品或存货单位指定需要检验质量的，应通知有关检验部门会同验收。

（6）全面了解验收物资的性能、特点和数量，根据其需求确定存放地点、垛形和保管方法。

4.2.2　核对凭证

物品抵达后，仓库收货人员首先要核对物品的各种凭证，以确认物品是否投送准确，并为接下来的验收工作提供依据。

1）证证核对

仓库保管人员在核对凭证时，应按照物品运送的过程对相应的凭证进行分类整理，然后根据各凭证之间的相关性，核对其真实性和准确性。

仓库收货人员在核对凭证时，可以按照提供对象的不同，把凭证分为以下三类：

（1）货主提供的入库通知单和仓储合同副本。这是仓库接收物品的凭证。

（2）供货单位提供的验收凭证，包括材料证明书、装箱单、磅码单、发货明细表、送货单（表 4-6）、说明书、保修卡及合格证等。

表 4-6 送货单

送货单号：

客户名称：　　　　　　　　　　　　　　送货日期：

编号	货号	名称/型号	包装	单位	数量	备注
合 计						

送货人签字：　　　　　　　　　　　　收货人签字：

（3）承运单位提供的运单、货运记录、普通记录；仓库保管人员与提运员、接运员或送货员的交接记录等。

2）物证核对

仓库保管人员在对各项凭证记录的内容核实后，再根据凭证上所列示的送货单位、收货单位、物品名称、规格数量等具体内容进行核实，最后与物品各项标志进行核对。

> **工作要点**
> 质量无小事，验收工作需一丝不苟，具备较强的责任心，严格把关。

4.2.3 实物检验

实物验收是验收工作的核心。所谓实物检验，就是根据入库单等相关凭证对商品进行数量和质量检验。核对资料、证件都符合后，应尽快验收实物。

1. 确定抽检比例

在进行实物验收之前，首先要明确验收程度。验收程度是指对入库物品实施数量和质量验收的数量，分为全验和抽验。

（1）全验。全验需要耗费大量的人力、物力和时间，检验成本高，但可以保证验收质量。在商品批量小、规格复杂、包装不整齐的情况下，可采用此法。数量和外观质量一般要求全验。

（2）抽验。物资质量和储运管理水平的提高及数理统计的发展，为抽验方式提供了物质条件和理论基础。对于大批量、同包装、同规格、信誉较高的存货单位的物资，可采用抽验的方式。若在抽验中发现问题较多，应扩大抽验范围，直至全验。

2. 数量检验

数量检验一般包括检斤、计件、检尺求积等形式，是由仓库保管职能机构组织进行的。

（1）检斤。检斤是指对以重量为计量单位的物资，进行数量检验时的称重，以确定其毛重和净重。值得注意的是，按理论换算重量的物资，先要通过检尺，然后按照规定换算方法和标准换算成重量验收，如金属材料中的板材、型材等。所有检斤的物资都应填写磅码单。

（2）计件。计件是指对以件数为单位的商品进行件数的清点。一般情况下，计件物资应逐一点清。固定包装物的小件商品，如果包装完好，则不需要打开包装。国内物资只检查外包装，不拆包检验。进口物资按合同和惯例检验。

(3) 检尺求积。检尺求积是指对以体积为计量单位的商品先检尺、后求积所做的数量检验,如木材等货物,根据实际检验结果填写磅码单。

3. 质量检验

质量检验包括外观质量检验和内在质量检验两种形式。仓库一般只做外观质量检验,内在质量检验则由仓库检验技术人员取样,委托专门检验机构或由货方技术人员进行检验。

1) 外观质量检验

商品的外观质量检验通过外观来判断质量,简化了仓库的质量验收工作,避免了各部门反复进行复杂的质量检验,节约了成本。凡经过外观质量检验的商品都应填写商品入库验收单,如表4-7所示。

表4-7 商品入库验收单

发货单位:
发货单号数:

合同编号:					年 月 日				存放仓库:
商品编号	品名	规格型号	包装	单位	单价	应收		实收		备注
						数量	金额	数量	金额	
合 计										

会计: 记账: 验收: 制单:

外观质量检验主要检验以下内容。

(1) 包装检验。通过人的感觉器官,检验物资的外包装或装饰有无被撬开、开封、污染、破损、水渍等情况,检查外包装的牢固程度。

(2) 物资外观检验。对无包装的商品,直接查看其表面,检查是否有撞击、变形、生锈、破碎等损害。

(3) 物货的重量尺寸检验。由仓库的技术管理职能机构组织进行,对入仓物资的单件重量、货物尺寸进行测量,确定货物的重量。

(4) 标签、标志检验。检验商品标签、标志是否具备,是否完整、清晰,标签、标志与商品内容是否一致。

(5) 气味、颜色、手感检验。对某些特定物资必须通过物品的气味、颜色、手感来判定其是否新鲜,有无干涸、结块、溶化等现象。

(6) 打开外包装检验。外观有缺陷的物品,有时可能影响其质量,当检验人员判定物品内容有受损可能时,就应该打开包装检验。开包检验必须有两人以上在场。检验后,根据实际情况及时封装或更换包装,并印贴已验收的标志。

知识链接

仓库常用的质量检验方法如下。

感官检验。在充足的光线下,利用视力观察商品的状态、颜色、结构等表面状态,检查有无变形、破损、脱落、变色、结块等损害情况,以判定质量。同时检查商品标签、标志是否具备、完整、清晰等,标签、标志与商品是否一致。通过摇动、搬运操作、轻度敲击商品发出的声音,或者用手感鉴定商品的细度、光滑度、黏度、柔软程度等来判断有无结块、干涸、融化、受潮,或通过商品所特有的气味、滋味判定是否新鲜,有无变质。

测试仪器检验。利用各种专用测试仪器进行商品性质的测定,如含水量、密度、黏度、成分、光谱等测试。

运行检验。对商品进行运行操作,如电器、车辆操作功能是否正常。

2) 内在质量检验

内在质量检验是对物品内在质量和物理化学性质所进行的检验,叫理化检验,又称仪器检验,是借助各种试剂、仪器和设备对商品的内在质量和物理化学性质所进行的检验。对商品内在质量的检验要求采用一定的技术知识和检验手段,所以一般由专门的技术检验部门进行,经检验后由技术检验部门出具检验报告。若商品存在质量问题,要结合具体情况填写商品残损变质报告单,如表4-8所示。

表4-8 商品残损变质报告单

仓库: 年 月 日

商品编号	品名	规格型号	包装	单位	数量	原来单价	原来金额	重估单价	重估金额	原 因
合计										

会计: 记账: 验收: 制单:

4.2.4 验收异常处理

1. 验收凭证问题的处理

验收凭证问题主要是指验收需要的证件未到或证件不全。

仓库保管人员如果发现凭证不齐全或凭证不符等,应立即与货主、供货单位、承运单位和有关业务部门联系,并加以解决。

(1) 证件不齐全。该类到库物品应作为待检物品处理,堆放在待检区,等证件到齐后再进行验收。如果入库凭证不齐或不符,仓库有权拒收或暂时存放,等凭证到齐再验收入库。

(2) 单证不符。供货单位提供的质量证明书与入库单、合同不符时,将物品置于待处理区,并通知存货部门或有关单位,然后根据它们提出的意见对物品进行处理。

(3) 物品未按时到库。有关证件已到库,但在规定的时间物品尚未到库,仓库保管人员应及时向货主、供货单位或有关部门反映,以便咨询处理。

(4) 发错货。如果出现无仓储合同、无任何进货依据,但运输单据上却标明本库为收货人的情况,仓库收货后应及时查找该货的产权部门,并主动与发货人取得联系,询问该货的来龙去脉,并将其置于处理区,并依其现状做好记载,待查清后交由承运人带回或做其他处理。

2. 证物不符问题的处理

验收过程中出现验收单证与实物不符的情况时,应把到库物品放置在待验区,并及时与货主、供货单位、承运单位进行交涉,可以采取拒绝收货,改单签收或退单、退货的方式解决。

3. 数量检验问题的处理

收货人员点收物品后发现件数与通知单所列不符,经复点确认后,应在退货单上批注清楚,并按实数签收,再由收货人员和承运人员共同签章确认。保管人员在确认件数不符的情况属实后,应将查明的件数不符的物品的名称、规格、数量通知客户。

4. 质量检验问题的处理

在物品点收的过程中,收货人员如发现物品包装有异状,应与承运人共同开箱、拆包检查,如发现物品确实存在残损或短少的情况,应要求承运人出具物品异状记录,或直接在送货单上详细注明。收货人员还应通知保管人员将物品另行存放,并及时通知客户,以便其检查和处理。

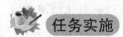任务实施

步骤1:验收准备。

作为仓储管理人员,应全面了解验收物资的性能、特点和数量等,做好以下准备工作。

(1) 由于接受的货物是食品,对于技术特性没有特别要求,因此不需要有专门的技术人员验收,只需派一名仓库人员负责验收工作。

(2) 入库货物为整箱装运且为普通货物,检验时要先对外观质量进行检验,不需要专门的技术检验部门参与,也不需要特殊的检验工具和设备。

(3) 负责验收的人员应了解入库任务单中商品的性能、特点、数量等,根据商品的情况确定相应的码成方式。例如,三种商品饼干、蜂蜜、话梅糖分别采用旋转式、平行式、交错式的托盘码放,托盘每一层的箱数分别为9箱、12箱、10箱,便于验收时货物的清点。

步骤2:单据核对。

仓库收到货品的同时也收到送货单,仓库管理员需要核对客户提交的送货单(表4-9)和之前发来的入库通知单,核对入库货品的名称、规格、数量等内容是否一致。如果信息有误,应与客户及时沟通,查明原因,进行相应的处理;如果没有误差,进行货品的检查。

表4-9 送货单

送货单号:2021020101

客户名称:××集团   送货日期:2021年2月1日

编号	货号	名　称	包装	单位	数量	备　注
1	3362	饼干	纸箱	箱	54	
2	3323	蜂蜜	纸箱	箱	36	
3	3345	话梅糖	纸箱	箱	40	
合　计					130	

送货人签字: 收货人签字:

步骤3:货品检查。

验货人员将送货单上所列货物的品名、规格、数量等信息与实际送达的货物进行初步的

核对,然后检验货品,检验时注意以下几点。

(1) 检验货品的外包装是否有破损、污损等,封箱标志是否完整等。

(2) 有特殊检验要求的货品,将会有"倾斜""冲击"等专用检验标志,必须认真检验这些标志是否发生了变化。

(3) 如果合同中明确规定需要抽检或开箱检查,必须按照规定执行,以确认货品的品种、规格、数量、包装、生产日期、质量等是否符合要求。

检查无误后,验货人员给客户签收验收单,如表 4-10 所示。

表 4-10 商品入库验收单

发货单位:××集团

发货单号数:

合同编号:　　　　　　　　2021 年 2 月 1 日　　　　　　　　存放仓库:KF01

商品编号	品名	规格型号/mm（长×宽×高）	包装	单位	单价/元	应收 数量	应收 金额/元	实收 数量	实收 金额/元	备注
3362	饼干	460×260×180	纸箱	箱	100	54	5 400	54	5 400	
3323	蜂蜜	395×245×180	纸箱	箱	100	36	3 600	35	3 500	数量少 1 箱
3345	话梅糖	395×295×180	纸箱	箱	100	40	4 000	40	4 000	有 1 箱外包装破损
合计						130	13 000	129	12 900	

会计:　　　　　　记账:　　　　　　验收:　　　　　　制单:

步骤 4:验收异常处理。

验收时出现异常情况如下。

(1) 数量不符。通过数量验收,发现蜂蜜少 1 箱,应该与送货人员再次核实数量,在确认件数不符的情况属实后,应将查明的件数不符的物品的名称、规格、数量通知客户,确认处理办法。然后按实际数量签收,由验收人员和送货人员共同签字确认。

(2) 外包装破损。收货人员发现话梅糖有 1 箱外包装有破损,应与承运人共同开箱、拆包检查。如发现物品确实存在残损或短少的情况,应要求送货人员出具物品异状记录,或直接在送货单上详细注明,并及时通知客户,以便进一步采取措施。

仓库管理员和送货人员交接货物、进行验收后,共同在送货人交来的送货单上签字。

任务 4.3　办理入库手续

任务分析

完成验收工作后,需要办理入库手续。办理入库手续工作应建立物品明细账、填制物品的保管卡片、建立物料档案,一般应将仓储货物有关信息登录仓库管理信息系统,物资入库数量的录入将增加在库物资账面金额,从而保证物资账面数量与实际库存数量相一致,为保管物资数量与质量提供依据。

 知识准备

4.3.1 登账

货物入库,仓库应填写入库单(表 4-11),并建立实物保管明细账(表 4-12),登记货物进库、出库、结存的详细情况。

实物保管明细账按货物的品名、型号、规格、单价、货主等信息分别建立账户。此类采用活页式,按货物的种类和编号顺序排列。在账页上要注明货位号和档案号,

> **工作要点**
> 手续繁杂时要注意认真梳理,条理清晰,寻找优化方案,以提升工作效率。

以便查对。实物账必须严格按照物品的入、出库凭证及时登记,填写清楚、准确;记账发生错误时,要按"画红线更正法"更正;账页记完后,应将结存数结转新账页,旧账页应保存备查,登账凭证要妥善保管,装订成册,不得遗失。实物保管要经常核对,保证账、卡、物相符。

实物保管明细账是反映在库储存进、出、存的动态账目,也是核对储存货物动态和保证与财务总账相符的主要依据。按照账目管理分工,企业的财务部门负责总账的管理。

分货物大类记账,并凭此进行财务核算。货物保管部门负责货物明细大类记账,并凭此进行财务核算。货物保管部门负责物资明细账目的管理,凭此进行货物进出业务活动。明细账目除记录货物的品名、规格、批次外,还要标明货物存放的具体位置、单价和金额。

表 4-11 入库单

运货单位:
入货时间: 年 月 日
储存单位:
入库单编号:

货物编号	品 名	规 格	单 位	送货数量	实收数量	备注

会计: 仓库收货人: 制单:

入库单一式三联,第一联送货人联,第二联财务联,第三联仓库存查。

表 4-12 实物保管账页

时 间	货物名称	货物号码	规 格	计量单位	收入数量	出库数量	结存数量	单价	金额总计

4.3.2 立卡

"卡"又称"料卡"或"货物验收明细卡",如表 4-13 所示,能够直接反映该垛货物的品名、型号、规格、数量、单位及进出动态和积存数。卡片应按入库通知单上的内容逐项填写。货物入库堆码完毕,应立即建立卡片,一垛一卡,如图 4-2 所示。对于此卡片的处理,通常有两种方式:一是保管员集中保存管理。这种方法有利于责任制的贯彻,即专人专责管理,但是如果有进出业务该保管员缺勤时就难以及时进行;二是将填制的料卡直接挂在货物垛位上,挂放位置要明显、牢固,这种方法的优点是便于随时与实物核对,有利于货物进、出业务的及时进行,可以提高保管人员作业活动的工作效率。

表 4-13 货卡

货卡号:						
货品名称:		规格:			包装单位:	
年 月 日	送货单位	入库	出库	库存	备注	经手人

图 4-2 货卡

4.3.3 建档

建档是将货物入库业务作业全过程的有关资料、证件进行整理、核对,建立资料档案,以便货物管理和保持与客户联系,为将来发生争议时提供凭据,同时也有助于总结和积累仓管经验,为货物的保管、出库业务创造良好的条件。

存货档案的内容主要包括以下几方面。

(1) 货物的各种技术资料、合格证、装箱单、质量标准、送货单、发货清单等。

(2) 货物运输单据、普通记录、货运记录、残损记录、装载图等。

(3) 入库通知单、验收记录、磅码单、技术检验报告。

(4) 保管期间的检查、保养作业、通风除湿、翻仓、事故等直接操作记录,存货期间的温度、湿度、特殊天气的记录等。

（5）出库凭证、交接签单、送出货单、检查报告等。

（6）其他有关该货物仓储保管的特别文件和报告记录。

知识链接

建立商品档案的要求如下。

（1）商品档案一物一档。

（2）商品档案应统一编号，妥善保管。在商品保管期间，可根据仓库情况，由业务部门统一管理或直接由保管员管理。某种商品全部出库后，除必要的技术资料必须随货同行不能抄发外，其余均应留在档案内，并将商品出库证件、动态记录等整理好一并归档。商品档案部分资料的保管期限，根据实际情况酌定。其中有些资料，如库内气候资料、商品储存保管的试验资料，应长期保留。

4.3.4 签单

1. 货物到库接收的凭证签发

货物验收后，应及时按照"仓库货物检验记录"的要求签发单据。签单有两个作用：一是向供货单位和存货人标明收到货物的情况；二是如果有短缺等情况可作为存货人向供货单位交货的依据。

2. 货物入库后的凭证签发

办妥货物接收业务的签证手续的主要作用在于，对外分清送货单位同仓库的责任，对内分清收货人员同保管员之间的责任。签章交接的凭证则是货物入库单有关各联的签章。入库要填写四个文件（单证）。

（1）送货回单，签给送货单位。

（2）货卡，挂在货垛上。

（3）账页，留在仓库。

（4）储存凭证。

储存凭证通过企业会计交给货主（存货人）。仓储人员应在货物入库业务的各个环节上加快签单，通常要求做到每批入库货物到齐后，一个工作日之内，签发储存凭证。

3. 仓单的签发

根据《中华人民共和国民法典》的规定，存货人交付仓储物时，保管人应当给付仓单并应在仓单上签字或盖章，仓管是保管人向存货人填发的表明仓储保管关系的存在，以及保管人愿意向仓单持有人履行交付仓储物的义务。仓单是一种要式证券，因此，其填发遵循法律特别的规定形式，根据此规定，仓库业务部门可以凭储存凭证向存货人签发仓单。

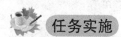

步骤1：登账。

仓库根据验收的实际情况制作入库单（表4-14），详细记录入库货物的实际情况，将短少、破损等情况在备注栏填写和说明。

表 4-14 入库单

运货单位：
入货时间：2021 年 2 月 1 日
储存单位：
入库单编号：

货物编号	品　名	规格/mm （长×宽×高）	单位	送货数量	实收数量	备　注
3362	饼干	460×260×180	箱	54	54	
3323	蜂蜜	395×245×180	箱	36	35	缺少一箱
3345	话梅糖	395×295×180	箱	40	40	

会计：　　　　　　　仓库收货人：　　　　　　　制单：

入库单一式三联，第一联送货人联，第二联财务联，第三联仓库存查。

货物入库后，根据送货单信息，建立物资仓库的明细账，登记货物进库、出库、结存的详细情况，用于记录库存货物的动态和出入过程。登账的主要内容有物资名称、规格、数量、结存数、存货人（或提货人）、批次、金额、货位号（或运输工具）、接（发）货经办人。

以饼干为例建立货物保管明细账页，如表 4-15 所示。

表 4-15 货物保管账页

时　间	货物名称	货物号码	规格/mm （长×宽×高）	计量单位	收入数量	出库数量	结存数量	单价/元	金额总计/元
2021 年 1 月 29 日	饼干	3362	460×260×180	箱	0	20	6	100	600
2021 年 2 月 1 日	饼干	3362	460×260×180	箱	54	0	60	100	6 000

步骤 2：立卡。

货物入库上货架后，将货物名称、规格、数量或出入库状态等内容填写在货卡上，称为立卡。货卡又称料卡、货牌，插放在货物下方的货架支架上或摆放在货垛正面的明显位置。以饼干为例填写货卡（表 4-16）。

表 4-16 货卡

客户名称：××集团　　　　　　　　　　　　　　　　　　　　货卡编号：

2021 年		货品名称	规格/mm （长×宽×高）	单位	入库数量	出库数量	结存	经手人
月	日							
1	29	饼干	460×260×180	箱	0	20	6	
2	1	饼干	460×260×180	箱	54	0	60	

步骤 3：建档。

仓库对接收的货物或接收货物的委托人建立存货档案或客户档案，装订成册，制成客户单据装订清单，以便于货物管理和保持与客户的联系，为将来可能发生的争议保留凭证。对于本次入库作业会涉及的入库通知单、送货单、商品入库验收单、入库单、货物保管账页、货卡等,进行分类整理、存档,以备后期出现异常情况时查验。

步骤4:签单。

办理签单手续主要作用在于对外划清送货单位同仓库的责任,对内划清收货人员同保管员之间的交接责任。每个环节交接时,在相应单据上需要有该项业务负责人的签字。

任务训练

一、实训目的

货物入库与验收是仓储管理非常重要的环节之一。对入库货物进行严格验收,能防止劣质商品流入流通领域,划清仓库与生产部门、运输部门以及销售部门的责任界限,也为货物在仓库中保管、保养提供第一手资料。在仓库收货员完成与送货员的货物交接手续后,仓库收货员还要建立仓库台账,至此,货物入库作业才算最终完成。通过本项目实训操作,让学生掌握入库手续的全部环节,提高学生的货物入库实际操作技能。

二、实训任务

请以课本为例设计一个仓储入库验收方案并进行业务流程模拟演示。

广州购书中心委托广州货运有限公司运送一批书籍(至少15本,且至少3种不同图书)到××学院××专业,假设你是该专业的教材管理人员,请你做好这批书籍的接运与验收工作。

要求完成:

(1) 手工制作入库通知单、送货单、商品入库验收单、入库单、货物保管账页、货卡等。

(2) 设计"入库货物接运与验收及入库"操作方案,并提交操作方案。

(3) 各组分别以团队的形式实际配合模拟所提交的操作方案,中间不能变更方案内容。

(4) 各组组长对其他组进行打分,最后去掉一个最高分及一个最低分,按总分进行组成绩排名。

三、实训道具

(1) 书本、笔、纸。

(2) 入库通知单、送货单、商品入库验收单、入库单、货物保管账页、货卡等。

四、实训方案指导及模拟演练

(1) 进行岗位分工并设定角色。每组中,1人充当送货员,1人充当仓库收货员,1人充当质检员,1人充当仓储主管(负责检查下属人员的单证是否正确及签字)。

(2) 送货员向仓库收货员出示送货单。

(3) 仓库收货员核对送货单、入库通知单。

(4) 仓库收货员进行数量验收,质检员进行质量验收。数量验收主要是清点储存商品的数量,通过清单看一看数量少不少;质量验收主要看商品是否有受潮,页面有没有损坏、缺页、排版错误、很脏、印刷字不清晰等异常情况。

(5) 验收结果处理。货物验收完毕后,发现有异常情况,由于××专业急需该书籍及异常情况不算严重,学院决定让步接收该批书,故质检员填写货物异常报告及让步接收的货物质检单,且在送货回单上详细注明,并请送货员签字。

(6) 合格货物入库。仓库收货员填写入库单及入库流水台账。

(7) 仓库收货员完成货物堆码。

(8) 仓库收货员立卡片。按照销售合同所列内容逐项填写货物资料卡片,做到一垛一卡。

小　　结

本章主要围绕入库作业展开,为了解决实际工作中的入库作业活动,将其分解为三个任务:入库准备工作;货物验收工作;办理入库手续。

首先是入库准备工作,梳理整个入库作业流程。入库作业内容主要包括入库准备、接货、验收、搬运入库及办理入库手续等。根据入库通知单,制订入库作业计划,做好入库的准备工作,需要熟悉入库货物,掌握仓库库场情况,仓库妥善安排货位,做好货位准备,合理组织人力,准备苦垫材料、作业用具,验收准备,装卸搬运工艺设定,文件单证准备,准备完成后进行货物的接运工作。

其次是货物验收工作。做好人员、器具及防护装备的准备,收集和熟悉验收凭证及有关资料,根据货物的性质确定验收工作的负责人员,全面了解验收物资的性能、特点和数量,根据其需求确定存放地点、垛形和保管方法。做好凭证的核对和实物检验工作,确定实物验收比例,进行数量和质量的验收工作。

最后是办理入库手续。货物入库,仓库要填写入库单,建立实物保管明细账,登记货物入库、出库、结存的详细情况。对应货位建立货卡,货卡能够直接反映该垛货物的品名、型号、规格、数量、单位及进出动态和积存数,一垛一卡。将货物入库业务作业全过程的有关资料证件进行整理、核对,建立资料档案。

测　　试

一、单选题

1. 入库前具体准备工作不包括(　　)。
   A. 妥善安排仓容　　　　　　　　B. 核对账目
   C. 准备验收和装卸搬运的机具　　D. 准备苦垫、劳保用品

2. 到车站提货,应向车站出示(　　),也可以凭单位证明或单位提货专用章在货票存查联上加盖,将货物提回。
   A. 领货凭证　　B. 入库单　　C. 仓单　　D. 运单

3. 商品入库验收的流程不包括(　　)。
   A. 验收准备　　B. 核对凭证　　C. 货位准备　　D. 实物验收

4. 商品入库验收包括(　　)。
   A. 品种验收、数量验收　　　　B. 规格验收、品种验收
   C. 质量验收、数量验收　　　　D. 数量验收、规格验收

5. 所谓实物检验,就是根据(　　)和有关技术资料对实物进行数量和质量检验。
   A. 发货明细表　　　　　　　　B. 供货单位提供的材质证明书

    C. 入库单   D. 订货合同

6. 物品入库或上架后,将物品名称、规格、数量或出入状态等内容填在料卡上,称为(　　)。

    A. 登账   B. 记录   C. 立卡   D. 建档

二、多选题

1. 入库作业阶段由(　　)三个环节构成。

    A. 接运   B. 保养   C. 验收   D. 入库交接

2. 货物接运方式包括(　　)。

    A. 车站、码头提货   B. 专用线到货   C. 仓库自行接货   D. 库内接货

3. 物品入库工作,必须经过一系列的操作过程,主要程序包括(　　)。

    A. 入库物品接运   B. 核对入库凭证   C. 检查包装   D. 办理入库手续

4. 货物入库验收的凭证包括(　　)。

    A. 入库通知单   B. 仓储合同   C. 发货明细表   D. 磅码单

5. 根据验收程度不同,可以分为(　　)。

    A. 全验   B. 检斤   C. 抽验   D. 计件

6. 货物入库手续包括(　　)。

    A. 建档   B. 抽检   C. 登账   D. 立卡

三、简答题

1. 货物入库的主要操作程序是什么?
2. 入库前需要做哪些准备工作?
3. 货物接运的方式有哪些?
4. 如何完成货物验收工作?
5. 如何办理货物入库手续?

项目 5

在库作业管理

项目导图

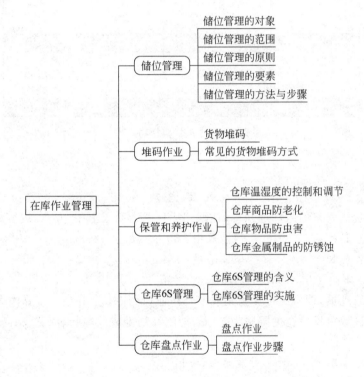

任务描述

任务 1

某集团仓储中心接到其合作客户××集团传真过来的货物入库通知单,需要在仓库内完成接货,存入 KF01 仓库。该仓库包含重型货架区、电子标签库区及阁楼货架区三个区域。货物为松花蛋、花生米、酒,入库货物信息如表 5-1 所示。该库对货物进行 ABC 分类管理,根据分类结果可知,酒属于 A 类货物,花生米属于 B 类货物,松花蛋为 C 类货物。若货架的货物排列如图 5-1 所示,作为仓库管理人员,应该如何确定入库货架区域、完成货架的货位编码以及如何安排入库货物的储位?

表 5-1 入库货物信息

序号	商品名称	包装规格/mm（长×宽×高）	重量/kg	入库/箱	每层箱数	每托箱数	码放层数	托盘个数
1	松花蛋	260×205×180	5	38	18	38	3	1
2	花生米	297×210×240	15	50	17	50	3	1
3	酒	316×211×180	6	32	15	32	3	1
合计				120				

什锦果味罐头（10箱）		
货位地址		
海鲜锅底（33箱）		
奶粉（20箱）		

图 5-1 托盘货架货物排列

任务 2

入 库 通 知

今收到供货商发来的入库通知单,计划到货日期为明天上午 10 点,内容如下。

品名：五金工具　　　　　　　包装规格：500×300×1 200(mm)

包装材质：松木　　　　　　　单体毛重：50kg

包装标识：限高 4 层　　　　　数量：3 600 箱

作为仓库管理员,请为此批货物完成堆码作业,请你计算出至少需要多大面积的储位。如果目标储存区域可堆垛宽度限制为 5.0m,请问计划堆成的垛长、垛宽、垛高各为多少箱？

注：

(1) 仓库高度为 4.8m,地坪荷载为 2 000kg/m^3。

(2) 垛型要求为重叠堆码的平台垛。

(3) 储位面积计算要充分考虑仓储"五距"。

任务 3

库存物品保管不当,会发生物理、化学等变化,造成物品质量的损坏、数量的减少。因此有必要对物品进行科学养护,以确保物品质量与数量尽可能不发生变化。物品养护是对物品在储存过程中所进行的保养和维护,是指根据物品在储存过程中的质量变化规律,采取相应的技术措施,对物品进行有效保养和维护,保持其使用价值及价值的活动。然而商品种类千差万别,物品特性也各有不同,具体保管措施也不尽相同,请思考啤酒、茶叶、油品、食品及农产品特性的差异,应该从哪些方面考虑这些商品的保管养护,应采取哪些措施进行保管养护？

任务 4

为了创造一个干净、整洁、舒适、文明的工作场所，营造良好的办公环境，提升管理水平和公司形象，促进公司发展，需要进行现场管理活动。如果你是办公室负责人，需要制定办公室现场管理制度，进行有效的现场管理，你会从哪些方面着手，制定怎样的管理制度？如何来落实你的制度？

任务 5

某集团仓储中心 7 号库是电子货品专用库，主要储存货品有计算机显示器、主机、照相机、液晶电视、投影仪等。2020 年 12 月 8 日，该集团仓储中心 7 号库仓管经理胡经理接到其库盘点员小马发来的通知：在盘点时发现，客户某电子贸易公司在 2020 年 11 月 17 日储存在 7 号库的 T1002～T1006 货位的 5 个托盘中的 5 件微波炉的外包装有污损霉变，并有 10 件微波炉丢失。在其发现问题之后，该库区所有工作人员承诺：将采取各种措施提供更好地在库货品的盘点保管，提高盘点质量和速率，更好地完成在库货品的保管作业。表 5-2 为 7 号库货品列表，假设你是小马，作为盘点组长，带领 2 名盘点人员于 2020 年 12 月 5 日对 7 号库进行全面盘点工作，请你进行盘点的计划及工作安排，并对盘点后出现的以上问题进行处理。

表 5-2 7 号库货品列表

序号	货品编号	品　名	规格/mm（长×宽×高）	单位	单价/元	数量	储存货位
1	SP001	电冰箱 BC-117FC	550×500×865	台	2 700	70	T3002～T3003
2	SP002	微波炉 G23CN-A9	570×380×390	台	2 300	100	T1002～T1006
3	SP003	音箱 AX210	380×285×180	台	2 300	1 200	T2001～T2030

➡ 任务分解

在库作业管理是仓储与配送作业的核心环节，也是货物出库作业的基础。通过货物在库的科学管理，不仅能保持货物原有的使用价值，还能保证后续作业顺利进行。本项目涉及在库作业管理的各项工作，可分解为五个任务：储位管理；堆码作业；保管和养护作业；仓库 6S 管理；仓库盘点作业。

➡ 学习目标

任务	知识目标	能力目标	素质目标
储位管理	1. 了解储位管理的对象，掌握储位管理的区域划分； 2. 理解储位管理的原则，掌握储位管理的要素	1. 能够分析入库货物的情况，确定入库区域； 2. 能够进行储位编码和完成货位安排	1. 提高包装材料的回收利用率，避免环境污染，提高环保意识； 2. 善于在工作中探寻高效方法，提升作业效率

续表

任　务	知识目标	能力目标	素质目标
堆码作业	1.了解堆码的操作要求，掌握货物堆码方式； 2.了解垫垛的目的，理解垫垛的基本要求； 3.理解苫盖的基本要求，掌握苫盖的几种方法	1.能够根据入库货物的情况完成堆码作业； 2.能够根据实际情况考虑货物的垫垛和苫盖	1.具备节约意识，充分利用空间，提升仓库利用率； 2.具备责任意识，保护在库货物
保管和养护作业	1.了解仓库温湿度控制的常用方法； 2.了解商品老化的特征，掌握商品老化的影响因素； 3.了解虫害的种类、习性及危害，掌握虫害防治的方法； 4.了解金属锈蚀的条件，掌握防锈蚀的方法	1.能够对仓库进行温湿度控制； 2.能够对仓库货物进行管理，防止商品老化、虫害、金属锈蚀等现象的发生	1.生活中善于观察各种物品的特性，不断积累经验； 2.具备责任意识，保护在库货物
仓库6S管理	1.掌握6S管理的内容，理解6S管理的含义； 2.掌握6S管理的步骤，了解每个步骤的主要内容	1.能够实施完成仓库现场的6S管理； 2.能够根据6S管理规定制定6S检查表	1.培养分类管理意识，差异化管理，避免无关紧要的事务占用过多时间和精力； 2.安全无小事，只有防微杜渐，才能防患于未然； 3.良好习惯的养成至关重要，是工作落实的关键
仓库盘点作业	1.了解盘点的含义和内容，理解盘点的方法； 2.掌握盘点的工作步骤	1.能够制订盘点工作计划和安排； 2.能够组织完成盘点工作任务	1.能够仔细认真，避免失误引起的重复劳动； 2.问题不要积累，要及时解决，否则难以把控

任务 5.1　储位管理

任务分析

仓库根据平面布局规划和设施设备的配备，会安排相应的货区及货架进行货物的储存，因而需要进行相应的储位管理。首先根据入库货物的情况确定入库的货区及货架，其次根据货架的配置进行货位的编码，最后综合考虑储位管理的要素及原则完成入库货物的货位安排。

知识准备

5.1.1　储位管理的对象

储位管理的对象，分为保管商品和非保管商品两部分。

1. 保管商品

保管商品是指在仓库的储存区域中保管的商品,由于它对作业、储放、搬运、拣货等方面有特殊的要求,使得其在保管时会有很多种的保管形态,例如托盘、箱、散货或其他方式,虽然在保管货位上有很大的差异,但都必须用储位管理的方式对商品加以管理。

2. 非保管商品

(1) 包装材料。包装材料就是标签、包装纸等包装用的材料。随着商业企业促销、特卖及赠品等活动的增多,仓库的贴标、重新包装、组合包装等流通加工比例增加,对包装材料的需求扩大,必须对这些材料加以管理,如果管理不善,发生欠缺情况,将影响整个作业的进行。

(2) 辅助材料。辅助材料就是一些托盘、箱、容器等搬运器具。由于流通器具的标准化,仓库对这些辅助材料的需求越来越大,依赖也越来越重。为不影响商品的搬运,就必须对这些辅助材料进行管理,制定专门的管理办法。

(3) 回收材料。回收材料就是经补货或拣货作业拆箱后剩下的空纸箱。虽然这些空纸箱都可回收利用,但是这些纸箱形状不同、大小不一,若不保管起来,很容易造成混乱,影响其他作业,因此必须划分一些特定的储位对这些回收材料进行管理。

> **工作要点**
> 剩余包装再利用,提高包装材料的回收利用率,有效控制资源消耗,避免环境污染,提升环保意识。

5.1.2 储位管理的范围

在仓库的所有作业中,所用到的保管区域均是储位管理的范围,根据作业方式不同储位可分为预备储区、保管储区、动管储区。

1. 预备储区

预备储区是商品进出仓库时的暂存区,预备进入下一保管区域。虽然商品在此区域停留的时间不长,但是也不能在管理上疏忽大意,以免给下一作业程序带来麻烦。

在预备储区,不但要对商品进行必要的保管,还要将商品打上标识、进行分类,再根据要求归类,摆放整齐。为在下一作业程序中节省时间,标识与看板的颜色要一致。

对进货暂存区,在商品进入暂存区前要先分类,暂存区域也先行标示区分,并且配合看板上的记录,商品依据分类或入库上架顺序,分配到预先规划好的暂存区储存。

对出货暂存区,所要配送的商品,每一车或每一区域路线的配送商品必须摆放整齐并以分隔,摆放在事先标示好的储位上,再配合看板上的标示,按出货单的顺序进行装车。

2. 保管储区

保管储区是仓库中最大、最主要的保管区域,商品在此区域的保管时间最长,商品在此区域以比较大的储存单位进行保管,所以保管储区是整个仓库管理的重点。为最大限度地增大储存容量,要考虑合理运用储存空间,提高使用效率。为对商品的摆放方式、位置及存量进行有效控制,应考虑储位的分配方式、储存策略等是否合适,并选择合适的存放和搬运设备,以提高作业效率。

3. 动管储区

动管储区是在拣货作业时所使用的区域,此区域的商品大多在短时期即会被拣取出货,其商品在储位上的流动频率很高,所以称为动管储区。这个区域可满足拣货的需求,为让拣货时间及距离缩短,降低拣错率,就必须在拣取时能很迅速地找到商品所在的位置,因此储存的标示与位置指示就变得非常重要。而要让拣货顺利进行及拣错率降低,就得依赖一些拣货设备来完成,例如,计算机辅助拣货系统 CAPS、自动拣货系统等。动管储区的管理方法就是这些位置指示及拣货设备的应用。

针对现在仓库大多是少量、多样、高频率出货的现状,一般仓库的基本作业方式已经不能满足现实的需要,动管储区这一管理方式的出现,恰恰符合了这一需求,其效率的评估与提高在仓库作业中已被作为重要的一部分。

动管储区的主要任务是对储区货物的整理、整顿和对拣货单的处理。

在仓库中进行整理、整顿的工作,将使寻找商品的时间缩短,并可缩短行走的距离,而使效率提升。因为一般仓库的拣货作业,真正在拣取时所花费的时间很短,但花费在寻找商品、行走的时间特别多,若能有效运用整理、整顿,并将货架编号、商品编号、商品名称简明标示,再利用灯光、颜色进行区分,不但可以提高拣货效率,也可以降低拣错率。但对于商品的变动及储位的变更,一定要及时更改记录,以掌握最正确的信息。

拣货单在设计时应对各个项目,如货架编号、货号、数量、品名合理安排顺序,以免拣货时产生一位多物、一号多物、拣错等错误。

5.1.3 储位管理的原则

储位管理与其他管理一样,必须遵循一定的原则,其基本原则有以下三个。

1. 储位标识明确

先详细划分储存区域,并一加以编号,让每一种预备储存的商品都有位置可以存放。此位置必须是明确的,而且是经过储位编码的,不可以是边界含糊不清的位置,如走道、楼上、角落或某商品旁等。需要指出的是,仓库的过道不能作为储位来使用,虽然短时间会得到一些方便,但会影响商品的进出,违背了储位管理的基本原则。

2. 商品定位有效

依据商品保管方式的不同,应该为每种商品确定合适的储存单位、储存策略、分配规则,以及其他储存商品要考虑的因素,把货物有效配置在先前所规划的储位上。例如,需要冷藏的商品就该放在冷藏库,流通速度快的商品就该放在靠近出口处,香皂不应该和食品放在一起,等等。

> **知识链接**
>
> 货位分配原则如下。
> (1) 以周转率为基础的原则。
> (2) 产品相关性原则。
> (3) 商品同一性原则。
> (4) 产品相容性原则。
> (5) 先进先出原则。

3. 变动更新及时

商品被有效配置在规划好的储位上之后,接下来的工作就是储位的维护,也就是说,商品不管是因拣货取出,或是商品被淘汰,或是受其他作业的影响,使商品的位置或数量发生改变时,就必须及时记录变动情形,保持记录的真实性、有效性。由于此项变动登录工作非常烦琐,仓库管理人员在繁忙的工作中会产生惰性,使这项工作成为储位管理中最困难的部分,也是影响目前各仓库储位管理作业成败的关键。

5.1.4 储位管理的要素

储位管理的要素有以下五种。

1. 储位空间

仓库从功能上可分为仓储型仓库和流通型仓库,所以在储位空间的分配上,对于仓储型仓库,主要是仓库保管空间的储位分配;而对于流通型仓库,则为便于拣货及补货进行储位分配。在储位分配时,确定储位空间,就要先考虑空间大小、柱子排列、梁下高度、过道、设备作业半径等基本因素,再结合其他因素,才能合理安排储存商品。

2. 商品

管理放在储位上的商品,要考虑商品本身的影响因素,这些因素主要有以下五个。

(1) 供应商。商品的供货渠道,商品是自己生产的还是购入的,有没有行业特点。

(2) 商品特性。商品的体积大小、重量、单位、包装、周转率、季节性的分布及自然属性,温湿度的要求,气味的影响等。

(3) 数量的影响。如生产量、进货量、库存量、安全库存量等。

(4) 进货要求。采购前置时间,采购作业的特殊要求。

(5) 种类。种类类别、规格大小等。

然后决定如何放置,此时应该考虑储存单位(单个、箱、托盘)、储位策略(定位储存、随机储存、分类储存,还是分类随机储存,或是其他的分级、分区储存)、储位分配原则、商品特性、补货的方便性、单位在库时间、订购频率等。

商品摆放好后,就要进行有效的在库管理,随时掌握库存状况,了解其种类、数量、位置、入出库状况等所有资料。

3. 人员

人员包括仓管人员、拣货人员、补货人员、搬运人员等。仓管人员负责管理及盘点作业,拣货人员负责拣货作业,补货人员负责补货作业,搬运人员负责入库作业、出库作业、翻堆作业(为实现商品先进先出、通风、气味避免混合等目的)。

而人员在存取搬运商品时,在仓库的作业中,讲求的是省时、高效。而在照顾员工的条件下,讲求的是省力。因此要达成存取效率高、省时、省力,则作业流程方面要合理化;储位配置及标示要简单、清楚,一目了然,且要好放、好拿、好找;表单要简单、标准化。

4. 储放、搬运设备与资金

相比于储位空间、商品、人员来说,储备搬运设备与资金是关联要素,在选择搬运储备时,要考虑商品特性、商品的单位、容器、托盘等因素,以及人员作业时的流程、储位空间的分配等,还要考虑设备成本与人员操作的方便性。各储位统一编码,编码规则必须明了易懂,好操作。最后就是资金要有预算,如果超出预算,要看是否能够产生相应的效益。

5. 货位编号

指将库房、料棚、货场、货架、货垛按地点、位置顺序统一编列号码。

货位编号的要求如下。

(1) 标志设置要适宜。如库房编号写在外墙或库门上,货场编号写在场地上。

(2) 标志制作要规范。

(3) 编号顺序要一致。

图5-2和图5-3所示为"三号定位""四号定位",是货位和货架的编码示例。

> **工作要点**
>
> 编码设置合理,才能快速定位,规范管理,提升作业效率。

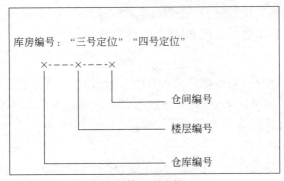

货位编码及货物安排

图5-2 货位编号示例

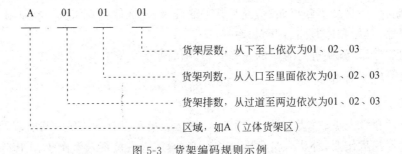

图5-3 货架编码规则示例

知识链接

货位编号的方法如下。

(1) 区段方式是指把保管区域分割为几个区段,再对每个区段进行编码。这种编码方式是以区段为单位,每个号码所代表的储区较大,因此,适用于单元化装载的存货,以及大量或保管周期短的存货。在ABC分类中的A、B类存货很适合这种编码方式。

(2) 存货类别方式是把一些相关存货经过集合后,区分为几个存货大类,再对每类存货进行编码。这种编码方式适用于按存货类别保管或品牌差距大的存货,如服饰类、五金类等。

(3) 地址式是利用保管区域中的现成参考单位,例如建筑物第几栋、区段、排、行、层、格等，依照其相关顺序来进行编码，就像地址的几段、几巷、几弄、几号一样。这种编码方式所标注代表的区域通常以一个储位为限，具有相对顺序性，使用起来简明方便，所以为目前仓库中使用最多的编码方式。

（4）坐标式是指利用空间概念来编排储位的方式。这种编排方式对每个储位的定位与管理上比较复杂，对于流通率很小，需要长时间存放的货物才适用。

5.1.5 储位管理的方法与步骤

储位管理的方法就是对储位管理原则的灵活运用，具体步骤如下。

（1）先了解储位管理的原则，接着应用这些原则来判别商品储放的需求。

（2）对储放空间规划配置，空间规划配置的同时选择储放设备及搬运设备。

（3）对这些保管区域与设备进行储位编码和商品编号。

（4）储位编码与商品编号完成后，选择用什么分配方式把商品分配到所编号码的储位上，可选择人工分配、计算机辅助分配、计算机全自动分配的方法进行分配。

（5）商品分配到储位上后，要对储位进行维护。要做好储位的维护工作，除了使用传统的人工表格进行登记外，也可应用最有效率、最科学的方法来执行。而要让这维护工作能持续进行就得借助一些核查与改善的方法来监督与鼓励。

任务实施

步骤1：根据储位管理的对象及仓库货区情况，确定入库货区及货架。

入库货物为仓库的储存区域中的保管商品，以托盘为单位存放，该仓库包含重型货架区、电子标签库区及阁楼货架区三个区域，根据储存单位，可确定将货物存入重型货架区。

步骤2：根据货架的配置，设置编码规则，进行货位的编码。

货位的编码可以采用"四号定位法"，该仓库包含重型货架区、电子标签库区及阁楼货架区三个区域，第1位分别用A、B、C表示三个货架区，根据重型货架区货物的排列情况，重型货架规格为1排4列3层，第2、3位表示排数，第4、5位表示列数，从左往右表示01、02、03，第6、7位表示层数，从下至上依次表示01、02、03，因而可确定货架编码如图5-4所示。

什锦果味罐头 （10箱）			
A010103	A010203	A010303	A010403
	海鲜锅底 （33箱）		
A010102	A010202	A010302	A010402
	奶粉 （20箱）		
A010101	A010201	A010301	A010401

图5-4 重型货架货位编码

步骤 3：综合考虑储位管理的要素及原则完成入库货物的货位安排。

该库对货物进行 ABC 分类管理，根据分类结果可知，酒属于 A 类货物，花生米属于 B 类货物，松花蛋为 C 类货物。根据货物的重要程度的不同，A 类为重要货物，应放置在便于出货的位置，可以将其放在最下层；C 类为不重要的货物，可以放置在远离出货的位置，放置在最上层；B 类可以居中放置。然后考虑相同或相似的商品尽可能靠近储放以及某些货物不能放置在一起等问题。本任务中不存在以上情况，因此在相应的放置层数寻找空货位进行安排。入库货位安排如图 5-5 所示。

什锦果味罐头 （10箱）	松花蛋 （38箱）		
C010103	C010203	C010303	C010403
花生米 （50箱）	海鲜锅底 （33箱）		
B010102	B010202	B010302	B010402
酒 （32箱）	奶粉 （20箱）		
A010101	A010201	A010301	A010401

图 5-5　入库货位安排

任务 5.2　堆 码 作 业

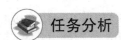

仓库接收货物入库后，要根据货物的数量、重量、体积和形状来设计货物堆码方式。根据堆码方式明确占用面积或储位情况。首先根据货物情况完成堆码的设计，然后结合货物的特殊性或储存场所的不同，采取相应的垫垛和苫盖措施。

5.2.1　货物堆码

1. 货物堆码考虑因素

在进行货物堆码时，首先要根据入库货物的数量、重量、体积和形状来设计货物堆码方式，并计算出货垛的占地面积和垛高。

$$占地面积 = \frac{总件数}{总码层数} \times 单位货物底面积$$

$$或占地面积 = \frac{总重量}{层数 \times 货物单位面积重量}$$

码垛可堆层数计算要综合考虑以下三个因素。

(1) 地坪不超重。不超重可堆高层数＝库房地坪每平方米核定载重量÷商品单位面积重量。

(2) 货垛不超高。不超高可堆高层数＝库房可用高度÷每件货物的高度。

(3) 货物本身的包装及其强度所确定的堆高限定。

根据上述三个可堆高层数的因素计算时，取其中最小的可堆高层数，作为堆垛作业的堆高层数。

【例 5-1】 某仓库进了一批木箱装的罐头食品 100 箱。每箱毛重 50kg，箱底面积为 $0.25m^2$，箱高 0.25m，箱上标识表示最多允许叠堆 16 层高，地坪承载能力为 $5t/m^2$，库房可用高度为 5.2m，求该批商品的可堆高度。

解： 单位面积重量＝50÷0.25＝200（kg/m^2）＝0.2（t/m^2）

(1) 不超重可堆高层数＝5÷0.2＝25（层）。

(2) 不超高可堆高层数＝5.2÷0.25≈20（层）。

(3) 商品木箱标识表示允许堆高 16 层。

所以，该批罐头食品堆垛作业最大的堆叠高度为 16 层，货垛高度为 16×0.25＝4（m）。

2. 货物堆码的操作要求（图 5-6）

(1) 堆码的操作工人必须严格遵守安全操作规程；使用各种装卸搬运设备，严禁超载，同时还须防止建筑物超过安全负荷量。码垛必须不偏不斜，不歪不倒，牢固坚实，以免倒塌伤人、摔坏商品。

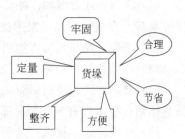

图 5-6 货物堆码的操作要求

(2) 合理。不同商品的性质、规格、尺寸不相同，应采用各种不同的垛形。不同品种、产地、等级、单价的商品，须分别堆码，以便收发、保管。货垛的高度要适度，不压坏底层的商品和地坪，与屋顶、照明灯保持一定距离；货垛的间距，过道的宽度，货垛与墙面、梁柱的距离等，都要合理、适度。垛距一般为 0.5～0.8m，主要通道为 2.5～3m，如涉及叉车叉运，则通道一般设计为 4～5m。

知识链接

货垛"五距"应符合安全规范要求。货垛的"五距"指的是垛距、墙距、柱距、顶距和灯距。

(1) 垛距。货垛与货垛之间的必要距离称为垛距，常以支道作为垛距。垛距能方便存取作业，起通风、散热的作用，方便消防工作。库房垛距一般为 0.3～0.5m，货场垛距一般不少于 0.5m。

(2) 墙距。为防止库房墙壁和货场围墙上的潮气对商品产生影响，也为散热通风、遵守消防要求、保证建筑安全、方便收发作业，货垛必须留有墙距。内墙距是指货物离没有窗户的墙体的距离，此处潮气相对少些，一般距离为 0.1～0.3m；外墙距是指货物离有窗户的墙体的距离，这里湿度相对大些，一般距离为 0.1～0.5m。

(3) 柱距。为了防止库房柱子的潮气影响货物，也为保护仓库建筑物的安全，必须留有柱距。柱距一般为 0.1～0.3m。

(4) 顶距。货垛堆放的最大高度与库房、货棚屋顶横梁间的距离称为顶距。顶距能方便装卸搬运作业,能通风散热,既有利于消防工作,又有利于收发、查点。顶距一般为0.5~0.9m,具体视情况而定。

(5) 灯距。货垛与照明灯之间的必要距离称为灯距。为确保储存商品的安全,防止照明灯发出的热量引起附近商品燃烧而发生火灾,货垛必须留有足够的安全灯距。灯距按规定应有不少于0.5m的安全距离。

(3) 方便。货垛行数、层数,力求成整数,便于清点、收发作业。若过秤商品不成整数时,应分层标明重量。

(4) 整齐。货垛应按一定的规格、尺寸叠放,排列整齐、规范。商品包装标志应一律朝外,便于查找。

(5) 节省。堆垛时应注意节省空间位置,适当、合理安排货位的使用,提高仓容利用率。

> **工作要点**
> 进行堆码时应具备节约意识,充分利用空间,提升仓库利用率。

(6) 定量。每行每层数量力求为整数。货物不成整数时,每层应该有明显的分隔,标识清楚,这样便于清点发货。

3. 货垛设计

(1) 垛基。注意事项:将整垛货物的重量均匀地传递给地坪;保证良好的防潮和通风;保证垛基上存放的物品不发生变形。

(2) 垛型。垛型是指货物码放的外部轮廓形状。

(3) 货垛参数。货垛参数是指货垛的长、宽、高,即货垛的外形尺寸。

(4) 堆码方式。要根据商品的品种、性质、包装、体积、重量等情况,同时还要依照仓库的具体储存要求和有利于商品库内管理的原则来确定商品的堆码形式,做到科学合理。

(5) 货垛苫盖。货垛苫盖是指采用专用苫盖材料对货垛进行遮盖,以减少自然环境中的阳光、雨雪、刮风、尘土等对货物的侵蚀、损害,并尽可能减少货物由于自身理化性质所造成的自然损耗,确保货物在储存期间的质量。

(6) 货垛加固。为防止货垛不稳,出现塌垛现象,需要采取有效措施对货垛加固。比如通过捆扎、黏合、网罩紧固、拉伸薄膜紧固等措施对货垛进行加固。

5.2.2 常见的货物堆码方式

商品堆码方法有散堆法、垛堆法、货架法、成组堆码法等,应根据商品的特点选择不同的堆码方法。堆码商品常用的技术方法有直码、压缝码、交叉码、连环码、梅花码等。

要根据商品的品种、性质、包装、体积、重量等情况,同时还要依照仓库的具体储存要求和有利于商品库内管理来确定商品的堆码形式,做到科学、合理。

1. 散堆法

散堆法是一种将无包装的散货直接堆成货港的货物存放方式。散堆法特别适合于露天存放的没有包装的大宗货物,如煤炭、矿石、散粮等。这种堆码方式简便,便于采用现代化的大型机械设备,节约包装成本,提高仓容利用率。

2. 垛堆法

对有包装的货物和裸装的计件货物一般采取垛堆法,具体方式有重叠式、压缝式、纵横交错式、通风式、栽柱式、俯仰相间式等。货物堆垛方式的选择主要取决于货物本身的性质、形状、体积、包装等。一般情况下多平放（卧放），使重心降低，最大接触面向下，这样易于堆码，货垛稳定牢固。下面介绍几种常用的堆垛方式。

（1）重叠式。重叠式即货物逐件、逐层向上整齐地码放。这种方式的稳定性较差，易倒垛，一般适合袋装、箱装、平板式的货物（图5-7）。

（2）压缝式。压缝式即上一层货物跨压在下一层两件货物之间。如果每层货物都不改变方式，则形成梯形（图5-8）。如果每层都改变方向，则类似于纵横交错式。

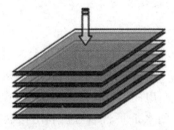

图5-7 重叠式堆码

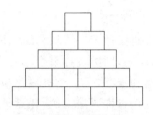

图5-8 压缝式堆码

（3）纵横交错式。纵横交错式即每层货物都改变方向向上堆放。采用这种方式码货稳定性较好，但操作不便，一般适合管材、扣装、长箱装货物（图5-9）。

（4）通风式。采用通风式堆垛时，每件相邻的货物之间都留有空隙，以便通风防潮、散湿散热。这种方式一般适合箱装、桶装及裸装货物（图5-10）。

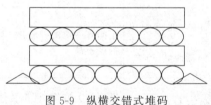

图5-9 纵横交错式堆码

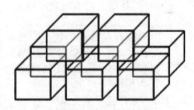

图5-10 通风式堆码

（5）栽柱式。码放货物前，在货垛两侧栽上木桩或钢棒，形成U形货架，然后将货物平放在桩柱之间，码了几层后，用铁丝将相对两边的桩柱拴连，再往上摆放货物。这种方式一般适合棒材、管材等长条形货物（图5-11）。

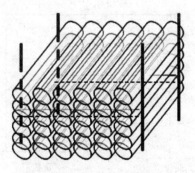

图5-11 栽柱式堆码

(6) 俯仰相间式。对上下两面有大小差别或凹凸的货物,如槽钢、钢轨、箩筐等,将货物仰放一层,再反一面伏放一层,仰伏相间相扣。采用这种方式码货,货垛较为稳定,但操作不便(图5-12)。

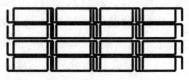

图 5-12　俯仰相间式堆码

3. 货架法

货架法即直接使用通用或专用的货架进行货物堆码。这种方法适用于存放不宜堆高,需要特殊保管的小件、高值、包装脆弱或易损的货物,如小百货、小五金、医药品等。

4. 成组堆码法

成组堆码法即采取货板、托盘、网格等成组工具使货物的堆存单元扩大,一般以密集、稳固、多装为原则,同类货物组合单元应高低一致。这种方法可以提高仓容利用率,实现货物的安全搬运和堆存,适合半机械化和机械化作业。使用成组堆码法可提高劳动效率,减少货损货差。以托盘堆码法为例,托盘是用于集装货品的水平平台装置。利用托盘来集装货物时,通常有重叠式、纵横交错式、正反交错式和旋转交错式四种常见的托盘堆码方式。其方式介绍如表5-3所示,示例如图5-13～图5-16所示。

表 5-3　托盘堆码方式

托盘堆码方式	叠放方式	优　点	缺　点
重叠式	各层码放方式相同,上下对应,各层之间不交错堆码	员工操作速度快；各层重叠之后,包装物四个角和边重叠,能承受较大的荷重	各层之间缺少咬合作用,稳定性差,容易发生塌垛
纵横交错式	相邻两层货物的摆放旋转呈90°角,一层呈横向放置,另一层呈纵向放置,层间纵横交错堆码	装盘也较简单,如果配以托盘转向器,装完一层之后,利用转向器旋转90°角	层间有一定的咬合度,但咬合强度不高
正反交错式	在同一层中,不同列的货物以90°角垂直码放,相邻两层的货物码放形式是另一层旋转180°角的形式	不同层间咬合强度较高,稳定性很高	操作较为麻烦,且包装体之间不是垂直面相互承受荷载,所以下部货物易被压坏
旋转交错式	第一层相邻的两个包装体互为90°角,两层间的码放又相差180°角	相邻两层之间互相咬合交叉,托盘货体稳定性高,不易塌垛	码放难度较大,且中间形成空穴,会降低托盘装载能力

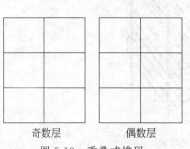

图 5-13　重叠式堆码

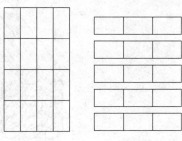

图 5-14　纵横交错式堆码

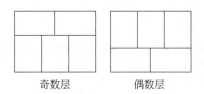
图 5-15　正反交错式堆码

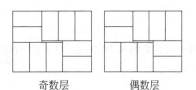
图 5-16　旋转交错式堆码

知识链接

垫垛与苫盖

垫垛是指在物品码垛前,在预定的货位地面位置,使用衬垫材料进行铺垫。苫盖是指采用专用苫盖材料对货垛进行遮盖。

垫垛的基本要求:①所选衬垫物不会影响待存商品的品质,堆存商品时,要选择坚固耐压的衬垫物;②堆场在使用前,必须平整夯实,衬垫物要铺平放正,保持同一方向,露天堆场要布置畅通的排水系统;③衬垫物不能露在货垛外面,以防遇水顺着衬垫物内流浸湿商品;④垫底高度应视商品特性、气候条件、库场地理位置等具体情况而定,如无通风要求的商品存放在地面干燥的库房内,在垛底铺层油毡或帆布(一般情况下,露天货物垫高不低于30cm,库房内不低于20cm)。

苫盖的基本要求:①选择合适的苫盖材料;②苫盖牢固;③苫盖的接口要有一定深度的互相叠合,不能迎风叠口或留空隙,苫盖必须拉挺、平整,不得有折叠和凹陷,防止积水;④苫盖的底部与垫垛齐平,不腾空或拖地,并牢固绑扎在垫垛外侧或地面的绳桩上,衬垫材料不露出垛外,以防雨水顺延渗入垛内;⑤使用旧的苫盖物或在雨水丰沛的季节,垛顶或者风口处需要加层苫盖,确保雨淋不透。

任务实施

步骤 1:考虑顶距,可得该货物最多堆垛层数为 $(4.8-0.5)\div 1.2 \approx 3$(层)。

步骤 2:包装标识:限高 4 层。

步骤 3:考虑地坪荷载。

单位货物底面积:$0.5\times 0.3=0.15(m^2)$

单位面积货物质量:$\dfrac{50}{0.15}=1\,000/3(kg/m^2)$

可得该货物最多可堆垛层数:$\dfrac{2\,000}{\dfrac{1\,000}{3}}=6$(层)

步骤 4:综上可得,该货物最高可堆垛 3 层。

步骤 5:储位面积:$\dfrac{3\,600}{3}\times 0.15=180(m^2)$

垛宽:5m

垛长：$\dfrac{180}{5}=36(\mathrm{m})$

步骤 6：考虑到实际情况，为不浪费库存面积，该货物采用箱长对应垛宽、箱宽对应垛长的堆垛方式。

垛宽箱数：$\dfrac{5}{0.5}=10(箱)$

垛长箱数：$\dfrac{36}{0.3}=120(箱)$

结论：至少需要 $180\mathrm{m}^2$ 的储位。

最佳堆垛方式：货垛的垛长、垛宽及垛高分别为 120 箱、10 箱、3 箱（堆垛方式：箱长对应垛宽、箱宽对应垛长）

任务 5.3　保管和养护作业

库存物品的保管保养贯穿于整个仓库作业过程中，从严格验收入库物品、适当安排储存场所、科学进行堆码苫垫、控制好仓库温湿度、定期进行物品在库检查和必要养护到搞好仓库清洁卫生，都会影响物品保管保养的效果和质量。下面主要从商品的保管和养护技术方面来总结商品的保管保养措施。

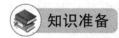

5.3.1　仓库温湿度的控制和调节

储存环境对商品的储存质量有直接的影响，其中最突出的是库房的温湿度。物品储存期间发生的霉变、虫蛀、锈蚀、挥发、溶化等都与温湿度密切相关。根据不同商品的性质，控制和调节好仓库的温湿度，是仓储商品保管工作的重心（表 5-4～表 5-6）。

表 5-4　温湿度控制的常用方法

方法	方法简介	适用条件	效　果	使用工具
密封	就是把商品尽可能地严密封闭起来，减少外界不良气候条件的影响，以达到安全保管的目的	物资质量、温度和含水量正常，无生霉、生虫、发热等现象发生	要和通风、吸潮结合运用，如运用得法，可以收到防潮、防霉、防热、防溶化、防干裂、防冻、防锈蚀、防虫等多方面的效果	塑料薄膜、防潮纸、油毡、芦席、密封库
通风	利用库内外空气温度不同形成的气压差，使库内外空气形成对流，达到调节仓库温湿度的目的	风力不能过大（风力超过 5 级时灰尘较多）	正确进行通风，不仅可以调节与改善库内的温湿度，还能及时散发商品及包装物内的多余水分	通风降温（或增温）、通风散潮

续表

方法	方法简介	适用条件	效果	使用工具
除湿	在梅雨季节或阴雨天，当库内湿度过高不适宜商品保管，而库外湿度过大也不宜进行通风散潮时，可以在密封库内用除湿的办法降低库内湿度	适宜于储存棉布、针棉织品、贵重百货、医药、仪器、电工器材和烟糖类的仓库吸湿散潮	在库内外湿度都很大，无法采用通风散潮法时，该种方法也能发挥作用	除湿剂、氯化钙、硅胶等
自动控制	使用光电自动控制设备，自动调节库房内的温湿度	适用于各种条件	可以减少人工投入，随时调节库房温湿度	光电自动控制设备

表 5-5　部分物品安全温度与安全相对湿度参考

物品名称	安全温度/℃	安全相对湿度/%	物品名称	安全温度/℃	安全相对湿度/%
麻织品	25	55～65	火柴	<30	<75
丝织品	20	55～65	肥皂	−5～30	<75
毛织品	20	55～65	洗衣粉	<35	<70
皮革制品	5～15	60～75	牙膏	−5～30	<80
布鞋	30	50～75	人造革	−10～20	<75
橡胶制品	<25	<80	干电池	−5～25	<80
金属制品	<35	<75	打字蜡纸	−10～25	<75
竹木制品	<30	60～75	纸制品	<35	<75
塑料薄膜	−5～25	<80	卷烟	<25	55～70
玻璃制品	35	<80	食糖	<30	<70

表 5-6　仓库温湿度监控记录表

编号：_____　　　　库号：_____　　　　放置位置：_____
储存物品：_____　　安全温度：_____　　安全相对湿度：_____

日期	上午						下午						备注
	天气	干球温度/℃	湿球温度/℃	相对湿度/%	绝对湿度/(g/m³)		调节措施	记录时间	天气	干球温度/℃	湿球温度/℃	相对湿度/%	绝对湿度/(g/m³)		调节措施	记录时间	

（说明：绝对湿度分"库内""库外"两列）

制表人：_____　　　　　　　　　　　　　　　　审核人：_____

知识链接

温湿度相关概念如下。

(1) 温度。温度是表示物体冷热程度的物理量,从微观上来讲是物体分子热运动的剧烈程度。温度只能通过物体随温度变化的某些特性来间接测量,而用来量度物体温度数值的标尺叫温标。它规定了温度的读数起点(零点)和测量温度的基本单位。国际单位为热力学温标(K)。目前国际上用得较多的其他温标有华氏温标(℉)、摄氏温标(℃)和国际实用温标。

(2) 湿度。湿度是表示大气干燥程度的物理量。空气的干湿程度叫作"湿度"。在一定的温度下在一定体积的空气里含有的水汽越少,则空气越干燥;水汽越多,则空气越潮湿。空气湿度的表示方法有绝对湿度、饱和湿度、相对湿度等。

(3) 绝对湿度。绝对湿度是指在单位体积的空气中,实际所含水蒸气的量。

(4) 饱和湿度。饱和湿度是指在一定湿度下单位体积中最大限度能容纳水蒸气的量。空气的饱和湿度随着温度的升高而增大,随温度降低而减小。

(5) 相对湿度。相对湿度是空气中实际绝对湿度占当时气温下的饱和湿度的百分比。

(6) 露点。当空气中含有一定量的水蒸气,温度下降到一定程度时,所含水蒸气就会达到饱和并开始液化成水,这种现象称为结露。水蒸气开始液化成水的温度称为露点温度(简称露点)。如果温度继续下降到露点以下,空气中的水蒸气就会凝集在物体的表面,俗称"出汗",有时可以看到在一些表面光滑、导热较快的金属制品、水泥地、石块或柱脚上有一些水珠,就是这种现象。

5.3.2 仓库商品防老化

商品发生老化是指各种高分子化合物,如橡胶、塑料、合成纤维等在储存和使用中,受到外界环境因素的影响,发生一些异状变质,逐渐丧失使用价值的过程。

> **工作要点**
> 进行保管养护时能够具备责任意识,以保护在库货物不受损坏为根本目的。

1. 商品老化的影响因素

1) 商品老化的内在因素

商品老化的内在因素主要包括材料种类、大分子链结构、配料成分及成型加工。所谓材料种类是指商品本身的化学结构。大分子链结构包括相对分子量、不规则结构、相对分子量分布、支化度、主体规整度等。生产时往往根据不同的用途,添加其他助剂,如增塑剂、填充剂、着色剂、稳定剂等。若这些助剂和配合剂选用不当,亦会促使商品老化。在加工商品时,原材料受到外界不同的温度和压力的作用,内部发生了各种变化,因此,高分子商品的耐老化性能与其制造方法和加工条件也有关系。

2) 商品老化的环境因素

(1) 日光。日光是影响商品老化的主要因素之一。对商品老化具有显著影响的是紫外线,红外线、可见光对商品老化亦有影响。

(2) 热。热是促使高分子类商品老化的重要因素。热氧老化是商品在储存中重要的老化形式之一。大气环境中的冷热交替作用对商品老化也会产生一定的影响。

(3) 氧和臭氧。高分子材料类商品对于大气中的分子氧是很敏感的,甚至微量氧的作用都可以使某些材料的抗张强度、硬度、伸长率等性能发生严重的变化。所有的高分子材料对于空气中的氧气都是很敏感的。大气中臭氧浓度虽然不高,但对商品的影响很大,尤其在日光作用下,由于光的活化作用,会加速臭氧老化的速度,使商品老化更为强烈。

（4）水和空气相对湿度。一般说来,相对湿度增大,将加速商品的老化。

2. 高分子商品的老化防护

对于仓储中商品的老化防护,应采取的有效措施如下。

（1）包装完整。

（2）库房应清洁、干燥、凉爽,避免阳光直射,同库不能存放油类、潮解性、腐蚀性、含水量大的易燃商品等。

（3）控制库房温湿度。

（4）按时检查,发现商品有老化现象,要及时采取措施进行处理。

（5）贯彻先进先出、易坏先出的原则。

5.3.3 仓库物品防虫害

1. 虫害的种类、习性及危害

（1）仓库虫害包括老鼠、昆虫和鸟类等。

（2）虫害侵蚀食品所产生的危害:①直接的经济损失,包括货物直接损失、货物召回更换的成本、虫害防治成本、受虫害货物销毁成本等;②间接的经济损失,包括热气作用产生的发霉、传染细菌病原体、化学处理造成的化学污染等;③其他损失,对好产品的交叉感染,造成客户其他产品也有受损,客户对公司产品的信心受损以及市场声誉受损。

> **工作要点**
> 结合生活经验,进行虫害防治,生活中善于观察各种物品特性,不断积累经验。

2. 虫害的防治工具及防治办法

1) 虫害的防治工具

（1）老鼠的防治工具包括：捕鼠笼、老鼠夹、粘鼠板、驱鼠器、防鼠网等。

（2）昆虫的防治工具包括：昆虫诱捕器、诱捕灯、蟑螂屋、杀虫剂、诱杀药物等。

2) 虫害的防治办法

虫害的防治以预防为主,控制到虫害无法生存或找不到吸引虫害的要素状况,致使虫害没有生存或进入的条件。

（1）消除仓库内墙面、地面、货架等的裂口、缝隙及洞穴等,消除虫害筑巢的机会。

（2）加装防鼠网,防止老鼠进入仓库。

（3）对仓库的温度、湿度及光线进行控制,制造不利于虫害生存的环境和要素。

（4）面类、饼干类、休闲食品等产品存放在30℃以下的恒温仓库,并保持仓库的干燥。

（5）在仓库内放置诱捕及灭杀工具或药具。

3. 虫害防治的综合管理

（1）保持仓库的环境卫生。做好卫生保洁工作,做到卫生整洁、干燥、无杂物、无水渍、无霉斑、无鼠迹,货物堆放整齐,仓库内严禁存放有毒、有害物品。

（2）每天除对仓库进行卫生打扫外,对捕鼠工具、昆虫诱杀诱饵站、挡鼠板等进行检查,看是否有虫害尸体或害虫活动的痕迹,发现有虫害尸体或害虫活动的痕迹应立即进行处理,并进行登记。

(3) 如发现有商品破包,应立即进行清理;如发现有受潮、长虫现象,应进行全面的清查,将受潮、长虫的商品清理出库房,并对场地进行无害消杀,防止其他商品被感染。

(4) 仓库内的诱捕器械必须固定位置,并进行编号,制作仓库虫害防治示意图,对器械防治位置进行标识,并进行存档备查。

常见的虫害预防措施如表5-7所示。

表5-7 常见的虫害预防措施

感染途径	具体说明	预防措施
物品内潜伏	物品在入库前已有害虫潜伏其中。例如,农产品中均含有害虫或虫卵。在加工的过程中,如果没有对农产品进行彻底的杀虫处理,成品中就会出现害虫	做好物品入库前的检疫工作,确保入库物品不携带害虫及虫卵
包装内隐藏	如果包装物内藏有害虫,入库物品放入包装后,害虫便可能危害物品	对可重复利用的包装物进行定期消毒,以消灭其中隐藏的害虫
运输工具感染	如果运输工具装运过带有害虫的物品,害虫可能会潜伏在运输工具中,进而感染其他物品	定期消毒运输工具。运输时严格区分已感染物品与未感染物品
仓库内隐藏	害虫有可能潜藏在仓库建筑物的缝隙及仓库内的各种备用器具中,或者在仓库周围生存,并最终进入仓库	做好仓库内外的清洁工作,对仓库内的各种用具进行定期消毒,防止害虫滋生
邻垛之间相互感染	若某一货垛感染了害虫,害虫就有可能爬到邻近的货垛上	将已经感染了害虫的货垛及时隔离,并严密监控与其相邻的货垛

5.3.4 仓库金属制品的防锈蚀

1. 金属锈蚀的定义

金属商品由于与周围介质发生化学反应或电化学反应而受到损坏的现象叫作金属商品的锈蚀(或腐蚀)。金属商品在潮湿环境中容易生锈,铝制品使用一定时间后,表面会出现一层白色粉末;铜制品在潮湿的环境中,会逐渐出现一层绿色的铜锈。这些现象都是金属商品锈蚀的结果。金属商品发生锈蚀,会使其外观造型、色泽以及机械性能等方面受到破坏,降低商品的质量,严重者成为废品。如精度、灵敏度受损后将会严重影响商品的使用价值。

2. 金属锈蚀的条件

金属锈蚀的条件包括空气的湿度、空气的温度、空气中的氧的作用、空气中的有害气体与杂质。

除上述因素对储存的金属制品的锈蚀具有影响之外,还有一些其他因素,如包装材料,特别是与金属制品直接接触的包装材料对金属的锈蚀有一定的影响,有些包装纸的成分中含有相当量的氯离子和酸,有的还含有还原性硫。包装纸的毛细管的凝聚作用,还能降低金属制品锈蚀的临界相对湿度。此外,某些微生物对金属的锈蚀具有促进作用。在潮湿的条件下,铁细菌可以在钢铁上生长繁殖,并促进钢铁的锈蚀;少数霉菌,如思曲霉菌能促进铝的锈蚀。在湿热条件下,仪器仪表也常因微生物(主要是霉菌)的繁殖而引起严重的锈蚀。微生物对金属商品的锈蚀,主要是微生物新陈代谢产物的作用,以及沉淀物的影响所致。

3. 防锈蚀的方法

(1) 涂油漆(常用方法),或表面涂蜡。

(2) 涂油脂(一般半成品入库时采用,多用于时间不长的防腐)。

(3) 电镀(比如钢材镀锌、镀铬等)。

(4) 热镀锌(通俗讲就是将表面用碱、酸处理干净的钢材放在熔融的锌水中泡一会再拿出来)。

(5) 牺牲阳极法(这个与钢镀锌是同一个原理),具体方法:将还原性较强的金属作为保护极,与被保护金属相连构成原电池,还原性较强的金属将作为负极发生氧化反应而被消耗,被保护的金属作为正极就可以避免腐蚀。

(6) 通电(直流阴极)保护。

(7) 钝化法,用强氧化剂在某些合金表面形成一层致密的氧化膜,可以隔绝腐蚀性介质的侵蚀。

不同的金属物品的保管场所如表5-8所示。

表5-8 不同的金属物品的保管场所

物品类别	保管场所
价值较高的贵重金属、小型精密配件和五金制品	应存放在仓库中
小型薄壁管材,冷、热轧钢板,硅钢片和小型优质钢材等	应存放在仓库中,如果不具备条件,也可存放在料棚中。存放时采用下垫上苫的方式
镀锌铁板、马口铁、金属制品和小型钢丝绳等	最好存放在仓库中,也可存放在料棚中
大中型物品,如圆钢、方钢、六角钢、工字钢、槽钢、各种型号的钢轨	可以在露天场地以下垫上苫的方式存放
贵重、有特殊性能的金属及金属制品	存放在专门的仓库中。易燃物品不能裸露存放,且须远离火源。例如,高纯度的镁在空气中会自燃;硅铁受潮会分解出有毒气体,遇碱会产生氢气,有发生爆炸的危险。因此,仓库主管为这类物品选择保管场所时须多加注意

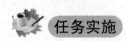

任务实施

1. 啤酒的保管养护

首先,啤酒入库验收时外包装要求完好无损,封口严密,商标清晰;啤酒的色泽清亮,不能有沉淀物;内瓶壁无附着物;抽样检查具有正常的酒花香气,无酸、霉等异味。

其次,鲜啤酒的适宜储存湿度为0~15℃,熟啤酒的适宜储存温度为5~25℃,高级啤酒的适宜储存温度为10~25℃,库房相对湿度要求在80%以下。

再次,瓶装酒堆码高度为5~7层,不同出厂日期的啤酒不能混合堆码,严禁倒置。

最后,严禁阳光曝晒,冬季还应采取相应的防冻措施。

2. 茶叶的保管养护

首先,茶叶必须储存在干燥、阴凉、通风良好,无日光照射,具备防潮、避光、隔热、防尘、防污染等防护措施的库房内,并要求进行密封。

其次,茶叶应专库储存,不得与其他物品混存,尤其严禁与药品、化妆品等有异味、有毒、有粉尘和含水量大的物品混存。库房周围也要求无异味。

最后,一般库房温度应保持在15℃以下,相对湿度不超过65%。

3. 油品的保管养护

根据易燃、易爆、化工危险品的本身物理、化学性能及其所需的不同保管条件,区别对待,分别储存。油品对储存仓库(或容器)的结构、面积(容积)、设施和地点都有特殊的要求,对其保管条件、环境、人员和防护措施都要有具体规定。在装卸运输时,必须穿戴好劳保用品,使用专用的包装和容器具,避免遇水、受潮、阳光曝晒、撞击、振动及倾倒,注意轻装轻卸,隔绝热源、火源和氧化剂等。失火时,要根据不同物资的特点,使用专用消防器材灭火,灭火人员需戴防毒面具。

4. 食品、农产品的保管养护

在德国,食品、农产品的保鲜非常讲究科学性和合理性。无论是肉类、鱼类,还是蔬菜、水果,从产地或加工厂到销售点,只要进入流通领域,这些食品就始终在一个符合产品保质要求的冷藏链的通道中运行。而且这些保鲜通道都是由计算机控制的全自动设备,如冷藏保鲜库全部采用风冷式,风机在计算机的控制下调节库温,使叶类菜在这种冷藏环境中能存放2~5天。对香蕉产品,则有一整套完全自动化的后熟系统。香蕉从非洲通过船舶和铁路运到批发市场时是半熟的,批发市场则要根据客户、零售商的订货需要进行后熟处理。在这套温控后熟设备中,除了温度控制外,还可使用气体催熟剂,使后熟控制在3~7天,具体时间完全掌握在批发商的手中。在瓜果蔬菜方面,只要是块类不易压坏的均用小网袋包装,对易损坏产品则用透气性良好的硬纸箱包装。叶类菜一般平行堆放在箱内,少量的产品则采用盒装,且包装物都具有良好的透气性。对肉类则通过冷冻、真空和充气等包装形式保鲜。在肉类制品加工上,原料肉每500kg装一个大冷藏真空包装袋后再装入塑料周转箱内,到了超市或零售店后则改用切片真空包装或充气包装。

任务 5.4 仓库 6S 管理

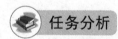

"安全始于整理整顿,终于整理整顿。""整理"与"整顿"开启了精益管理的大门,经过半个多世纪的发展,精益管理也从5S走到了6S,并在全球范围内受到广泛认可。6S管理之于企业管理的重要性不言而喻,在仓库管理中的效用也同样值得重视。

5.4.1 仓库 6S 管理的含义

仓库的5S管理是指整理(seiri)、整顿(seiton)、清扫(seiso)、清洁(seiketsu)、素养(shitsuke)。5S是这5个日文单词的罗马拼音的第一个字母S的组合。开展以整理、整顿、清扫、清洁和素养为内容的活动,简称为 5S 活动。

5S 活动起源于日本,并在企业中广泛推行。5S 活动的对象是现场的"环境"。它对现场环境全局进行综合考虑,并制订切实可行的计划与措施,从而达到规范化管理。5S 活动的核心和前提是素养。如果没有职工素质的相应提高,5S 活动就难以开展和坚持下去。

6S 管理的发展

6S 管理是一种管理模式,是 5S 活动的升级,6S 即整理(seiri)、整顿(seiton)、清扫(seiso)、清洁(seiketsu)、安全(security)、素养(shitsuke),6S 管理和 5S 管理一样兴起于日本。其含义解释如下。

整理——将工作场所的任何物品区分为有必要的和没有必要的,除了有必要的留下来,其他的都消除掉。目的:腾出空间,空间活用,防止误用,塑造清爽的工作场所。

整顿——把留下来的必须用的物品依规定位置摆放,并放置整齐加以标识。目的:工作场所一目了然,消除寻找物品的时间,整整齐齐的工作环境,消除过多的积压物品。

清扫——将工作场所内看得见与看不见的地方清扫干净,保持工作场所干净、亮丽。目的:稳定品质,减少工业伤害。

清洁——将整理、整顿、清扫进行到底,并且制度化,经常保持环境处在美观的状态。目的:创造明朗现场,维持上面 3S 成果。

安全——重视成员安全教育,每时每刻都持有安全第一的观念,防患于未然。目的:建立起安全生产环境,所有的工作应建立在安全的前提下。

素养——每位成员养成良好的习惯,并遵守规则做事,培养积极主动的精神(也称习惯性)。目的:培养具有良好习惯、遵守规则的员工,营造团队精神。

> **知识链接**
>
> 用以下的简短语句来描述 6S,也能方便记忆。
> 整理:要与不要,一留一弃。
> 整顿:科学布局,取用快捷。
> 清扫:清除垃圾,美化环境。
> 清洁:清洁环境,贯彻到底。
> 安全:安全操作,以人为本。
> 素养:形成制度,养成习惯。

5.4.2 仓库 6S 管理的实施

1. 整理

整理的核心内容是区分必要物和不要物,并对不要物及时进行处理。整理的具体内容如图 5-17 所示。

1) 6S 整理的主要步骤

(1) 工作场所(范围)全面检查,包括看得到的和看不到的。

(2) 制定"要"和"不要"的判别基准。

> **工作要点**
>
> 培养分类管理意识,差异化管理,避免无用的事物占用过多的时间和精力。

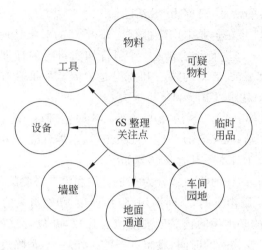

图 5-17 整理的具体内容

(3)"不要"的物品要清除。

(4)调查"要"的物品的使用频率,决定日常用量。

(5)每日自我检查。

2)6S 整理的核心

6S 整理的核心是正确区分和处理"要"和"不要"。

(1)"要"的物品。"要"的物品是必需品,是指经常使用的物品,如果没有它,就必须购入替代品,否则会影响正常工作。如必要的物料、设备、作业工具等。

(2)"不要"的物品。"不要"的物品是非必需品,可分为两种:一种是使用周期较长的物品,如 1 个月、3 个月甚至半年才使用一次的物品,如设备的润滑油等;另一种是对生产无作用的,需要报废的物品,如报废的工具、水杯或过期的物料等。

(3)处理方法。"要"的物品(必需品)和"不要"的物品(非必需品)的区分与处理方法如表 5-9 所示。

表 5-9 必需品与非必需品的区分与处理方法

类别	使用频率		处理方法	备注
必需品	每小时		放工作台上或随身携带	定期检查
	每天		现场存放(工作台附近)	定期检查
	每周		现场存放	定期检查
非必需品	每月		仓库储存	定期检查
	3 个月		仓库储存	定期检查
	半年		仓库储存	定期检查
	1 年		仓库储存(封存)	定期检查
	2 年		仓库储存(封存)	定期检查
	未定	仓库储存	仓库储存	定期检查
		不需要使用	变卖或废弃	定期检查
		不能用	变卖或废弃	定期检查

2. 整顿

整顿的内涵是将"要"的东西依规定定位、定量摆放整齐,明确标识。

通过 6S 整顿,企业要实现的就是任何人马上就能拿到"要"的东西。

对此,企业可以从寻找开始,对企业现状进行检验,如图 5-18 所示。

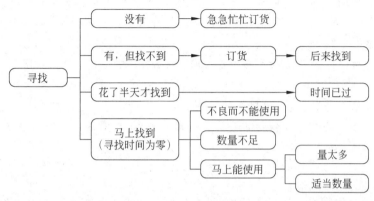

图 5-18 寻找与整顿

1) 整顿的步骤

整顿的核心内容是通过定置管理等方式,确保企业成员可以马上找到所需数量的物品,且马上就能使用。整顿的推行必须遵循一定的流程。整体说来,整顿的 6 个步骤缺一不可。

(1) 前一步骤整理的工作要落实。

(2) 需要的物品明确放置场所。

(3) 摆放整齐、有条不紊。

(4) 地板画线定位。

(5) 场所、物品标识。

(6) 制定废弃物处理办法。

需要注意的是,整顿必须在整理的基础上进行,如果整理工作没有结束,对"不要"的物品进行整顿就是人力的浪费。

2) 整顿的对象

整顿的对象是所有物品,在实施过程中,企业要区分轻重缓急,对重点对象优先整顿。

(1) 寻找起来费时费力的物品。整顿就是为了能立即取出所需物品。现在要花很多时间去寻找的物品,通过整顿就会明显减少所花的时间,所以要优先对其进行整顿。

(2) 在品质方面有待加强的物品。有些物品虽然不需要花太多时间寻找,但稍不注意就会拿错。在生产过程中发现问题倒也无妨,但如果产品流到客户手中就会出现质量投诉,影响公司的信誉。发生事故的话将带来重大的社会影响,危及公司的生存。

(3) 存在安全隐患的物品。超重、超长、锋利的物品在安全上存在隐患,必须优先进行整顿。

知识链接

整顿的原则及要素如下。

1)"三定"原则

(1) 定位。即材料、成品等以分区、分架、分层来定位。

(2) 定容。即选定容器及颜色。各种物品、材料的规格不一,要用不同的容器来装载,如工装架;采用统一的颜色进行区分、画线、标识很重要,否则会造成混乱。

(3) 定量。即明确在每一定置区存放物品的数量。很多人认为有定置区和定置线就完事了,这是不对的。原则是在能满足需求和考虑经济成本的前提下;物品数量越少越好。

2)"三要素"

(1) 放置场所。即物品的放置场所要100%符合"三定"原则,生产线附近只能放真正需要的物品。

(2) 放置方法。易取,不超出规定的范围。

(3) 标识方法。放置场所和物品要符合一对一原则,设置区域标识和状态标识等,在标识方法上多下功夫(如易更换)。

3. 清扫

清扫就是使工作现场保持没有垃圾、没有污脏的状态。虽然已经整理、整顿过,"要"的东西马上就能取到,但是被取出的东西要处于能被正常使用的状态才行。达成这样的状态就是清扫的第一目的,尤其在目前强调高品质、高附加价值产品的制造的情况下,更不容许有垃圾或灰尘污染产品。

清扫的重点是自觉保持工作场所干净、整洁,并防止污染的发生。

1)6S清扫的步骤

即使没有推行6S管理的企业,在现场管理中,也都会进行一般意义上的清扫工作。首先是准备工作,如安全教育、设备基本常识、了解机器设备;然后是工作岗位扫除垃圾、灰尘,作业人员动手清扫、清除死角灰尘、污垢;最后清扫点检机器设备,包括设备及附属、辅助设备,跑、冒、滴、漏等重点部位,边清扫、边改善、边保养。

即使是在一般清扫层面,很多企业仍然无法做到极致。尤其是在一些企业中,清扫大多由专门的清扫人员处理,作业人员甚至不会自己动手,而清扫人员也无法真正发现现场存在的问题。

因此,企业在进行6S清扫工作时,首先要完成一般的清扫工作,由作业人员动手清扫。在这个基础上,企业才能借助6S清扫,发现问题并及时处理问题,维护设备并提高性能、减少工业伤害。6S清扫步骤如图5-19所示。

2) 清扫仓库

仓库的6S清扫一般包含以下三方面的内容。

(1) 材料不应脏污、附有灰尘。

(2) 墙壁、天花板应保持干净,地面应保持无灰尘、纸屑、水渍。

(3) 计算机、电话、电风扇、灯管、物料等表面应无灰尘。

4. 清洁

简单而言,清洁就是将前面3S的实施制度化、规范化,从而维持3S管理的实施效果,并通过持续优化达到更好的效果。

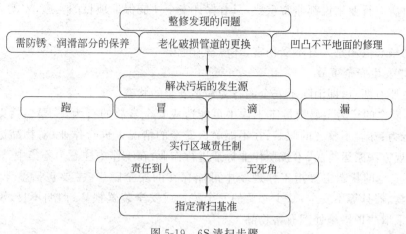

图 5-19　6S 清扫步骤

1) 6S 清洁的推行步骤

6S 清洁的推行步骤有：①培训、教育；②现场调查，记录；③迅速撤走非必需品；④摆放必需品；⑤规定摆放方法；⑥标识；⑦说明放置、识别方法；⑧清扫并定责；⑨定期评比。

2) 清洁仓库的要点

（1）制定"清洁"手册。整理、整顿、清扫的最终结果是形成清洁的作业环境。要做到这一点，动员全体员工参加整理、整顿是非常重要的，所有人都要清楚应该干些什么，在此基础上，将大家都认可的各项应做的工作和应保持的状态汇集成文，形成专门的手册，从而达到确认的目的。

（2）明确"清洁"状态。所谓清洁的状态，它包含 3 个要素，即干净、高效、安全。在开始时，要对"清洁的状态"进行检查，制定详细的检查表，以明确"清洁的状态"。

（3）定期检查。比保持清洁更重要的是保持场地高效率作业。为此，不仅要在日常的工作中进行检查，还要定期进行检查。虽然检查对象和检查表中的检查对象相同，但是检查内容不仅包括"清洁度"，还包括"高效的程度"。效率是定期检查的要点，同样需要制定检查表。

检查时，要求现场的图表和指示牌设置位置合适，提示的内容合适，安置的位置和方法有利于现场高效率运作，现场的物品数量合适，没有不需要的物品。

维持前 3S（整理、整顿、清扫）的成果，为标准化、制度化、规范化奠定基础，并在此基础上，通过持续改善环境，使精益6S 管理活动成为惯例和制度，形成积极向上的企业文化。

> **工作要点**
>
> 安全无小事，只有防微杜渐，才能防患于未然。

5. 安全

安全也是生产力，安全第一，预防为主，培养员工的安全意识。强化对各种不安全的人为因素、物为因素的预知、预防，并彻底消除各种不安全因素，创造一个安全、健康、舒适的工作环境，增加客户对企业的信心。

6S 安全是指消除各种隐患，排除各种险情，预防各种事故的发生，保障员工的人身安全，保证安全生产，减少意外事故造成的财产损失。

安全对所有行业来说都非常重要,只有保证安全才能保证项目的实施,才能为企业创造效益。

安全的核心内涵是人身不受伤害,环境没有危险。

1) 防止发生安全事故

重点主要有两点,即消除不安全的行为和不安全的状态。

(1) 不安全的行为主要指员工工作中可能造成安全事故的行为,主要包括无视安全规则的作业行为;穿着不整齐的服装;在不能确认安全的情况下进行作业;对物品进行粗暴处理,使用违规方法搬运物品;不按照作业标准进行作业;在工作中注意力不集中、嬉戏等。

(2) 不安全的状态主要指工作现场中可能存在的安全隐患,主要包括整理、整顿不规范;清洁工具、器具等不安全;缺少必要的安全装置或安全装置损坏;照明不良,没有栏杆或扶手;没有采取防护措施处理有害物品。

2) 做好事前控制

在对待安全问题时,企业始终要明确:事后控制不如事中控制,事中控制不如事前控制。

很多企业直到安全事故发生时,才寻求弥补措施,但此时,安全事故已经对企业造成重大的损失,再完善的事后控制也只能控制损失,而不能挽回损失。

在各行各业的现场管理中,安全防范措施各有不同。无论如何,企业要认识到,安全生产是企业现场管理的基本要求。企业必须始终坚持事前控制、预防为主,并建立、健全安全生产保障体系,对劳动纪律、工艺纪律、环境清洁等问题制定明确的规范。

知识链接

仓库消防安全"十不准"

(1) 不准在仓库内吸烟,擅自进行明火作业。
(2) 不准占用疏散通道。
(3) 不准在安全出口或疏散通道上安装栅栏等影响疏散的障碍物。
(4) 不准在生产工作期间将安全出口大门上锁或关闭。
(5) 不准随便动用消防器材。
(6) 非机修人员不准擅自拆装机器设备。
(7) 不准无证上岗操作危险机台。
(8) 故障设备未修好前,不准使用。
(9) 上班时间不准怠工、滋事、打架或擅离职守。
(10) 不准赤膊赤脚进仓库,不准带小孩进仓库。

6. 素养

开展素养活动的本意是让部门内人人依规定行事,养成好习惯。

素养是对自身的高要求。在实施过程中,只有通过持续不断的教育,才能真正引导员工养成良好习惯。

> **工作要点**
> 良好习惯的养成至关重要,是工作落实的关键。

开展素养活动的目的是提升"人的品质",培养对任何工作都认真、负责的人。

前5S是基本活动,也是手段,其能使员工在无形中养成一种保持整洁的习惯。要推行素养活动,也必然需要经历"制度化—行动化—习惯化"的过程。

素养不仅是6S管理的"最终结果",也是企业经营者和各级主管期望的"最终目的"。如果企业的每一位员工都有良好的习惯,并且都能遵守规章制度,那么工作要求的贯彻、现场工艺纪律的执行、各项管理工作的推进,都将很容易被落实,并取得成效。

需要强调的是,很多企业的早会制度普遍受到员工诟病,如形式主义、"打鸡血"等。其实,早会制度的有效实施,能够帮助全员集中精神、转换心境,并迅速进入工作状态;早会也是传达上级精神的重要方式,有助于进行工作动员、改善内部关系。

因此,企业应当充分利用早会时间,发挥早会制度应有的作用。

知识链接

5S 管理的拓展:10S 管理

10S管理是5S管理的深入拓展和升华。5S通过培养个体的自觉意识来促进环境的美化。而10S不仅包含了5S的全部内容,而且通过增加5个S,使5S管理的核心思想得到了升华。10S既讲究个体素养的培养和提高,又强调相互间的团结协作,促进组织方方面面的满意。

安全(safety)

安全是指清除隐患,排除险情,预防事故的发生。其目的是保障员工的人身安全,保证生产能连续、安全、正常地进行,同时减少因安全事故而带来的经济损失。

节约(save)

节约是指合理利用时间、空间、能源等,以发挥它们的最大效能,从而创造一个高效率的、物尽其用的工作场所。实施节约管理时应该秉持三个观念:能用的东西尽可能利用;以自己就是主人的心态对待企业的资源;切勿随意丢弃,丢弃前要思考其剩余使用价值。

服务(service)

服务是指要经常站在客户(外部客户、内部客户)的立场思考问题,并努力满足客户的要求。企业必须将服务意识作为对其员工的基本素质要求来加以重视,每一个员工都必须树立起自己的服务意识。

满意度(satisfaction)

满意度是指客户(外部客户、内部客户)接受有形产品和无形服务后感到需求得到满足的状态。

速度(speed)

速度是指工作要迅速才能提高效率,以最少的时间与费用换取最大的效能,反应敏捷,接到任务后不超过1小时做出反应,提前或按时完成任务。

10S管理系统强调人的因素、人的意识,同时又体现了诸如ISO 9000、ISO 14001等管理体系要求中强调的"规范化"或"文件化"的因素。环境的改变使员工的心情和观念也随之变化,反过来推进高标准的环境建设,这种良性循环会极大地促进10S活动向纵深发展,使管理效率明显提高,市场竞争力进一步增强,同时也培养所有员工的节约、服务意识,形成良好的习惯和团队精神。

为创造一个干净、整洁、舒适、文明的工作场所,营造良好的办公环境,提升管理水平和公司形象,促进公司发展,需要进行现场管理活动。如果你是办公室负责人,需要制定办公室现场管理制度,进行有效的现场管理,你会从哪些方面着手,制定怎样的管理制度?如何来落实你的制度?

步骤1:制定公司 6S 管理制度,从整理(seiri)、整顿(seiton)、清扫(seiso)、清洁(seiketsu)、安全(security)、素养(shitsuke)六方面进行现场管理。

以××公司为例。

××公司 6S 管理规定

一、总则

为了创造一个干净、整洁、舒适、文明的工作场所,营造良好的办公环境,提升管理水平和公司形象,促进公司发展,特制定本规定。

二、6S 管理的含义

6S 管理是指以整理(seiri)、整顿(seiton)、清扫(seiso)、清洁(seiketsu)、安全(security)和素养(shitsuke)为主要内容的现场管理活动。该项管理发端于日本,发展于欧美,流行于全球。

三、适用范围

本规定适用于公司各部门、子公司和全体员工在办公场所的现场管理。各项目工地的现场管理,由各项目经理部参照本规定制定相应的措施加以改善和提升。

四、规定要求

(一)及时整理

(1)每月对文件(包括电子文档)及时进行盘点,把文件按照"必要(有效)"和"不要(过期无效)"加以分类,不要的予以清理,必要的整理好后归档保存。

(2)对所辖办公区域的设备、物品、空间做经常性盘点,并区分其"要"和"不要"。分类如下:①办公设备,计算机、打印机、文具、书籍、资料等。②空间,柜架、桌椅等。③物品,个人用品、办公用品、装饰品。

(3)"不要"物品经各部门负责人判定后,集中指定存放或报废。

必要品的使用频率和常用程度基准表如表 5-10 所示。

表 5-10 必要品的使用频率和常用程度基准表

常用程度	使用频率	处理方法
低	过去一年或半年都没有使用过的物品	集中存放
中	过去半年中只使用过一次的物品	集中存放
中	一个月使用一次的物品	集中存放
高	每周或每天都使用的物品	保存在办公桌或随身携带

（二）及时整顿

（1）办公桌：办公用品一般的常用品，如笔、订书机、便条纸、橡皮、计算器等，可以集中放在办公桌的一定区域内；电源线、网线、电话线有序放置；人离开1小时以上应将桌面收拾干净。

（2）桌洞下不得堆积杂物。

（3）外衣手袋、雨具等，严禁随意放在办公桌椅上。

（4）饮水机放在指定地点，不得随意移动。

（5）文件、资料管理整顿：①将文件按照待处理、处理中和已处理分类放置；②硬盘里的电子文档、资料分类必须条理清晰，电子文件需要永久、长期保存的，应形成纸质和办公软件等双套介质材料归档保存。

（三）及时清扫

（1）个人区域：桌面干净整洁、桌洞内无垃圾、无杂物遗落，每天上下班后5分钟前后清扫。

（2）办公设备：主机和重点部位的正面、背面、送风口无污垢，做到每周一次。

（3）超过保管年限的文件、表单及时归档集中管理，计算机、办公室、桌面无破旧的卡片、册子、档案、报纸等无用的手稿，以及与工作无关的文件。

（4）公共卫生区域（包括洗手间）的保洁，主要由保洁员负责随时清扫、清洗，务求干净、整洁、清新。

（四）及时清洁

（1）彻底落实前面的整理、整顿、清扫工作。

（2）办公室、部门负责人经常巡视检查。

（3）保持6S意识，保持新鲜和充满活力的工作氛围。

（五）安全

（1）制订安全作业书。

（2）消防器材配置齐全，方便取用。

（3）物品放置安排合理，电器设备配备安全。

（4）设置安全通道，保持通道顺畅，无物品堆放。

（六）训练良好素养

（1）自觉：每一位员工都能自觉遵守公司的日常管理规定及相关制度。

（2）素养巡查：办公室要对各部门、子公司办公场所进行不定期巡查和抽查，并做好记录；每季度末由办公室组织开展一次对整个公司办公场所6S执行情况的检查、评比活动，评比结果在全公司通报。

五、违规处理

（1）凡被发现有违反上述整理、整顿、清扫管理规范的，一次者扣除本人和其所在部门当月绩效分各2分。

（2）凡被发现在公司办公楼区内（包括洗手间）有严重不文明卫生行为一次者，除对其罚款500元外，还将通报批评，直至劝退或辞退。

（3）凡在公司办公室组织的巡查、抽查和检查评比活动中未能达到合格（即得分在60分以下）的部门，扣其部门当月绩效分5分。

六、附则

（1）本规定由公司办公室负责制定、解释、修订和监管执行。

(2) 具体的监管和检查评比细则由办公室负责制定。

(3) 本规定经公司董事长/总经理办公会研究通过后颁布试行。

××公司
2021年3月1日

步骤2： 落实公司管理制度，制定6S检查表，如表5-11所示，严格落实检查工作。

表5-11 6S检查表

项次	检查内容	配分	得分	缺点事项
整理	是否定期实施红牌作战（清理不要品）	3		
	有无不用或不急用的夹具、工具、模具	3		
	有无剩余料或近期不用的物品	3		
	是否有"不必要的隔间"影响现场视野	3		
	作业场所是否规划清楚	3		
	小　计	15		
整顿	仓库、储物室的摆放是否有规定	3		
	料架是否定位化，物品是否依规定放置	4		
	工具是否易于取用，不用找寻	4		
	工具是否用颜色区分	3		
	材料有无放置区域，并加以管理	4		
	废品或不良品放置有无规定，并加以管理	4		
	小　计	22		
清扫	作业场所是否杂乱	3		
	作业台上是否杂乱及乱摆乱放	3		
	各区域划分线是否明确	3		
	作业区域下班前有无清扫	3		
	小　计	12		
清洁	3S是否规则化	3		
	机器设备有无定期检查	3		
	是否对设备物料通道进行打扫	3		
	工作场所有无放置私人物品	3		
	吸烟场所有无规定，并被遵守	3		
	小　计	15		
安全	所有的机器设备有无制订安全作业书	3		
	所有的电源开关是否安全	3		
	易燃易爆是否定点放置	4		
	消防器材取用是否方便	4		
	车间里的主、次通道是否畅通	3		
	所有的产品、物料在堆放时是否安全	3		
	小　计	20		

续表

项次	检查内容	配分	得分	缺点事项
素养	有无培训日程管理表	4		
	需要用的护具有无使用	4		
	有无遵照标准作业	4		
	有无异常发生时的应对规定	4		
	小　计	16		
合计		100		

步骤 3：检查打分并记录问题点，按照管理制度进行相应整改及绩效评分，着重对问题点进行复查，保证问题得到解决。

任务 5.5　仓库盘点作业

货物因频繁地进出库作业，或因存放时间过久、储存措施不当，可能导致货物变质或丢失。经过长期的累积，实际库存货物的数量、质量、重量容易与账面记录产生不符的现象。为了有效控制货物数量，确保货物安全完好，挖掘作业潜力，提高仓库利用率，确保库存记录的真实性，了解货物储存制度的执行情况，真实把握经营绩效，尽早采取防漏措施，而对储存场所清点库存数量，完成盘点作业。

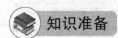

5.5.1　盘点作业

1. 盘点的含义

盘点是指将仓库内储存的货物实际数与财务账簿数目（金额）进行核对，通过核对货物账、卡、货是否相符，以检查库存货物数量损益和库存货物结构合理性的一项仓储管理工作。

2. 盘点的内容

（1）货物数量检查。货物数量检查即通过点数计数查明货物在库的实际数量，核对账面库存与实际库存数量是否一致。

（2）货物质量检查。货物质量检查即检查在库货物的质量有无变化，有无超过有效期和保质期，有无长期积压等现象，必要时还必须对货物进行技术检验。

（3）保管条件检查。保管条件检查即检查保管条件是否符合货物保管要求，如堆码是否合理稳固，库内温湿度是否符合要求，各类计量器是否准确等。

（4）库存安全状况检查。库存安全状况检查即检查各种安全措施和消防器材是否符合安全要求，仓储设施和设备是否处于安全运行的状态。

3. 盘点的方法

就像账面库存与现货库存一样,盘点也分为账面盘点和现货盘点。

账面盘点又称永续盘点,就是把每天入库及出库货物的数量及单价,记录在计算机或账簿上,而后不断累计加总,算出账面上的库存量及库存金额。现货盘点又称实地盘点或实盘,就是实际去清点调查仓库内的库存数,再依货物单价计算出实际库存金额的方法。国内多数配送中心都已使用计算机来处理库存账务,当账面数与实存数发生差异时,有时很难断定是账面数有误还是实盘数有误。所以,可以采取"账面盘点"和"现货盘点"平行的方法,以查清误差出现的实际原因。

(1) 账面盘点法。账面盘点法就是将每一种物品分别设立"存货账卡",然后将每一种物品的出入库数量及有关信息记录在账面上,逐笔汇总出账面库存结余数,这样随时可以从电脑或账册上查悉物品的出入库信息及库存结余量。

(2) 现货盘点法。现货盘点法按盘点时间频率的不同又可分为"期末盘点"和"循环盘点"。期末盘点是指在会计计算期末统一清点所有物品数量的方法。循环盘点是指每天、每周清点一小部分物品,一个循环周期将每种物品至少清点一次的方法。其差异比较如表 5-12 所示。

表 5-12　期末盘点与循环盘点的差异比较

比较内容	期末盘点	循环盘点
时间	期末、每年仅数次	日常、每天或每周一次
所需时间	长	短
所需人员	全体动员(或临时雇用)	专门人员
盘点差错情况	多且发现很晚	少且发现很早
对营运的影响	须停止作业数天	无
对货物的管理	平等	A 类重要货物:仔细管理 C 类不重要货物:稍微管理
盘点差错原因追究	不易	容易

4. 盘点的工具

盘点机又称条码数据采集器,具有一体性、机动性、体积小、重量轻、高性能,适合手持等特点。它是将条码扫描装置与数据终端一体化,带有电池,可离线操作的终端电脑设备,具备实时采集、自动储存、即时显示、即时反馈、自动处理、自动传输功能,为现场数据的真实性、有效性、实时性、可用性提供了保证。

盘点机盘点是指利用数据采集器设备,把需要盘点的货物信息导入采集器中,然后利用盘点机扫描货物条码,显示相应的信息,盘点人员根据实际数量录入采集,最后导入系统管理软件比对,生成盘盈盘亏单。

常用的盘点机有以下两种。

(1) 条码盘点机。条码盘点机(图 5-20)主要是通过扫描条码来进行货物的盘点,常用的是一维条码+Wi-Fi(行动热点)的配置。

(2) RFID 盘点机。RFID 盘点机是通过 RFID 标签读取来进行货物的盘点。RFID 盘点机具有工业级手持设备标志性的耐用设计和优异性能,配备了先进的高效能 RFID 读取器引擎,可实现更快的读取速度和更大的吞吐量。利用 RFID 盘点机进行盘点比利用条码盘点机进行盘点有极大的优势。条码盘点机需要在近距离且没有物体阻挡的情况下才可以扫描条码,且一次只能读取一个条码。而 RFID 盘点机一次可以读取多个 RFID 标签,且可以穿透识别、识别距离远、盘点效率高,因此传统的手工盘点已逐渐被取代。在零售商店、医疗机构和办公室等各种面向客户的环境中,RFID 盘点机(图 5-21)都能应付自如,常用的是超高频盘点机。

图 5-20　条码盘点机

图 5-21　RFID 盘点机

5.5.2　盘点作业步骤

不同的企业仓库物品盘点步骤略有不同,主要可分为三个阶段:盘点前的准备、盘点实施和盘点后的管理阶段,可以按以下步骤进行。

1. 盘点前的准备工作

事先对可能出现的问题和盘点中易出现的差错进行周密的研究与准备是相当重要的。

(1) 确定盘点时间。每一次盘点都要耗费大量的人力、物力和财力。因此,应根据实际情况确定盘点的时间,如可按 ABC 分类法将货物科学地分为 A、B、C 不同的等级,分别确定相应的盘点周期,重要的 A 类货物,每天或每周盘点一次,一般的 B 类货物每两周或三周盘点一次,C 类货物可以一个月甚至更长的时间盘点一次。

(2) 确定盘点方法。因盘点场合、要求的不同,盘点的方法也有差异。为适应不同的盘点场合和要求,盘点的方法必须明确,这样盘点时不致混淆。盘点方法一般有两种,即动态盘点法和循环盘点法。动态盘点法有利于及时发现差错和及时处理。采用循环盘点法时日常业务照常进行,按照顺序每天盘点一部分。

(3) 确定并培训盘点人员。盘点前一日最好对盘点人员进行必要的指导,如讲清盘点要求、盘点常犯错误及异常情况的处理办法等。盘点、复盘人员必须经过训练。盘点人员按职责分为填表人、盘点人、核对人和抽查人。

(4) 清理储存场所。清理工作主要包括对尚未办理入库手续的货物,应予以标明不在盘点之列;对已办理出库手续的

> **工作要点**
> 工作一定要仔细认真,盘点错误可能导致重新盘点。

货物,要提前通知有关部门,运到相应的配送区域;账卡、单据、资料均应整理后统一结清;整理货物堆垛、货架等,使其整齐有序,以便于清点计数;检查计量器具,使其误差符合规定要求。

2. 盘点实施

由于盘点工作涉及大量的数字,如果因一时大意看错数字,在核对时就会出现差异导致重新盘点。在盘点过程中,还要注意自然原因导致某些货物挥发、吸湿而重量有增有减的情况。

仓库盘点作业的关键是点数,由于手工点数工作强度极大、差错率较高,通常可借助条码、二维码等技术进行盘点,以提高盘点的速度和精确性。盘点实施可细分为以下七个步骤。

(1) 进行分工。
(2) 清点货物数量。
(3) 填写盘点记录表(表 5-13)。

表 5-13 盘点记录表

盘点日期:								页数:	
序号	货物编号	品名	规格	单位	初盘数量	复盘数量	确认数量	备注	
初盘员签名				复盘员签名					

(4) 复盘。初盘人员清点完货物并填写盘点记录表后,复盘人员要进行检查,并据实填写复盘信息。
(5) 统计盘点结果。
(6) 填写盘点盈亏表(表 5-14)。

表 5-14 盘点盈亏表

日期:										
序号	货物编号	品名	规格	单位	实盘数量	账目数量	差异数量	单价	差异金额	差异原因
主要事项说明:										
制表					审核					

(7) 填写库存变动明细表(表 5-15)。

表 5-15 库存变动明细表

序号	货物编号	品名	规格	单位	原有库存量	现有库存量	差异数量	备注

3. 盘点后的管理

1) 差异原因调查

当盘点结束后,发现所得数据与账簿资料不符时,应调查差异的原因,调查着手的方向如下。

> **工作要点**
> 差异及时处理,否则各种问题不断累积,导致难以控制。

(1) 是否因记账员的问题导致物品数目无法表达。

(2) 是否因料账处理制度的缺陷导致物品数目无法表达。

(3) 是否因盘点制度的缺陷导致货账不符。

(4) 盘点所得的数据与账簿的资料的差异是否在容许误差内。

(5) 盘点人员是否尽到职责,产生盈亏时应由谁负责。

(6) 是否存在漏盘、重盘、错盘等情况。

(7) 盘点的差异是否可事先预防,是否可以降低料、账差异的程度。

2) 盘点结果的处理

商品盘点差异原因追查清楚后,应针对主要原因进行调整与处理,制定解决办法。

(1) 依据管理绩效,对分管人员进行奖惩。

(2) 对废次品、不良品减价的部分,应视为盘亏。

(3) 存货周转率低,占用金额过大的库存商品宜设法降低库存量。

(4) 盘点工作完成后,所发生的差错、呆滞、变质、盈亏和损耗等结果,应予以迅速处理,以防止再次发生。

(5) 呆滞品比例过大,应研究对策,以降低呆滞品的数量。

商品除盘点时产生数量的盈亏外,有些商品在价格上会产生增减,这些差异经主管审核后,必须利用商品盘点盈亏及价格增减更正修改。

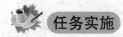

任务实施

步骤1:盘点准备。

(1) 确定盘点方法。鉴于对 7 号库电子货物库盘点的任务,决定进行全面盘点,即对 7 号库电子货物库所有货物进行全面盘点。

(2) 确定盘点时间。鉴于对 7 号库电子货物库盘点的任务,盘点具体时间安排在 2020 年 12 月 5 日上午 8:30。

(3) 培训盘点人员。小马(盘点组长)带 2 名库存管理人员作为盘点人员,即小李和复盘人员小王。

提前 1 至 2 天确定盘点人员,对盘点人员培训的主要内容:①点数,首先掌握对纵横交错式或重叠式等垛型的点数方法;②核对货物数量,即检查货卡与实物是否相符;③注意检查货物质量、包装等。

(4) 明确盘点对象。对 8:30 以后到库的货物暂停验收,待处理的货物应先从库存货物中扣除。

(5) 清理仓库。将仓库内的货物摆放整齐,以便于计数;库存账、货物保管卡等整理就绪,未登账、销账的单据均应处理完毕。

（6）准备盘点工具。鉴于7号电子货物库盘点的任务，首先须准备计算器、签字笔等基本工具，然后准备盘点记录表和盘点盈亏表等单据。

步骤2：账面及实物盘点。

（1）下达盘点任务。在仓储管理信息系统中单击"仓储管理"→"盘点管理"→"盘点任务"，单击"新增"按钮新增一个盘点任务（图5-22）。

图5-22　新增盘点任务

在"基本信息"菜单界面下，"库房"字段选择"7号库"，在"盘点类型"字段选择"月盘"，"盘点负责人"选择"小马"，单击"提交"按钮，生成本次盘点任务，并选中该任务，单击"提交处理"按钮（图5-23和图5-24）。

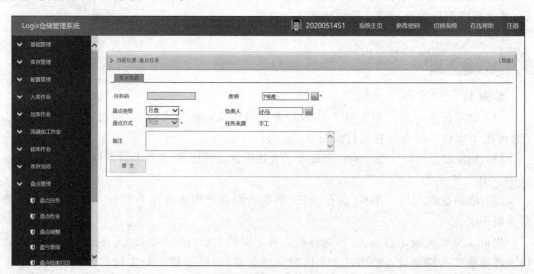

图5-23　提交盘点任务

（2）冻结盘点货物。为在盘点过程中确保盘点数据的准确性，必须先将盘点的货物进行冻结，信息员进入"仓储管理信息系统"→"仓储管理"→"库存冻结"→"库存冻结"，单击"新增"按钮（图5-25）。

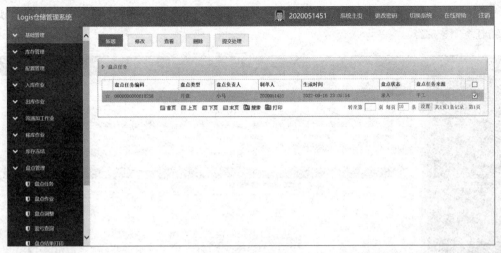

图 5-24 提交处理任务

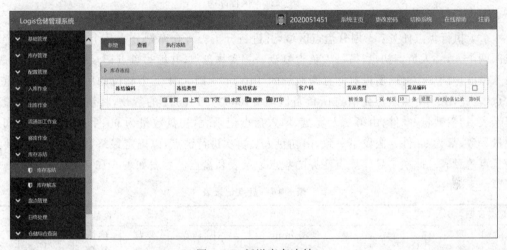

图 5-25 新增库存冻结

新增货物冻结任务建立,填写完整的信息后单击"提交"按钮(图 5-26)。

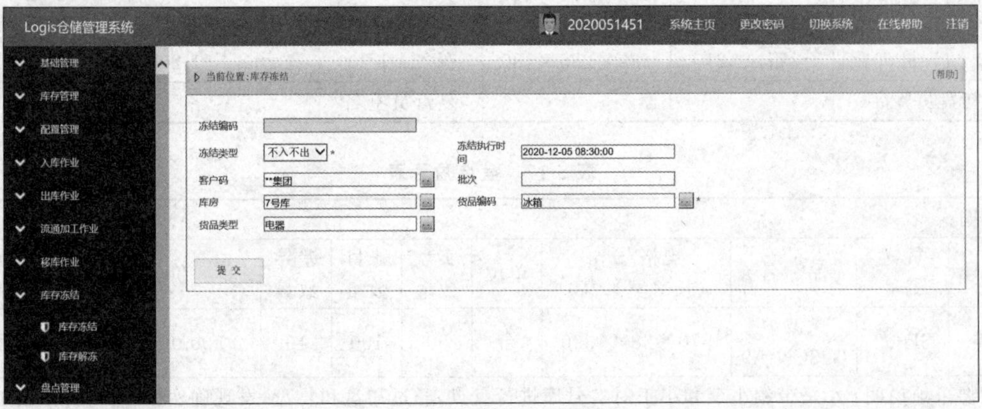

图 5-26 提交库存冻结

对货物进行冻结后,分别选中需要冻结的货物,单击"执行冻结"按钮,完成盘点货物的冻结任务(图 5-27)。

图 5-27　执行冻结

(3) 执行盘点任务:①划分盘点区域,并进行分工。将仓库划分为几个盘点区域,每个区域派两个人,一人负责初盘,另一人负责复盘。②实物盘点,并填写盘点记录表和盘点盈亏表。由于微波炉缺失 10 件,所以对储存微波炉的 T10000~T10004 五个储位的所有货物进行重点盘点,首先,由一个盘点员先清点所负责区域 T10000~T10004 的货物,将清点结果填入盘点记录表,初盘数量 90 件;由第二人复盘,填入盘点记录表,初盘数量为 90 件;复盘数量与初盘数量一致,都为 90 件。假设不一致,由初盘人员再次进行清点,以确定最终数量。同时也要填制盘点盈亏表。此次 7 号库盘点任务的盘点记录表和盘点盈亏表如表 5-16 和表 5-17 所示。

表 5-16　盘点记录表

盘点日期:								页数:
序号	货物编号	品名	规格/mm (长×宽×高)	单位	初盘数量	复盘数量	确认数量	备注
1	SP001	电冰箱 BC-117FC	550×500×865	台	70	70	70	
2	SP002	微波炉 G23CN-A9	570×380×390	台	90	90	90	5 台外包装有污损霉变
3	SP003	音箱 AX210	380×285×180	台	1 200	1 200	1 200	
初盘员签名			小李		复盘员签名			小王

表 5-17　盘点盈亏表

日期:										
序号	货物编号	品名	规格/mm (长×宽×高)	单位	实盘数量	账目数量	差异数量	单价	差异金额	差异原因
3	SP002	微波炉 G23CN-A9	570×380×390	台	90	100	10	2 300.00	23 000.00	丢失
主要事项说明:小马带领小李和小王对 7 号库进行盘点,经过初盘和复盘,发现确实少了 10 件微波炉。										
制表			小马			审核			胡总	

（4）盘点结果反馈。完成货物的盘点任务后，由信息员进入"仓储管理信息系统"→"仓储管理"→"盘点管理"→"盘点作业"，选中需盘点的任务，单击"反馈"按钮（图 5-28）。

图 5-28　盘点反馈

将库工实际盘点结果录入"实际正品量"和"实际次品量"，单击"反馈完成"按钮（图 5-29）。

图 5-29　反馈完成

步骤 3：核对盘点结果，差异纠因。

小马核对系统、账面数量与实物数量，发现 7 号库 T10004 货位有 10 件微波炉的货差，经查找原因之后，发现是拣货出库时，没有录入系统导致该货差。

步骤 4：盘点结果处理。

（1）盘点调整。库房主管进入"仓储管理信息系统"，对盘点结果进行调整。进入"仓储管理信息系统"→"仓储管理"→"盘点管理"→"盘点调整"，单击"调整审核"按钮（图 5-30）。

库房主管可以查看盘点的结果（查看盘点表、盈亏表），若问题比较大，可重新盘点；若真实，可调整库存，负责人签字，完成调整后进行盘点确认（图 5-31）。

若盘点结果属实，可以单击"下一步"按钮调整库存，并由负责人小马签字。

（2）盘点解冻。当完成盘点任务后，信息员应对在盘点前进行盘点冻结的货物进行解

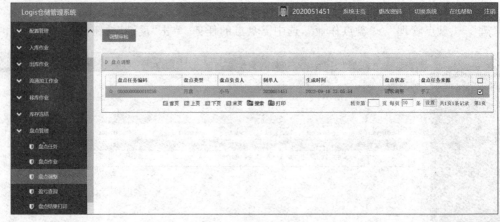

图 5-30　调整审核

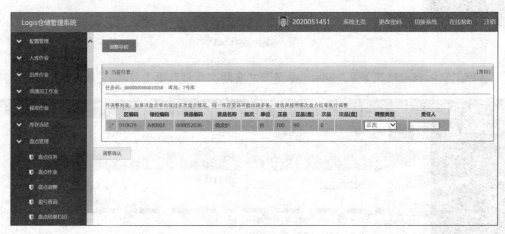

图 5-31　调整确认

冻,以便货物的流通。仓管员进入"仓储管理信息系统"→"仓储管理"→"库存冻结"→"库存解冻",选中需要冻结的货物列表,单击"解冻"按钮,完成货物的解冻任务(图 5-32)。

图 5-32　库存解冻

📖 任务训练

假设你为某仓库管理员,请结合本章学习内容,分析在库管理的工作任务有哪些?你将如何安排各项工作有序进行,如需要工作人员,需要哪些工作人员?其各自的工作职责和任务分工是什么?主要的工作内容及注意事项有哪些?如何规范和建立相关制度来保证各项工作有序进行?请写一份在库管理实训报告。

小　　结

在库作业管理是仓储与配送作业的核心环节,也是货物出库作业的基础。通过货物在库的科学管理,不仅能保持货物原有的使用价值,还能保证后续作业顺利进行。本项目涉及在库作业管理的各项工作,可分解为五个任务:①储位管理;②堆码作业;③保管和养护作业;④仓库 6S 管理;⑤仓库盘点作业。

第一是储位管理,储位管理的对象分为保管商品和非保管商品两部分。在仓库的所有作业中,所用到的保管区域均是储位管理的范围,根据作业方式不同,分为:预备储区、保管储区、动管储区。储位管理基本原则有以下三个:①储位标识明确;②商品定位有效;③变动更新及时。储位管理的要素有储位空间,商品,人员,储放、搬运设备与资金,货位编号。货位编号的要求:①标志设置要适宜;②标志制作要规范;③编号顺序要一致。

第二是堆码作业。码垛可堆层数计算要综合考虑三个因素:①地坪不超重;②货垛不超高;③货物本身的包装及其强度所确定的堆高限定。货物堆码的操作要求:牢固、合理、方便、整齐、节省、定量。货垛设计的内容包括垛基、垛型、货垛参数、堆码方式、货垛苫盖、货垛加固等。常见的商品堆码方法:散堆法、垛堆法、货架法、成组堆码法。

第三是保管和养护作业。商品保管养护的措施可以从以下几个方面考虑:仓库温湿度的控制和调节,仓库商品防老化,仓库物品防虫害,仓库金属制品的防锈蚀等。

第四是仓库 6S 管理。6S 即整理(seiri)、整顿(seiton)、清扫(seiso)、清洁(seiketsu)、安全(security)、素养(shitsuke)。整理的目的:腾出空间,空间活用,防止误用,塑造清爽的工作场所;整顿的目的:工作场所一目了然,消除寻找物品的时间,整整齐齐的工作环境,消除过多的积压物品;清扫的目的:稳定品质,减少工业伤害;清洁的目的:创造明朗现场,维持上面 3S 成果;素养的目的:培养习惯良好、遵守规则的员工,营造团队精神;安全的目的:建立起安全生产的环境,所有的工作应建立在安全的前提下。

第五是仓库盘点作业。盘点作业包括货物数量检查、货物质量检查、保管条件检查以及库存安全状况检查。盘点分为账面盘点和现货盘点,现货盘点法按盘点时间频率的不同又可分为"期末盘点"和"循环盘点"。盘点主要可分为三个阶段:盘点前的准备、盘点实施和盘点后的管理。

测　　试

一、单选题

1. 码放难度较大,且中间形成空穴,会降低托盘装载能力的码放方式是(　　)。

  A. 重叠式   B. 纵横交错式 C. 正反交错式 D. 旋转交错式

2. 不同列的货物以90°角垂直码放，相邻两层的货物码放形式是另一层旋转180°角的形式，是（　　）码放方式。

  A. 重叠式   B. 纵横交错式 C. 正反交错式 D. 旋转交错式

3. 适用于存放不宜堆高，需要特殊保管的小件、高值、包装脆弱或易损的货物是（　　）。

  A. 散堆法   B. 垛堆法   C. 货架法   D. 成组堆码法

4. 矿石、黄沙适合采用（　　）堆码方式。

  A. 散堆法   B. 堆垛法   C. 货架法   D. 托盘堆码法

5. 有计划、有目的地组织库内外空气的对流与交换的重要手段是（　　）。

  A. 密封   B. 通风   C. 防霉腐   D. 防虫

6. 一定温度下，单位体积空气中能容纳的水汽量的最多限度（　　）。

  A. 绝对湿度 B. 饱和湿度 C. 相对湿度 D. 露点温度

7. 20摄氏度转换成（　　）华氏度。

  A. 48   B. 58   C. 68   D. 78

8. 50华氏度转化成（　　）摄氏度。

  A. 5   B. 10   C. 15   D. 20

9. "推动各种精神提升活动和激励活动，遵守规章制度"是"6S"中（　　）的实施纲领。

  A. 清扫   B. 清洁   C. 素养   D. 整顿

10. "制定奖惩制度，加强执行"是"6S"中（　　）的实施纲领。

  A. 整理   B. 整顿   C. 素养   D. 清洁

11. "制定'需要'和'不需要'的判断基准"是"6S"中（　　）的实施纲领。

  A. 整理   B. 整顿   C. 清扫   D. 清洁

12. "6S"管理的最终目的是（　　）。

  A. 工作现场整齐   B. 位置摆放整齐

  C. 提升人的品质   D. 整体卫生整洁

13. 盘点的流程正确的是（　　）。

  A. 账面及实物盘点→盘点准备→核对盘点结果及总结→盘点结果处理

  B. 盘点准备→账面及实物盘点→核对盘点结果及总结→盘点结果处理

  C. 盘点准备→核对盘点结果及总结→账面及实物盘点→盘点结果处理

  D. 盘点准备→盘点结果处理→账面及实物盘点→核对盘点结果及总结

二、多选题

1. 属于非保管商品的是（　　）。

  A. 包装材料   B. 辅助材料

  C. 储存区域中的存放的商品 D. 回收材料

2. 货物堆码的原则包括（　　）。

  A. 定量   B. 牢固   C. 合理   D. 整齐

3. 下列材料可以作为垫垛材料的是（　　）。

  A. 防潮纸   B. 枕木

C. 木板 　　　　　　　　　　　　D. 石墩
4. 容易老化的物品,在保管养护过程中,要注意(　　)。
　　A. 防止日光照射和高温的影响　　B. 堆码时不宜高
　　C. 和有机溶剂接触　　　　　　　D. 同各种有色织物接触
5. 以下物资不能储存在同一车厢,同一仓库的是(　　)。
　　A. 氢气与氧气　　　　　　　　　B. 氩气与氧气
　　C. 橡胶与有机溶剂　　　　　　　D. 棉与麻
6. 较好的通风时机是(　　)。
　　A. 库外的温度低于库内　　　　　B. 库外的温度高于库内
　　C. 库外的绝对湿度低于库内　　　D. 库外的绝对湿度高于库内
7. 以下不属于6S管理内容的是(　　)。
　　A. 整理　　　　　　　　　　　　B. 节约
　　C. 速度　　　　　　　　　　　　D. 素养
8. 盘点的内容包括(　　)。
　　A. 货物数量检查　　　　　　　　B. 货物质量检查
　　C. 保管条件检查　　　　　　　　D. 库存安全状况检查
9. 下列属于期末盘点特点的是(　　)。
　　A. 所需时间长　　　　　　　　　B. 专门人员负责
　　C. 盘点差错多且发现晚　　　　　D. 对货物平等管理
10. 下列描述属于循环盘点特点的是(　　)。
　　A. 专门人员负责　　　　　　　　B. 盘点差错少且发现很早
　　C. 盘点差错原因容易查找　　　　D. 对货品管理平等

三、简答题

1. 简述储位管理的方法与步骤。
2. 简述货物堆码的操作要求。
3. 简述仓库温湿度控制和调节的方法。
4. 简述仓库6S管理的内容。
5. 简述仓库盘点作业的步骤。

项目 6

出库作业管理

项目导图

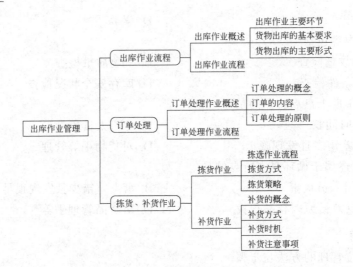

任务描述

某企业于 2018 年 11 月 2 日收到客户发来的 6 张采购订单,具体订单信息如图 6-1～图 6-6 所示。

订单编号:D201810130101　　　　　　　　　　　　订货时间:2018.11.2

序号	商品名称	单位	单价/元	订购数量	金额/元	备注
1	可口发糕	箱	100	5	500	
2	婴儿尿不湿	箱	100	6	600	
3	什锦果味罐头	箱	100	4	400	
4	乳酸菌饮品草莓味180mL	瓶	50	2	100	
5	营养果汁酸奶饮品草莓味200mL	瓶	50	2	100	
6	饮用纯净水550mL	瓶	50	1	50	
7	可乐300mL	瓶	50	1	50	
8	雪碧300mL	瓶	50	1	50	
9	冰糖雪梨500mL	瓶	50	1	50	
	合计			23	1 900	

图 6-1　天福公司采购订单

订单编号：D201810130102　　　　　　　　　　　　订货时间：2018.11.2

序号	商品名称	单位	单价/元	订购数量	金额/元	备注
1	可口发糕	箱	100	4	400	
2	奶粉	箱	100	6	600	
3	酒	箱	100	5	500	
4	营养果汁酸奶饮品草莓味200mL	瓶	50	2	100	
5	饮用纯净水550mL	瓶	50	1	50	
6	可乐300mL	瓶	50	1	50	
7	雪碧300mL	瓶	50	1	50	
	合计			20	1 750	

图 6-2　天鄢公司采购订单

订单编号：D201810130103　　　　　　　　　　　　订货时间：2018.11.2

序号	商品名称	单位	单价/元	订购数量	金额/元	备注
1	可口发糕	箱	100	5	500	
2	婴儿尿不湿	箱	100	1	100	
3	什锦果味罐头	箱	100	6	600	
4	雪碧300mL	瓶	50	1	50	
5	冰糖雪梨500mL	瓶	50	1	50	
6	饮用矿泉水550mL	瓶	50	1	50	
7	可乐500mL	瓶	50	1	50	
8	乳酸菌饮品草莓味180mL	瓶	50	1	50	
9	营养果汁酸奶饮品草莓味200mL	瓶	50	2	100	
	合计			19	1 550	

图 6-3　天来公司采购订单

订单编号：D201810130104　　　　　　　　　　　　订货时间：2018.11.2

序号	商品名称	单位	单价/元	订购数量	金额/元	备注
1	可口发糕	箱	100	5	500	
2	奶粉	箱	100	10	1 000	
3	酒	箱	100	8	800	
4	可乐500mL	瓶	50	2	100	
5	乳酸菌饮品草莓味180mL	瓶	50	2	100	
6	营养果汁酸奶饮品草莓味200mL	瓶	50	2	100	
7	雪碧300mL	瓶	50	1	50	
8	冰糖雪梨500mL	瓶	50	1	50	
9	饮用矿泉水550mL	瓶	50	2	100	
	合计			33	2 800	

图 6-4　天乐公司采购订单

订单编号：D201810130105　　　　　　　　　　　订货时间：2018.11.2

序号	商品名称	单位	单价/元	订购数量	金额/元	备注
1	可口发糕	箱	100	6	600	
2	婴儿尿不湿	箱	100	3	300	
3	奶粉	箱	100	3	300	
4	橡皮擦	个	50	2	50	
5	纯白清香型皂125g	块	50	2	100	
6	铅笔	支	50	2	100	
7	活力运动型皂125g	块	50	2	100	
8	直尺	把	50	2	100	
9	营养果汁酸奶饮品草莓味200mL	瓶	50	1	50	
10	饮用纯净水550mL	瓶	50	1	50	
11	可乐300mL	瓶	50	1	50	
	合计			25	1 850	

图 6-5　天家公司采购订单

订单编号：D201810130106　　　　　　　　　　　订货时间：2018.11.2

序号	商品名称	单位	单价/元	订购数量	金额/元	备注
1	可口发糕	箱	100	6	600	
2	奶粉	箱	100	3	300	
3	橡皮擦	个	50	1	50	
4	纯白清香型皂125g	块	50	2	50	
5	铅笔	支	50	1	50	
6	活力运动型皂125g	块	50	1	50	
7	直尺	把	50	2	100	
8	营养果汁酸奶饮品草莓味200mL	瓶	50	1	50	
9	饮用纯净水550mL	瓶	50	1	50	
10	可乐300mL	瓶	50	1	50	
	合计			19	1 350	

图 6-6　天凯公司采购订单

6 家公司的档案信息如图 6-7~图 6-12 所示。

客户编号			2003020106			
公司名称		天福公司		助记码		MF
法人代表	赵×明	家庭地址	济南市××××花园5-505		联系方式	0531-×××7890
证件类型	营业执照	证件编号	120213×××67876		营销区域	山东
公司地址		济南市××××大厦20-3-4		邮编	32××49	联系人	王×彬
办公电话	0531-×××3647	家庭电话	0531-×××8679		传真号码	0531-×××3600
电子邮箱	tian××@126.com	QQ账号	50×××892		MSN账号	tian××@hotmail.com
开户银行		招商银行龙华支行		银行账号		9372×××031384
公司性质	民营	所属行业	零售	注册资金	300万元	经营范围	日用品、食品
信用额度	9万元	忠诚度	一般	满意度	高	应收账款	8.85万元
客户类型		普通		客户级别		B
建档时间		2003年2月		维护时间		2018年12月
WEB主页			www.tian××.com			
备注：						

图6-7 天福公司客户档案

客户编号			2008160902			
公司名称		天鄢公司		助记码		MY
法人代表	王×书	家庭地址	济南市××苑11-3-803		联系方式	0531-×××5865
证件类型	营业执照	证件编号	120108×××77888		营销区域	山东
公司地址		济南市××路43号		邮编	30××87	联系人	范×威
办公电话	0531-×××6590	家庭电话	0775-×××7973		传真号码	0775-×××6591
电子邮箱	tian×××@eyou.com	QQ账号	21×××7907		MSN账号	tian×××@msn.com
开户银行		民生银行		银行账号		5357×××65569
公司性质	中外合资	所属行业	零售业	注册资金	3 600万元	经营范围	日用品、食品
信用额度	10万元	忠诚度	高	满意度	高	应收账款	9.95万元
客户类型		伙伴型		客户级别		A
建档时间		2008年8月		维护时间		2019年1月
WEB主页			www.tian×××.com			
备注：						

图6-8 天鄢公司客户档案

客户编号			2004030123			
公司名称		天来公司		助记码		ML
法人代表	王×红	家庭地址	济南市××××家园5-2-502		联系方式	0531-×××4489
证件类型	营业执照	证件编号	120106×××88763		营销区域	山东
公司地址		济南市×××路243号		邮编	30××75	联系人	任×琪
办公电话	0531-×××4896	家庭电话	0531-×××8906		传真号码	0531-×××4897
电子邮箱	tian××@126.com	QQ账号	87×××5336		MSN账号	tian××@msn.com
开户银行		新华商业银行		银行账号		8643×××420427
公司性质	民营	所属行业	零售业	注册资金	1 200万元	经营范围	食品、办公用品
信用额度	150万元	忠诚度	高	满意度	较高	应收账款	142万元
客户类型		重点型		客户级别		A
建档时间		2006年5月		维护时间		2018年2月
WEB主页			www.tian××.com			
备注：						

图6-9 天来公司客户档案

客户编号			2003042301			
公司名称		天乐公司		助记码		ML
法人代表	董×轩	家庭地址	济南市××××苑7-201	联系方式		0531-×××5678
证件类型	营业执照	证件编号	1201×××8362905	营销区域		山东
公司地址		济南市××××道29号		邮编	31××90	联系人	王×来
办公电话	0531-×××0864	家庭电话	0775-×××0573	传真号码		0775-×××0865
电子邮箱	tian××@162.com	QQ账号	86×××344	MSN账号		tian××@162.com
开户银行		新华商业银行		银行账号		6283×××352
公司性质	中外合资	所属行业	商业	注册资金	100万元	经营范围	食品、办公用品
信用额度	5万元	忠诚度	一般	满意度	较高	应收账款	4.5万元
客户类型		普通型		客户级别		B
建档时间		2003年4月		维护时间		2018年11月
WEB主页			www.tian××.com			
备注：公司于每年11月1—5日盘点，盘点期间不收、发货物。						

图 6-10　天乐公司客户档案

客户编号			2003020157			
公司名称		天家公司		助记码		MJ
法人代表	杨×丽	家庭地址	济南市×××别墅12号	联系方式		0531-×××8998
证件类型	营业执照	证件编号	1202×××2587676	营销区域		山东
公司地址		济南市××××大街56号		邮编	32××67	联系人	王×亮
办公电话	0531-×××7689	家庭电话	0531-×××8957	传真号码		0531-×××7688
电子邮箱	tian××@sina.com	QQ账号	69×××678	MSN账号		tian××@hotmail.com
开户银行		民生银行		银行账号		8796×××975
公司性质	中外合资	所属行业	商业	注册资金	1 200万元	经营范围	日用品、食品
信用额度	200万元	忠诚度	高	满意度	高	应收账款	199.8万元
客户类型		子公司		客户级别		A
建档时间		2001年12月		维护时间		2018年8月
WEB主页			www.tian××.com			
备注：						

图 6-11　天家公司客户档案

客户编号			2009081602			
公司名称		天凯公司		助记码		TC
法人代表	王×星	家庭地址	济南市×××景园6-201	联系方式		0531-×××5468
证件类型	营业执照	证件编号	5896×××770051	营销区域		长丰县
公司地址		济南市×××二环77号		邮编	23××22	联系人	李×刚
办公电话	0531-×××2861	家庭电话	0531-×××5468	传真号码		0531-×××2880
电子邮箱	lep××@136.com	QQ账号	58×××16	MSN账号		lep××@msn.com
开户银行		徽商银行		银行账号		1576×××63131450
公司性质	国有	所属行业	商业	注册资金	400万元	经营范围	服装、食品
信用额度	15万元	忠诚度	一般	满意度	一般	应收账款	13万元
客户类型		普通型		客户级别		B
建档时间		2009年8月		维护时间		2018年12月
WEB主页			www.tech××.com.cn			
备注：						

图 6-12　天凯公司客户档案

重型货架散货区、电子标签库区及阁楼货架区可以在操作系统中直接选择出库货品及货位地址,且库存量充足,不存在缺货问题,故不在设计资料中单独给出出库存量信息。重型货架入库任务完成前的库存情况如图6-13所示。

货品名称	规格/mm	单位	货位地址	库存数量	入库日期	生产日期	保质期
可口发糕	498×310×180	箱	H1-01-03-02	14	2018年10月22日	2018年9月13日	12个月
婴儿尿不湿	316×211×180	箱	H1-01-01-02	10	2018年10月26日	2018年9月17日	6个月
奶粉	410×255×180	箱	H1-01-04-02	22	2018年10月13日	2018年9月14日	9个月
什锦果味罐头	410×340×180	箱	H1-01-04-03	6	2018年10月12日	2018年9月15日	5个月
什锦果味罐头	410×340×180	箱	H1-01-03-03	12	2018年10月15日	2018年7月16日	5个月

图6-13 重型(托盘)货架入库任务完成前的库存信息

有1批货物即将入库,入库信息如图6-14所示。

入库任务单编号:R2018110323　　　　　计划入库时间:到货当日

序号	商品名称	包装规格/mm (长×宽×高)	单价/ (元/箱)	重量/ kg	入库/箱	限制堆码层数
1	海鲜锅底	按现场实际入库货物包装规格组托	100	8	33	5
2	松花蛋	260×205×180	100	8	38	5
3	奶刷	按现场实际入库货物包装规格组托	100	8	24	5
4	花生米	297×210×240	100	8	50	5
5	酒	316×211×180	100	8	32	5
供应商:万事通达商贸有限公司						

图6-14 入库任务单

累计应收账款超过信用额度或者订单信息有误,其订单为无效订单,伙伴型的客户,其信用额度可上浮1%。公司在2018年11月开展促销活动,单日订单金额在1 000~1 499元的享受九折优惠,单日订单金额在1 500~1 999元的享受八五折优惠,单日订单金额在2 000元以上的享受八折优惠。

客户类型可分为母公司、伙伴型、重点型、普通型、一般型,分别赋值为5、4、3、2、1。

客户级别可分为A、B、C三类,分别赋值为3、2、1。

忠诚度可为高、较高、一般、较低、低五类,分别赋值为 2、1、0、-1、-2。

满意度可为高、较高、一般、较低、低五类,分别赋值为 2、1、0、-1、-2。

每项指标的权重不同,客户类型为 0.4,客户级别为 0.3,忠诚度为 0.2,满意度为 0.1。

请结合以上信息完成出库作业,阐述具体出库作业的流程,出库作业计划的制订,包括订单处理、拣货作业、补货作业等任务。

任务分解

物品出库是仓储作业管理的最后一个环节,它使仓储作业与运输部门、物品使用单位直接发生联系。因此,做好出库作业对改善仓储经营管理、降低作业费用、提高服务质量有重要的作用。完成出库作业首先要梳理出库作业流程,然后对出库过程中的各个环节重点把控,保证出库任务的完成。出库作业管理可分解为三个任务:出库作业流程;订单处理;拣货与补货作业。

学习目标

任 务	知识目标	能力目标	素质目标
出库作业流程	1. 了解出库作业环节和主要形式,掌握出库的基本要求; 2. 掌握出库作业流程的步骤	1. 能够根据出库形式的差异完成出库手续; 2. 能够完成出库作业相关操作流程	1. 培养细心谨慎的工作作风,严格遵纪守法; 2. 出现异常情况要沉着冷静,多沟通,查明原因,及时处理
订单处理	1. 了解订单处理的概念和订单的内容; 2. 理解订单处理的原则; 3. 掌握订单处理的作业流程	1. 能够对出库货物进行订单和客户分析; 2. 能够完成整个订单处理作业过程	1. 善于优化才能提升效率,而不是急于求成; 2. 注重日常的积累才能应用自如
拣货、补货作业	1. 了解拣货作业及流程,掌握拣货方式的选择; 2. 掌握影响拣货策略的四个因素; 3. 了解补货及补货方式,掌握补货时机的决策	1. 能够完成拣货方式的选择和拣货策略的制定; 2. 能够完成补货作业	1. 策略的制定不可一概而论,要具体问题具体分析; 2. 保持整齐有序,各方面才能条理清晰

任务 6.1　出库作业流程

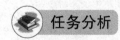

物品出库是仓储经营人根据存货人或仓单持有人所持有的仓单,按其所列物品的编号、名称、规格、型号、数量等项目,组织物品出库的一系列活动。对物品出库,要求将货物准确、及时、保质保量地交给仓单持有人;出库的物品必须包装完整、标记清楚、数量准确。要杜绝凭信用或无正式手续的发货。在任何情况下,仓库都不得擅自动用或变相动用、外借货主的库存物品。

知识准备

6.1.1 出库作业概述

1. 出库作业主要环节

出库作业的主要环节包括出库准备、审核凭证、分拣备货、复核查对、点交货物、登账结算和库内清理,如图 6-15 所示。

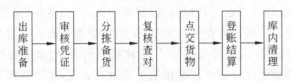

图 6-15 出库作业主要环节

2. 货物出库的基本要求

货物出库业务是仓库根据使用单位或业务部门开出的货物出库凭证(提货单、领料单、调拨单),按其所列的货物名称、规格、数量,以及时间、地点等项目,组织货物出库,登账、配货、复检、点交清理、送货一系列工作的总称。

> **工作要点**
> 培养细心谨慎的工作作风,严格遵纪守法。

1) 货物出库的基本要求

三不、三核、五检查。

三不:未接单据不翻账,未经审单不备货,未经复核不出库。

三核:在发货时,要核实凭证,核对账卡,核对实物。

五检查:对单据和实物要进行品名检查、规格检查、包装检查、件数检查、重量检查。

2) 先进先出原则

先进先出就是根据货物入库时间的先后,先入库的货物先出库,以保持库存货物质量的完好状态。尤其对于易变质、易破损、易腐败的货物,机能易退化、老化的货物,应加快周转,对变质、失效的货物不准出库。

3) 出库凭证和手续必须符合要求

出库凭证不论采用何种形式,都必须真实、有效。出库凭证若不符合要求,仓库不得擅自发货。特殊情况的发货,必须经领导批准,按照仓库有关规定执行。

4) 严格遵守仓库有关出库的各项规则制度

(1) 发出的货物必须与提货单、领料单或调拨单上所列的名称、规格、型号、单价、数量相符合。

(2) 未验收的货物及有问题的货物不得发出仓库。

(3) 货物入库检验与出库检验的方法应保持一致,以避免造成库存"盈亏"。

(4) 超过提货单有效期、尚未办理提货手续的,不得发货。

(5) 提高服务质量,满足顾客用户的需要。

及时、准确、保质、保量地将货物发放给收货单位,防止差错事故的发生;工作尽量一次完成,提高作业效率;为用户提货创造各种方便条件,协助用户解决实际问题。

3. 货物出库的主要形式

（1）送货。仓库根据货主单位预先送进来的"货物调拨通知单"，通过发货作业，把应发货物交由运输部门送达收货单位，这种发货形式就是通常所说的送货制。仓库实行送货，要划清交接责任。仓储部门与运输部门的交接手续，是在仓库现场办理完毕的；运输部门与收货单位的交接手续，是根据货主单位与收货单位签订的协议，一般在收货单位指定的到货地办理。

（2）自提。由收货人或其代理持"货物调拨通知单"直接到库提取，仓库凭单发货，这种发货形式就是通常所说的提货制。自提具有"提单到库，随到随发，自提自运"的特点。为划清交接责任，仓库发货人与提货人在仓库现场，对出库货物当面交接清楚并办理签收手续。

（3）过户。过户是一种就地划拨的形式，货物虽未出库，但是所有权已从原存货户转移到新存货户，仓库必须根据原存货单位开出的正式过户凭证，才予办理过户手续。

（4）取样。货主单位出于对货物质量检验、样品陈列等需要，到仓库提取货样，仓库必须根据正式取样凭证才予发给样品，并做好账务记载。

（5）转仓。货主单位为了业务方便或改变储存条件，需要将某批库存货物自甲库转移到乙库，这就是转仓的发货形式。仓库必须根据货主单位开出的正式转仓单，才予办理转仓手续。

6.1.2 出库作业流程

1. 出库准备

仓管人员接到出库通知单后，应及时做好出库准备工作。主要包括以下几个方面。

（1）编制出库计划。在商品出库时，特别是在量比较大、涉及的客户比较多时，就会面临从哪个仓库出库、出多少、什么时候出库、怎样出库等一系列问题，为使出库工作进行得有条不紊，一般应该编制商品出库计划表，如表6-1所示。

表6-1 商品出库计划表

商品编码	商品名称	出库单号	单位	数量	规格	仓号	仓位	出库时间	备注

（2）检查库存。仓管员根据出库通知单（或者出库请求）上所列商品明细，核实该商品的库存量是否足够。若不够，应尽快采取补货措施。

（3）货物的拆分与拼装。有些需求是零散货，需要拆箱（或托盘），必须提前进行拆分作业。另外，一些批量较小的货物，需要提前进行拼装，以便节省出入库作业时间。

（4）货物的包装检查整理。货物出库之前，需要检查其包装，判断包装是否符合即将进行的出库运输要求，如果不符合，则需要加固或者重新包装。

（5）出库所需设备、工具的准备。根据将要出库的商品类别，准备好合适的设备和包装材料，如手推车、叉车、周转箱、扫描仪等。特别是需要拼箱和改装的出库商品，应准备好需要的包装、衬垫材料，以及打包工具。

（6）理货场地和人员准备。根据出库货物的特点和数量，留出充足的理货场地，并安排好相应的仓管作业人员和装卸搬运人员，按要求完成出库作业。

2. 审核凭证

发放商品必须有正式的出库凭证(表 6-2),严禁无单或白条发料。保管员接到出库凭证后应仔细核对,随即做好出库业务的核单(验单)工作。

表 6-2　出货通知单

编号：　　　　　　　　　　　　　　　年　月　日

出货日期			
货物名称		数量	
包装情形			
承运单位		收货人	
运输方式		地址	
出货类别			
货物起运时间			
其他要说明的事项			
批示			

审核凭证是商品出库管理中一个非常重要的环节。审核内容主要如下。

(1) 核对货物名称、数量是否正确,提货日期是否逾期。这是对出库资料的基本检查,即检查货物名称、数量、送货日期等是否有遗漏、笔误或不符公司要求的情况,尤其当要求送货时间有问题或出货时间已延迟的时候,更需要再与客户确认一下订单内容或更正期望运送时间。

(2) 审核提货单的合法性和真实性,主要审核证件上的印章签名是否齐全相符、有无涂改。

(3) 查核客户的财务状况,以确定其是否有能力支付该件订单的账款,其做法多是检查客户的应收账款是否已超过其信用额度。

(4) 加工包装确认。客户对订购的商品是否有特殊的包装、分装或贴标签等要求,或是有关赠品的包装等资料都需要详细加以确认记录。

(5) 核对收货单位、到货站、开户行和账号是否正确。

由仓库兼办开票的应注意审查购货单位的介绍信和购货合同有无伪造涂改,所开品种、数量与合同是否相符。仓库接到商品出库凭证后,审查无误,即可组织商品出库;如发现出库凭证有问题,必须经原开证单位重开或更正盖章方为有效。白条和手续不符的,仓库要拒绝发货。但遇到救灾抢险等特殊情况,经领导批准,也可以先发货后补办手续。

其他说明:电子商务时代取而代之的是电子通知单。

3. 备货

(1) 拣选作业。拣选作业是根据出库信息或订单,将顾客订购的物品从保管区或拣货区取出,也可以直接在进货过程中取出,并运至配货区的作业过程。

(2) 配货作业。配货流程如图 6-16 所示。

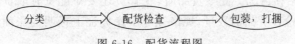

图 6-16　配货流程图

配货作业的主要形式有：①单一配货作业，单一配货作业是指每次只为一个客户进行配货服务，因此配货作业的主要内容是对物品进行组配和包装；②集中配货作业，集中配货作业是指同时为多个客户进行配货服务，所以其配货作业通常比单一配货多拆箱、分类的程序，其余与单一配货作业大致相同。

(3) 补货作业。补货作业与拣货作业息息相关，补货作业要根据订单需求制订详细的计划，既要确保库存，又不能补充过量，还要将其安置在方便存取的位置上。

当拣选区的存货水平低于预先设定的标准时，补货人员即将需要补充的存货种类由保管区搬运至拣选区，然后拣选人员再将物品拣出，放到出库输送设备上运走。

4. 复核查对

物品的验收工作，实际上包括品质的检验和数量的点收双重内容。

1) 物品验收的标准

物品要能达到客户满意的程度才准许出库，因而验收要符合预定的标准。在验收物品时，基本上可根据下列几项标准进行检验：①采购合约或订购单所规定的条件；②采购合约中的规格或者图解；③比价或议价时的合格样品；④各种物品的国家品质标准。

2) 出库验收的内容

出库验收工作是一项细致、复杂的工作，一定要仔细核对，确保做到准确无误（图6-17）。验收合格的物品就可以准备交付了。

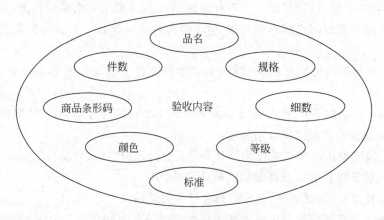

图 6-17 验收内容

(1) 复核出库单据。复核出库单据主要是审查货品出库凭证有无伪造变造、是否合乎手续的规定、各项目填写是否齐全等，具体内容有：①凭证有无涂改、过期；②凭证中各栏项目填写是否正确、完整等；③凭证中的字迹是否清楚；④印鉴及签字是否正确、真实、齐全；⑤出库货品应附的技术证件和各种凭证是否齐全。

(2) 复核实物。复核实物就是根据货品出库凭证上所列项目对所发实物进行核对。具体内容有：①核对货品的品种、规格、牌号、单位、数量与凭证是否相符；②核对货品的包装是否完好，外观质量是否合格。

(3) 复核账、货结存情况。复核货品时，仓管员还要对配货时取货的货垛、货架上货品的结存数进行核对，检查货品的数量、规格等与出库凭证上标明的账面结存数是否相符，并要核对货品的货位、货卡有无问题,以便做到账、货、卡相符。

(4) 做好复核记录。复核后,仓管员应该根据实际情况做好复核记录。此时,可以填写一份出库复核记录。

3) 出库中的问题处理

(1) 出货数与提货数不符。造成出货数与提货数不符的原因和处理方式如表 6-3 所示。

工作要点
　　出现异常情况要沉着冷静,多沟通,查明原因,及时处理。

表 6-3　出货数与提货数不符的原因及处理方式

原　因	处　理　方　式
入库时错账	采用报出报入的方法进行调整,即先按库存账面数开具物品出单销账,然后再按实际库存数量重新入库登账,并在入库单上签名,说明情况
仓库保管员串发、错发	由仓库方面负责解决库存数与提单数之间的差数
货主漏记账而多开的出库数	货主出具新的提货单,重新组织提货和发货
仓储过程中的损耗	考虑损耗数量是否在合理范围内,并与货主协商解决,属于合理范围内的损耗,应由货主自行承担;超过合理范围之外的损耗,应由仓储部门负责赔偿

(2) 串发货和错发货。如果物品尚未出库,应立即组织人力,重新发货;如果物品已经提出仓库,保管人员应根据实际库存情况,如实向仓库主管部门和货主讲明串发、错发物品的品名、规格、数量、提货单、承运人等情况,会同货主和承运人共同协商解决。

(3) 包装破漏。原因:物品外包装破散、砂眼(一般批铸件中出现的微小孔隙)等引起物品渗漏、裸露等问题。

处理方式:发货时应经过处理或更换包装,方可出库,否则造成的损失由仓库部门承担。

(4) 漏记或错记账。漏记账原因:在物品出库作业中,由于没能及时核销物品明细账而造成账面数量大于或小于实存数量的现象。

错记账原因:在物品出库后核销明细账时没有按实际出库的物品名称、数量登记,从而造成账、实不符的情况。

处理方式:除及时向有关领导汇报情况外,同时还应根据出库凭证查明调整保管账,使之与实际库存一致。如果因为漏记或错记账给货主、承运人和仓储部门造成了损失,应给予赔偿,同时应追究相关人员的责任。

5. 点交货物

出库物资经复核、包装后,要向提货员点交。

不同出库形式采用不同的点交方式,如表 6-4 所示。

表 6-4　不同出库形式对应不同的点交方式

出库形式	点　交　方　式
用户自提	将货物证件向提货人当面点清,办理交接手续
代运	应办理内部交接手续,即由货物保管人员向运输人员或包装部门的人员点清交接,由接收人签章,以划清责任
专用线装车	运输人员应于装车后检查装车质量,并向车站监装人员履行交接手续

运输人员根据货物的性质、重量、包装、收货地址和其他情况选择运输方式后,应将箱件

点清,做好标记,整理好发货凭证。装箱单等运输资料,向承运单位办理委托代运手续,对于超高、超长、超宽和超重的货物,必须在委托前说明,以便承运部门计划安排。

承运单位同意承运后,运输人员应及时组织力量,将货物从仓库安全无误地点交给承运单位,并办理结算手续。运输人员应向承运部门提供发货凭证样本、装箱单,以便和运单一起交收货人,运单总体应由运输人员交财务部门作货物结算资料。

货物点交清楚,出库发运之后,该货物的仓库保管业务即告结束。仓库保管人员下一步应做好清理工作,及时注销账目、料卡,调整货物上的吊牌,以保持货物的账、卡、物一致,及时准确地反映货物的进出、存取的动态。

6. 登账结算

在仓库发货业务中,有先登账后付货和先付货后登账两种做法。先登账后付货,核单和登账的环节连在一起,由记账员一次连续完成;先付货后登账,在保管员付货后,还要经过复核、放行才能登账。

7. 库内清理

经过出库的一系列工作程序之后,实物、账目和库存档案等都发生了变化,应按下列几项工作彻底清理,使保管工作重新趋于账、物、资金相符的状态。

(1) 按出库单,核对库存数。

(2) 如果该批货物全部出库,应查实损耗数量,在规定损耗范围内的进行核销,超过损耗范围内的查明原因,进行处理。

(3) 一批货物全部出库后,可根据该批货物出库的情况,采用的保管方案和损耗数量,总结保管经验。

(4) 清理现场,收集苫垫材料,妥善保管,以待再用。

(5) 代运货物发出后,收货单位提出数量不符时,属于重量短少而包装完好且件数不缺的,应由仓库保管机构负责处理;属于件数短少的,应由运输机构负责处理;若发出的货物品种、规格、型号不符,由保管机构负责处理;若发出的货物出现损坏,应根据承运人出具的证明,分别由保管及运输机构处理。在整个出库业务过程中,复核和点交是两个最为关键的环节。复核是防止差错的重要和必不可少的环节,而点交则是划清仓库和提货方两者责任的必要手段。

(6) 由于提货单位任务变更或其他原因要求退货时,可经有关方同意,办理退货。退回的货物必须符合原发的数量和质量,要严格验收,重新办理入库手续。当然,未移交的货物则不必检验。

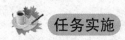

步骤1:调度准备。

根据上级调度指示,组织安排仓管员,并至工具(设备)暂存区提取搬运设备及拣选所用包装箱,准备出货作业所需的所有人力、物力及设备。

(1) 用品准备。对拆装、拼箱或改装的货品,仓管员在发货前应根据货品性质和运输部门的要求,准备各种包装材料及相应的衬垫物,以及包装标志的用具、标签、颜料、钉箱和打包等相关工具。

(2) 设备调配。当货品出库时，应留出充分的理货场地，并准备装卸搬运设备，以便运输人员进行提货发运或装箱送箱，及时装载货品，加快发送速度。

(3) 人员组织。发货作业是一项涉及人员多、处理时间紧、工作量大的工作，进行合理的人员组织和机械协调安排，可以保证出库的质量和效率，避免发错货、发串货等事故的发生，以及保证仓库货品安全，避免丢失、破损等事故的发生，这是完成发货的必要保证。

将出库理货区整理好，清理出足够的空间，以便仓管员进行出库作业。检查调用搬运设备运作是否正常。如果发现异常情况，应及时向上级汇报。

步骤2：审核凭证。

核对出库通知与提货单信息，在核对出库通知及提货证明时，主要核对出库货品、规格、数量及提货时间等基础信息。审核凭证的具体内容如下。

(1) 核对提货单，确认是否应从自己仓库出货。

(2) 货单上必须有客户方的红色印章或负责人的签字。

(3) 将客户的出库通知上提供的司机的有效证件（如身份证号、驾驶证等）与前来提货的司机进行核对。

(4) 提货证明上的日期是否属实。

仓管人员在判断提货证明属实之后，再核对提货证明上的货品型号、数量、批次等相关信息是否和现有库存对应。当所有信息核对无误后，准备出库备货及相关工作。

步骤3：备货。

在订单审核以后（具体订单处理步骤见6.2节的任务实施），确认哪些订单需要现在处理，合计订单总量，同时根据现有库存量及入库任务情况确定实际可用库存量，确认库存是否充足。对需要处理的订单，完成拣货策略的制定（拣货作业的处理步骤见6.3节的任务实施），若拣货区域库存量不足，可以补货完成后进行拣货作业；若充足，可根据拣货策略完成拣货作业。

步骤4：复核查对。

备货作业完成后，复核人员应立即对单据、实物以及相关货卡等信息进行复核，以保证出库货品数量准确、质量完好、包装完整，以杜绝差错的发生。对货品进行复核时，主要关注的是货品是否与出库单据相符。同时，为了提高仓库服务质量，仓管员还要确保货品质量满足顾客的需要。

步骤5：点交货物。

备货之后仓管员对出库理货区的货品清点数目，确保出库数量正确无误，同时保证仓储服务质量。仓管员签发出库单，在出库单上签上实发数量、姓名、日期，仓管员将出库单仓库联留存，其余交给提货方。

步骤6：登账结算。

在仓库发货业务中，有先登账后付货和先付货后登账两种做法。

(1) 先登账后付货。核单和登账的环节连在一起，由记账员一次连续完成。这种登账方法可以配合保管员的付货工作，起到预先把关的作用。

(2) 先付货后登账。在保管员付货后，还要经过复核、放行才能登账。这种方式要求记账员必须做好出库单、出门证的全面控制和回笼销号工作，防止单证遗失。

步骤7：库内清理。

仓管员将打乱的货位进行整理，将现场杂物清理，将出库理货区装有货品的托盘利用手动液压叉车运送至托盘货架区进行货品上架归位,并将所用设备归位。可以采用在库作业管理中的6S管理进行库内清理。

任务6.2 订单处理

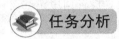

订单处理是出库作业的起始环节,表面看订单处理是对订单的整理和分类,之后转到拣货环节,实际上,订单处理的过程需要考虑后续几乎所有的出库和配送作业过程。因此,订单处理需要结合其他作业进行整体安排,才能保证全局的效率。

6.2.1 订单处理作业概述

1. 订单处理的概念

订单处理(order processing)是指从接到客户订货开始到准备着手拣货为止的作业阶段,对客户订单进行品项数量、交货日期、客户信用度、订单金额、加工包装、订单号码、客户档案、配送货方法和订单资料输出等一系列的技术工作。

2. 订单的内容

订单因不同的配送中心类型而有所不同,在订单的设计过程中需要考虑订单的信息量,力求实用简洁,减少重复。一般可把订单分为订单表头档和订单明细档,分别记录订单的整体信息和订货品项的详细信息,当客户订单被分割或汇总处理时,两者之间可借助关键信息来连接,如订单号。订单的表头可以选择的信息有:订单号、订货日期、客户代号、客户名称、客户采购单号、送货日期、送货地址、配送批次、付款方式、业务员号、配送要求、订单形态及备注等。订单明细档可以选择的信息有:商品代码、商品名称、商品规格、商品单价、订购数量、订购单位、金额、折扣及交易类别等。如果企业有特殊的业务要求,可以适当添加项目。订单样例如表6-5所示。

表6-5 某客户订单

订货单位:							电话:			
地址:							订货日期:			
序号	品名	规格	数量	重量	体积/mm (长×宽×高)	单价/元	总价/元	备注
1								
2								
3								
合计:								
交货日期:								

续表

| 交货地点： |
| 加工包装： |
| 配送方式： 送货（ ）自提（ ）其他（ ） |
| 付款方式： |
| 特殊要求： |
| 制单：   审核： |

在订单处理过程中，通常需要一些辅助的基础性数据的支持。比如一个订单表格中只有常规的操作信息，如果我们在操作的时候需要知道该客户的信用额度情况，这往往在表格中很难体现，将信息添加到表格中又会增加订单信息的数量且不利于保密，这时我们就需要将客户的信用信息事先输入计算机系统，输入订单信息时可以自动调用客户信用信息。类似的基础信息包括以下几个方面。

（1）客户资料。使用完整的客户资料，有助于为配送中心对市场预测作出正确的分析，有助于及时处理配送过程中出现的问题，提高工作效率与服务水平。

（2）物品资料。替代性物品、物品价格结构、最小订货单位、单位换算、物品单位体积及物流单位重量等资料。

客户订单的处理

（3）库存资料。已采购未入库的资料，可分配量、已分配量等资料。

（4）促销信息。赠品、兑换券、价格/数量折扣等信息。

（5）客户寄存资料。客户因促销，大量订购，暂时寄放在仓库中，还未出货的资料。

（6）流通加工资料。客户要求分装、重新包装（如礼盒），或赠品的包装等资料。

（7）客户应收账款及信用额度资料。

3. 订单处理的原则

订单处理在现实中有很多方法，目前有部分小型企业还在用手工的方法处理订单。无论是手工的方法还是信息化手段，都有一些基本的优化措施。利用订单处理的基本原则去考量企业目前订单处理中存在的问题，考虑影响订单处理时间的因素，优化处理的过程是企业必修的功课。

> **工作要点**
>
> 磨刀不误砍柴工，善于优化才能提升效率，而不是急于求成。

（1）要使客户产生信赖感。客户订货的基础是产生信赖感。订单处理人员每次接到订单后在处理过程中都要认识到，如果这次处理不当将会影响下次订货。尤其在工业品的购买中，要明确订单处理工作是开展客户经营的重要组成部分，两者有密不可分的联系，要通过订单处理建立客户对产品和服务的信任感和认同感。

（2）尽量缩短订货周期。订货周期是指从发出订单到收到货物所需的全部时间。订货周期的长短取决于订单传递的时间、订单处理的时间以及货物运输的时间。这三方面的安排都是订单处理的内容。尽量缩短订货周期，将大大减少客户的时间成本，提高客户所获得的让渡价值，这是保证客户满意的重要条件。

（3）提供紧急订货。在目前以客户需求为导向的市场机制下，强调为客户服务，在紧要关头提供急需的服务，是与客户建立长远的相互依赖关系的极为重要的手段。

（4）减少缺货现象。保持客户连续订货的关键之一便是减少缺货现象的发生。工业原料和各种零件一旦缺货,会影响客户的整个生产安排,后果极为严重。此外,缺货现象是客户转向其他供货来源的主要原因,企业要想尽可能地扩大市场,保持充足的供货是必要的前提条件。

（5）不忽略小批量订货的客户。小客户的订货虽少,但也是大批买卖的前驱,而且大客户也有小批量货物的时候。对小客户的订单处理得当将会提高小客户的满意度,可能会带来其在今后的大批量订购或持续订购。最重要的是,客户与企业建立了稳定而信任的供销关系,将为今后的继续订购打下良好的基础,企业的声誉也将因为大、小客户的传播而树立起来。因此,要在成本目标允许的范围内,尽量作出令小批量订货的客户满意的安排。

（6）装配力求完整。企业所提供的货物应尽量做到装配完整,以便于客户使用为原则。实在办不到时,也应采取便于客户自行装配的措施,如附上适当的说明及图示等,或通过网络进行技术支持。

（7）提供对客户有利的包装。针对不同客户的货物应采用不同的包装,有些零售货物的包装要用于在货架上摆放,有些包装要适于经销商及厂商开展促销活动,应以便于客户处理为原则。

（8）要随时提供订单处理的情况。物流部门要使客户能够随时了解配货发运的进程,以便预计何时到货,便于安排使用或销售。这方面的信息是巩固企业与客户关系的重要手段,也利于企业本身的工作检查。在暂时缺货的情况下,物流部门应主动且及时告知客户有关情况,进行适当的道歉与赔偿,以减少客户的焦虑和不满。

6.2.2 订单处理作业流程

国外研究机构的调研结果表明,与订单准备、订单传输、订单录入、订单履行相关的物流活动占整个订单处理周期的50%~70%。如果企业想提高客户服务水平,就必须加强对订单处理过程的上述各项活动的管理,缩短整个订单处理周期,订单处理作业流程的设计与实施至关重要。订单处理流程如图6-18所示。

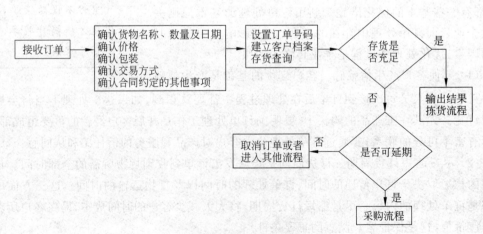

图6-18 订单处理流程

1. 接收订货

接收订货是订单处理的第一步。随着流通环境的变化和现代科技的发展，接收客户订货的方式渐渐由传统的人工下单、接单，演变为计算机间接收、发送订货资料的电子订货方式。

2. 订单确认

1) 货物数量及日期的确认

货物数量及日期的确认是对订货资料项目的基本检查，即检查品名、数量、送货日期等是否有遗漏、笔误或不符合公司要求的情形。尤其是当送货时间有误或出货时间已延迟时，需与客户再次确认订单内容或更正运送时间。若采用电子订货方式按单，也需对已接收的订货资料加以检验确认。

2) 客户信用的确认

不论订单以何种方式传至公司，配送系统都必须首先查核客户的财务状况。以确认其是否有能力支付该订单的账款。通常的做法是，检查客户的应收账款是否已超过其信用额度。接单系统中一般采取以下两种途径来查核客户的信用状况。

（1）输入客户代号或客户名称。当输入客户代号和名称资料后，系统即加以检核客户的信用状况，若客户应收账款已超过其信用额度，系统会给以警示，为输入人员决定是继续输入其订货资料还是拒绝其订单提供参考。

（2）输入订购项目资料。若客户此次的订购金额加上以前累计的应收账款超过该客户的信用额度，系统应将此订单资料锁定，以便主管审核。审核通过后，此订单资料才能进入下一个处理环节。原则上，客户信用的查核由销售部门负责，但有时销售部门往往为了获取订单并不太重视这项查核工作，因此有些公司会授权物流部门负责查核客户的信用状况。

3) 订单形态的确认

配送中心虽有整合传统批发商的功能以及高效率的物流信息处理功能，但在面对较多的交易对象时，仍需要根据客户的不同要求采取不同的做法，在接受订货业务上，表现为具有多种订单的交易形态，因此，对不同的客户应采取不同的交易形态处理方式，如表 6-6 所示。

表 6-6 不同的订单交易形态的处理方式

交易形态名称	描 述	处 理 方 式
一般交易订单	接单后按正常的作业程序拣货、出货、发送、收款的订单	接单后，将资料输入订单处理系统，按正常的订单处理程序处理，资料处理完毕后进行拣货、出货、发送、收款等作业
现销式交易订单	与客户当场交易，直接给货的交易订单。如业务员到客户处寻货、补货所得的交易订单或客户直接到配送中心取货的交易订单	订单资料输入后，因为货物此时已交给客户，所以订单资料不再参与拣货、出货、发送等作业，只需记录交易资料即可
间接交易订单	客户向配送中心订货，直接由供应商将货物配送给客户的交易订单	接单后，将客户的出货资料传给供应商由其代配。需要注意的是，客户的送货单是自行制作或委托供应商制作的，故接单方应对出货资料加以核对确认

续表

交易形态名称	描述	处理方式
合约式交易订单	与客户签订配送契约的交易订单,如签订某期间内定时配送某数量商品的交易订单	在约定的送货日,将配送资料输入系统进行处理,以便出货配送;或一开始便输入合约所载的订货资料,并设定各批次的送货时间,以便在约定日期系统自动产生所需的订单资料
寄库式交易订单	客户因促销、降价等市场因素先行订购一定数量的商品,然后再视需求出货的订单	当客户要求配送寄库商品时,系统应查核客户是否确实有此项寄库商品。若有,则出此项商品,否则应加以拒绝。采用这种方式,需注意交易价格应依据客户当初订货时的单价计算,而不是按现价计算

可以看出,不同的订单交易形态有不同的订货处理方式,故接单后应先确定其交易形态,然后针对不同形态的订单采取不同的处理方式。

4) 订单价格的确认

不同的客户(批发商、零售商)、不同的订购批量有不同的售价,故输入价格时系统应加以检核。若输入的价格不符(输入错误或业务员降价接受订单等),系统应加以锁定,以便主管审核。

5) 加工包装的确认

客户订购的商品是否有特殊包装、分装或贴标等要求,或是有关赠品的包装等,资料系统都需要专门进行确认和记录。

3. 设定订单号码

每一份订单都要有单独的订单号码,此号码一般由控制单位或成本单位来制定。订单号码除了便于计算成本外,还有利于制造、配送等一切相关的工作。所有工作的说明单及进度报告等都应附有此号码。

4. 建立客户档案

将客户状况详细记录,不但有助于此次交易顺利进行,而且有助于今后增加合作机会。客户档案表所应包括的内容如表 6-7 所示。

工作要点

平时档案的留存才能为使用时提供更好的材料依据。

表 6-7 客户档案表内容

序号	内容	序号	内容
1	客户姓名、代号及等级形态	7	客户点配送路径顺序
2	客户信用度	8	客户点适合的车辆形态
3	客户销售付款及折扣率的条件	9	客户点的下货特性
4	开发或负责此客户的业务员	10	客户配送要求
5	客户配送区域	11	过期订单处理指示
6	客户收账地址		

5. 存货分配

1) 存货查询

存货查询的目的在于确认库存是否能满足客户的需求。存货资料一般包括品项名称、号码、产品描述、库存量、已分配存货、有效存货及期望交货时间。

在输入客户订货商品的名称、代号时，系统应查核存货的相关资料，看是否缺货。若缺货，则应提供商品资料或此商品的已采购未入库信息，以便于接单人员与客户进行协调，从而提高接单率及接单处理效率。

2) 存货分配

(1) 存货分配模式。订单资料确认无误后，最主要的处理业务在于如何对大量的订货资料进行最有效的分类、调拨，以便后续物流作业的顺利进行。存货分配模式可分为单一订单分配和批次分配两种：①单一订单分配，这种情况多为线上即时分配，即在输入订单资料时，就将存货分配给订单；②批次分配，输入所有的订单资料后，一次性分配库存。配送中心订单数量多，客户类型等级多，且多为每天固定配送次数，因此，采取批次分配是确保配送中心库存能力的最佳分配方式。

(2) 各配送中心的分批原则。根据作业的不同，各配送中心的分批原则可能不同。总的来说，常有以下几种划分方法：①按接单时序划分，这种方法将整个接单时段划分为几个合理区段。若一天有多个配送批次，可配合配送批次将订单按接单顺序分为几个批次处理；②按配送区域储径划分，即将同一配送区域储径的订单汇总后一起处理；③按流通加工需求划分，即将需要加工处理或需要相同流通加工处理的订单一起处理；④按车辆需求划分，若配送商品需要特殊的配送车辆(如低温车、冷冻车、冷藏车)，或由于客户所在地、下货特性等需要特殊的配送车辆，可汇总后一起处理。

3) 分配后存货不足的异动处理

若现有存货数量无法满足客户需求，且客户不愿接受替代品，则依据客户意愿与公司政策来确定应对方式，如表6-8所示。

表6-8 分配后存货不足的异动处理说明表

情况类别	约束条件	处理说明
客户不允许过期交货	公司无法重新调拨	删除订单上不足额的订货，或取消订单
	重新调拨	重新分配订单
客户允许不足额订单		公司政策不希望分批出货，只好删除订单上的不足额部分
	等待有货时再补送	等待有货时再补送
	处理下一张订单时"补送"	与下一张订单合并配送
	有时限延迟交货，并一次配送	客户允许一段时间的过期交货，并要求所有订单一次配送
	无时限延迟交货，并一次配送	不论要等多久，客户皆允许过期交货，且希望所有订货一起送达，则等待所有订货到达后再出货
客户希望所有订单一次配送，且不允许过期交货		将整张订单取消
根据公司政策		允许过期分批补货；由于分批出货的额外成本高，不愿意分批补货、宁可客户取消订单，或要求客户延迟交货日期

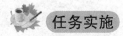

步骤1：订单有效性分析。

根据采购订单及客户档案对订单进行分析。

(1) 根据天乐公司的客户档案备注信息，公司于每年11月1日至5日盘点，盘点期间不收、发货物。目前订单处理的时间是11月2日，预计送达时间将在盘点期间，因而天乐公司订单现在不做处理。

(2) 根据发货要求，订单信息有误，其订单视为无效订单。经核查，天凯公司纯白清香型香皂125g，单价50元，订购数量2块，金额计算错误，因此视为无效订单，现在不做处理。

(3) 需要根据客户档案中信用额度、应收账款、客户类型等对其他订单进一步分析。

累计应收账款超过信用额度或者订单信息有误，其订单视为无效订单，伙伴型的客户，其信用额度可上浮1%。公司在2018年11月开展促销活动，单日订单金额在1 000～1 499元的享受九折优惠，单日订单金额在1 500～1 999元的享受八五折优惠，单日订单金额在2 000元以上的享受八折优惠。订单分析如表6-9所示。

表6-9 订单分析

项　　目	天福公司	天鄢公司	天来公司	天家公司
应收账款/万元	8.85	9.95	142	199.8
信用额度/万元	9	10×1.01＝10.1	150	200
订单金额/万元	0.19	0.175	0.155	0.185
折后订单金额/万元	0.161 5	0.148 75	0.131 75	0.157 25
累计应收账款/万元	9.011 5	10.098 75	142.131 75	199.957 25
差额/万元	−0.011 5	0.001 25	7.868 25	0.042 75
客户类型	普通	伙伴型	重点型	子公司
是否有效	无效	有效	有效	有效
原因	超出订单金额	—	—	—

无效订单处理如表6-10所示。

表6-10 无效订单处理

序号	客户名称	无效原因	处理结果	日　　期	处理人
1	天乐公司	公司于每年11月1日至5日盘点，盘点期间不收、发货物	视为无效订单，不发货	2018.11.2	
2	天凯公司	订单信息有误	视为无效订单，不发货	2018.11.2	
3	天福公司	超出订单金额	视为无效订单，不发货	2018.11.2	

结论：经以上分析，天鄢公司、天来公司、天家公司3家订单有效，允许发货。

步骤2：客户订单处理。

为提高拣选效率,优化拣选路径,根据客户订单及客户有效性分析对客户订单进行处理,如表 6-11 和表 6-12 所示。

表 6-11 客户订单整箱汇总表

货物名称	单位	天鄢公司	天来公司	天家公司	订购数量	库存数量	结余	缺货数量
什锦果味罐头	箱		6		6	18	12	0
可口发糕	箱	4	5	6	15	14	−1	1
酒	箱	5			5	0+(32)	27	0
奶粉	箱	6		3	9	22	13	0
婴儿尿不湿	箱		1	3	4	10	6	0

注:酒中的(32)为新入库的数量。

表 6-12 客户散货订单汇总表

货物名称	天鄢公司	天来公司	天家公司	订购数量/件
营养果汁酸奶饮品草莓味 200mL	2	2	1	5
冰糖雪梨 500mL		1		1
直尺			2	2
饮用矿泉水 550mL		1		1
可乐 300mL	1		1	2
可乐 500mL		1		1
橡皮擦			2	2
饮用纯净水 550mL	1		1	2
铅笔			2	2
乳酸菌饮品草莓味 180mL		1		1
纯白清香型香皂 125g			2	2
活力运动型香皂 125g			2	2
雪碧 300mL		1		1
雪碧 330mL	1			1

以上分析可知,可口发糕缺 1 箱。客户散货订单订购数量也需与库存数量比较,确定库存是否充足。

步骤 3:客户优先权分析。

根据客户档案采集信息,如表 6-13 所示。

表 6-13 客户档案信息

分析指标	天鄢公司	天来公司	天家公司
客户类型	伙伴型	重点型	子公司
客户级别	A	A	A
忠诚度	高	高	高
满意度	高	较高	高

根据赋值和各项指标权重计算得到分析结果,如表 6-14 所示。

表 6-14　客户档案评分

评 分 指 标	天鄢公司	天来公司	天家公司
客户类型(0.4)	4	3	5
客户级别(0.3)	3	3	3
忠诚度(0.2)	2	2	2
满意度(0.1)	2	1	2
总　　计	3.1	2.6	3.5

客户优先权顺序为天家公司、天鄢公司、天来公司,即当多个客户针对某一货物的要货量大于该货物库存量时,可按这样的顺序满足客户对货物的要求。

步骤 4:库存分配计划。

库存分配计划如表 6-15 所示。

表 6-15　库存分配计划

货物名称	单位	天鄢公司	天来公司	天家公司	订购数量	库存数量	结余	缺货数量	备　注
什锦果味罐头	箱		6		6	18	12	0	
可口发糕	箱	4	4(缺1)	6	15	14	缺1	1	需补货
酒	箱	5			5	0+(32)	27	0	
奶粉	箱	6		3	9	22	13	0	
婴儿尿不湿	箱		1	3	4	10	6	0	

根据客户优先权分析,可以得出优先给天家公司、天鄢公司分配货物,而天来公司则缺货 1 箱可口发糕。

步骤 5:缺货订单处理。

因为可口发糕缺 1 箱,所以主管就需要进行缺货订单的处理,将缺少的货物上报给采购部进行采购,然后补货给天来公司,如表 6-16 所示。

表 6-16　缺货订单处理

货物名称	客户名称	缺货数量	处 理 方 案	处理人
可口发糕	天来公司	1	与客户联系沟通,经客户同意后,延迟发货	主管

任务6.3　拣货、补货作业

拣货作业是依据客户的订货要求或配送中心的作业计划,将商品从其储位或其他区域拣取出来的作业过程。拣货作业不仅工作量大、工艺复杂,而且要求作业时间短、准确度高。因此,加强对拣货作业的管理非常重要。在拣货作业中,根据配送的业务范围和服务特点,即根

据客户订单反映的商品特性、数量多少、服务要求、送货区域等信息,采取科学的拣货方式,进行高效的作业。

补货作业是出库及配送作业中对管理要求较高的环节,需要合理安排补货的时机及补货的数量,对节约作业场地、保证拣货作业的正常进行等有直接的影响。

6.3.1 拣货作业

1. 拣选作业流程

生成拣选信息,仓管员对拣选信息及拣选货品进行核对后,进行拣选作业,将拣选完成的货品进行包装并运送至出库理货区。

(1) 拣货资料的形成。拣货作业必须在拣货信息的指导下才能完成。拣货信息来源于顾客的订单或配送中心的送货单。因此,有些配送中心直接利用顾客的订单或配送中心的送货单作为人工拣货指示,即拣货作业人员直接凭订单或送货单拣取货物。这种信息传递方式因无法准确标示所拣货物的储位而使拣货人员延长了寻找货物的时间并增加了拣货行走的路径。在国外大多数配送中心,一般先将订单等原始拣货信息处理后,转换成拣货单或电子拣货信号,再指导拣货人员或运用自动拣取设备进行拣货作业,以提高作业的效率和作业的准确性。

(2) 行走或搬运。拣货时,拣货作业人员或机器必须直接接触并拿取货物,因此形成拣货过程中的行走和货物的搬运,缩短行走和货物搬运距离是提高配送中心作业效率的关键。这一过程有两种完成方式,如表 6-17 所示。

表 6-17 两种行走和搬运方式的比较

类 型	方 法	特 点
人—物方式	拣货人员以步行或搭乘拣货车辆的方式到达货物储存位置	货物静止,移动方为拣取者
物—人方式	拣取人员固定位置作业,不必去寻找商品的储存位置,主要移动方是货物	货品处于动态,如轻负载自动仓储、旋转自动仓储等,拣取者静止

(3) 拣取确认。当货品出现在拣取者面前时,其一般采取的两个动作为拣取和确认。拣取是抓取物品的动作,确认则是确定所拣取的物品、数量是否与指示拣货的信息相符。在实际的作业中,配送中心多采用读取品名与拣货单据作对比的确认方式,较先进的做法是利用无线传输终端机读取条码后,再由计算机进行确认。配送中心通常对小体积、小批量、搬运重量在人力范围内且出货频率不是特别高的货品,采取手工方式拣取;对体积大、重量大的货物,利用升降叉车等搬运机械辅助作业;对于出货频率很高的货品则采用自动分拣系统进行拣货。

(4) 分类与集中。配送中心在收到多个客户的订单后,可以形成批量拣取,然后再根据不同的客户或送货路线分类集中,有些需要进行流通加工的商品还需根据加工方法进行分类,加工完毕再按一定方式分类出货。多品种分货的工艺过程较复杂,难度也大,容易发生错误,必须在统筹安排形成规模效应的基础上,提高作业的精确度。在物品体积小、重量轻的情况下,可以采取人力分货,也可以采取机械辅助作业,或利用自动分货机自动将拣取出来的货物进行分类与集中。分类完成后,货物经过查对、包装便可以出货、装运、送货了。

2. 拣货方式

拣货作业最简单的划分方式是将其分为按订单拣取、批量拣取与复合拣取三种。按订单拣取与批量拣取的拣货方式比较如表6-18所示。

表6-18 拣货方式

项 目	按订单拣取(single-order pick)	批量拣取(batch pick)
含义	这种作业方式是针对每一张订单,作业员巡回于仓库内,将客户所订购的商品逐一由仓库中挑出集中的方式,是较传统的拣货方式	把多张订单集合成一批,依商品类别将数量汇总后再进行拣取,然后依客户订单进行分类
优点	作业方法单纯; 前置时间短; 导入容易且弹性大; 作业员责任明确,派工容易、公平; 拣货后不用再进行分类作业,适用于大量订单的处理	适合订单数量庞大的系统; 可以缩短拣取时行走搬运的距离,增加单位时间的拣货量
缺点	当商品品项较多时,拣货行走路径加长,拣取效率降低; 当拣货区域较大时,搬运系统设计困难	对订单的到来无法立即进行反应,必须等订单积累到一定数量时才进行一次处理,因此会产生停滞时间(只有根据订单到达的状况进行等候分析,决定出适当的批量大小,才能将停滞时间减到最小)
适用范围	用户不稳定,波动较大; 用户之间共同需求的差异较大; 用户需求的种类较多,统计和共同取货的难度增加; 用户的配送时间有明确的要求且要求不一; 传统仓库改建成的配送中心	用户稳定、数量较多; 用户之间共同需求大; 用户需求种类较少,便于统计和共同取货; 用户的配送时间; 专业性强的配送中心; 没有明确的要求

复合拣取是将按订单拣取和批量拣取组合起来的拣货方式,即根据订单的品种、数量及出库频率,确定哪些订单适用按订单拣取,哪些订单适用批量拣取,然后分别采取不同的拣货方式。

📖 知识链接

接力式拣选是由一组拣货人员采取接力式的作业方式,上游分拣人员将自己负责区域的货品拣出并放入周转箱,完成第一个订单分拣后输送线将周转箱送至下游分拣人员处,由下游分拣人员继续分拣其他货品,直至该订单所有的分拣任务完成。上游分拣人员分拣完第一个订单后,不用等待下游分拣人员都分拣完成,就可以继续分拣第二个订单。

3. 拣货策略

拣货策略是影响拣货作业效率的重要因素,对不同的订单需求应采取不同的拣货策略。拣货策略制定前首先要了解拣货单位,拣货单位可分成托盘、箱及单品三种。一般而言,以托盘为拣货单位的体积及重量最大,其次为箱,最小单位为单品。为能够做出明确的判别,拣货单位可进一步划分为以下四种。

(1) 单品:拣货的最小单位。单品可由箱中取出,可以用人手单手拣取者。

(2) 箱:由单品组成,可由栈板上取出,人手必须用双手拣取者。

(3) 托盘:由箱叠栈而成,无法用人手直接搬运,必须利用堆高机或拖板车等机械设备。

(4) 特殊品:体积大,形状特殊,无法按栈板、箱归类,或必须在特殊条件下作业者,如大型家具、桶装油料、长杆型货物、冷冻货品等,都具有特殊的商品特性,拣货系统的设计将严重受限于此。

拣货单位是根据订单分析出来的结果而定的,如果订货的最小单位是箱,则不需要以单品为拣货单位。库存的每一品项皆须进行以上形式的分析,以判断拣货的单位,但一些品项可能因为有两种以上的拣货单位,则在设计上要针对每一种情况进行考虑。

决定拣货策略的四个主要因素为:分区、订单分割、订单分批和分类。

> **工作要点**
> 策略的制定要综合考虑四个主要因素,具体问题具体分析。

1) 分区

无论是按订单拣取还是批量拣取,出于效率上的考虑皆可配合采用分区或不分区的作业策略。所谓分区作业就是将拣取作业场地进行区域划分,每一个作业员负责拣取固定区域内的商品,而其分区方式又可分为商品特性分区、储存单位分区、拣货单位分区、拣货方式分区及工作分区。事实上,在进行拣货分区时也要考虑到储存分区的部分,必须先针对储存分区进行了解、规划,才能使得系统整体的配合趋于完善。

商品特性分区:根据商品原有特性来划分储存区域。

储存单位分区:将相同储存单位的商品集中便可形成储存单位分区。

拣货单位分区:依需求的拣货单位(拣取托盘或拣取箱)进行分区。

拣货方式分区:在同一拣货单位分区内,若要采行不同方式及设备的拣取,则必须进行拣货方式的分区考虑。

工作分区:先定出工作分区的组合并预计其产能,再计算所需的工作。

2) 订单分割

当一张订单上的商品品项较多或想要设计一个要求及时快速处理拣货系统时,为了使其能在短时间内完成拣货处理,可利用此策略将订单切分成若干子订单,交由不同的拣货人员同时进行拣货作业,以加速完成拣货任务。

订单分割策略必须与分区策略联合运用才能有效发挥其优势。

订单分割一般是与拣货分区相对应的,对于采用拣货分区的配送中心,其订单处理过程的第一步就是要按区域进行订单分割,各个拣货区根据分割后的子订单进行拣货作业,各拣货区完成子订单拣选后,再进行订单汇总。

订单分割的方法包括拣选单位分区的订单分割策略、拣选方式分区的订单分割策略、工作分区的订单分割策略。

3) 订单分批

批量拣取有四种方式可作为订单分批的原则,如表6-19所示。

表 6-19　订单分批原则

分批原则	使用范围	优　　点	缺　　点
合计量分批原则	将进行拣货作业前所有累积订单中的货品依品项分别合计总量,再根据总量进行拣取的方式,适合固定点间的周期性配送	一次拣出全部商品,可使平均拣货距离最短	必须经过功能较强的分类系统完成分类作业,订单数不可过多
时窗分批原则	当订单到出货所需的时间非常紧迫时,可利用此策略开启短暂时窗,如5分钟或10分钟,在将此时窗中所到达的订单做成一批,进行拣取	此分批方式较适合密集频繁的订单,且较能应付紧急插单的需求	开启短暂时窗
定量分批原则	订单分批按先进先出(FIFO)的基本原则,当累计订单数到达设定的固定量后,再开始进行拣货作业的方式	维持稳定的拣货效率,使自动化的拣货、分类设备得以发挥最大的功效	订单的商品总量变化不宜太大,否则会造成分类作业的不经济
智慧型的分批原则	订单汇集后,必须经过较复杂的计算程序,将拣取路线相近的订单集中处理,求得最佳订单分批,可极大地缩短拣货行走搬运距离	分批时已考虑到订单的类似性及拣取路径的顺序,使拣货效率进一步提高	所用的技术层次较高不易实现,且信息处理的前置时间较长

4) 分类

一次处理多张订单,且在拣取各种商品的同时,把商品按照客户订单分别分类放置的方式。举例来说,一次拣取 5~6 张订单时,每次拣取用台车或笼车带着这几家客户的篮子,拣取每个客户订单时分类存放,如此可减轻事后分类的麻烦,提升拣货效率,比较适合于每张订单量都不大的情况。

当采用批量拣货作业方式时,拣货完成后还必须进行分类,因此需要相配合的分类策略。分类方式可以分成以下两类。

(1) 分拣时分类。在分拣的同时将货品按各订单分类,这种分类方式常与固定订单量分批或智慧型分批方式联用,因此需使用电脑辅助台车作为拣货设备,才能加快分拣速度,同时避免错误的发生。这种分类方式较适用于少量多样的场合,且因为拣选台车不可能太大,所以每批次的客户订单量不宜过大。

(2) 分拣后集中分类。分拣后集中分类一般有两种分类方法:一种是以人工作业为主,将货品总量搬运到空地上进行分发,而每批次的订单量及货品数量不宜过大,以免超出人员负荷;另一种是利用分类输送机系统进行集中分类,是较自动化的作业方式。

6.3.2　补货作业

1. 补货的概念

在不同的范围内,补货的含义有一定的区别。从广义上讲,补货是指需求企业的库存量低于最低库存的时候,向供应商或者配送中心发出订货和补货信息,采用适当的形式,通过市场信息的实时传递,保证货物不断货,以降低缺货率;从狭义上讲,补货作业是将货物从仓库保管区搬运到拣货区的工作,以下主要介绍这种补货方式。补货作业的目的是向拣货区补充适当的商品,以保证拣货作业的需求。

补货是指理货员将标好价格的商品,依照商品各自既定的陈列位置,定时或不定时地将商品补充到货架上去的作业。补货可分为定时补货和不定时补货。定时补货是有时间规律的对货架商品进行补充,不定时补货是指根据货架商品的缺货情况来确定补货时间。

2. 补货方式

补货的安排直接与拣货作业相关,所以补货作业需要精心安排,不仅为了确保存量,也为将货物安置于方便存取的位置。

按照补货时物品移动的特性区分,补货方式可分为整箱补货、整托盘补货和货架补货。

(1) 整箱补货。整箱补货是一种由货架保管区补货到流动式货架的动管区的补货方式。

在这种补货方式下,保管区为货架存放,动管区为两面开放式的流动式货架,拣货时拣货员至货架保管区取货箱,以手推车载箱至拣货区。

这种补货方式比较适合体积小且少量多样出货的物品。

(2) 整托盘补货。这种补货方式是以托盘为单位进行补货。根据补货的位置不同,又分为两种情况:一种是地板至地板补货;另一种是地板至货架补货。

(3) 货架补货。这种补货方式中保管区与动管区属于同一货架,也就是将一货架上方便拿取之处(中下层)作为动管区,不容易拿取之处(上层)作为保管区。而进货时便将动管区放不下的多余货箱放至上层保管区。对动管区的物品进行拣货,而当动管区的存货低于一定的水准之下,则可利用叉车将上层保管区的物品搬至下层动管区进行补货。

这种补货方式较适合体积不大、每品项存货量不高,且出货多属中小量(以箱为单位)的物品。

3. 补货时机

1) 补货时机的方式

补货作业发生与否应视动管区的货量是否满足需求,所以需要合理确定何时检查动管区的货物存量,何时将保管区的货补至动管区,以避免拣货中途才发觉动管区的货量不够而临时补货,进而影响整个出货作业。补货时机的掌握可参考如下三种方式,至于该选用哪种,应视公司情况而定。

补货计划的制订

(1) 批次补货。于每天或每一批次拣取前,由计算机计算所需物品总拣取量,再对应查看动管区的物品量,于拣取前一特定时点补足物品。此为"一次补足"的补货原则。批次补货较适合一日内作业量变化不大,紧急插单不多,或是每批次拣取量大且需事先掌握的情况。

(2) 定时补货。将每天划分为数个时点,补货人员于时段内检查动管拣货区货架上的物品量,若不足,则马上将货架补足。此为"定时补足"的补货原则。定时补货较适合分批拣货时间固定且处理紧急事件固定的公司。

(3) 随机补货。随机补货是指定专门的补货人员,随时巡视动管区的物品量,有不足时随时补货的方式。此为"不定时补足"的补货原则。随机补货较适合每批次拣取量不大,紧急插单多,以至于一日内作业量不易事前掌握的情况。

2) 补货时机的决策

以配送中心外部补货为例,补货时机的决策即确定拣货区的商品数量在怎样的标准时启动补货工作过程。首先需要确定当时的拣货区存量,然后根据业务的进展情况,确定补货与否。

（1）确定现有存货水平。对现有存货水平的检测是配送中心补货系统工作的起点。具体来讲，对现有存货的监测主要有两种方法：定期检测和连续检测。定期检测是按照一定的周期对存货进行检查的方法，周期的确定可以依据实际情况而定，可以是几小时、几天、一周检测一次。连续检测要求存货管理者连续记录存货的进出情况，每次存货处理后都要检测各产品的数量。

（2）确定补货点。订购点是补货系统的启动机制。只要现有库存（拣货区库存）水平低于指定的量，就立即发出补货指令。确定时要考虑补货操作期间的库存需求量。

（3）确定补货数量。补货点确定下来以后，还要确定补货的数量。订购数量的确定有多种方法，可以根据以往的经验确定或通过经济订货批量模型（EOQ）得出。

（4）补货作业。根据拣货作业的要求，对于拣货区需要补充的存货进行补充，也就是将存放在储存区的存货转移到拣货区。

4. 补货注意事项

（1）首先至拣货区观察商品的缺货情况，按照从左至右、从上至下的顺序依次记录商品的缺货情况，或根据订单与存货信息来计算缺货品种和数量。

（2）携带补货车至库存区，根据记录的缺货情况，查找库存区是否有货，并根据记录的需补货的数量将商品放至补货车中，并将车推至动管区中的相关需补货区域。

（3）补货前先确认货架是否清洁，如果货架卫生状况不好，需先清理货架，打扫卫生，然后再准备补货。

（4）补货时要注意先进先出的原则，同时，如发现货架上有品质不好或残损商品，需第一时间下架，并及时告知上级主管进行处理。此外，补货时要注意一边上货一边清洁，保证商品干净整齐。

> **工作要点**
>
> 补货任务不可忽视6S管理，整齐有序才能条理清晰。

（5）补货后必须将排面拉齐，与第一个商品保持一条直线，以保证排面美观。

（6）补货完毕需清理补货区域，将纸皮等剩余物品及补货剩余商品清理至相关区域，以保持排面的清洁整齐。

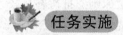

任务实施

步骤1：拣货单位的确定。

根据对有效订单的处理，拣货可以分为按箱拣货和单品拣货。根据拣选单位的不同，考虑选取的拣货方式。

步骤2：拣货方式的选择。

根据订单处理的结果，按箱拣货的汇总如表6-20所示。

表6-20　客户整箱订单汇总表

货物名称	单位	天鄢公司	天来公司	天家公司	订购数量	库存数量	结余	缺货数量
什锦果味罐头	箱		6		6	18	12	0
可口发糕	箱	4	5	6	15	14	−1	1

续表

货物名称	单位	天鄢公司	天来公司	天家公司	订购数量	库存数量	结余	缺货数量
酒	箱	5			5	0+(32)	27	0
奶粉	箱	6		3	9	22	13	0
婴儿尿不湿	箱		1	3	4	10	6	0

各种货物被三家公司重复订购较多，因此可以采取批量拣取的方式，拣取各种货物合计量，拣取什锦果味罐头 6 箱、可口发糕 14 箱、酒 5 箱、奶粉 9 箱、婴儿尿不湿 4 箱。以可口发糕为例制作拣货单如图 6-19 所示。

商品名称：可口发糕						
货位地址：H1-01-03-02				拣选数量：14		
序号	客户名称	订单编号	包装规格	数量	月台	备注
1	天鄢公司	D201810130102	箱	4	1	
2	天来公司	D201810130103	箱	4	2	缺1箱
3	天家公司	D201810130105	箱	6	3	
合计				14		

图 6-19　拣货单（可口发糕）

将总量拣取完成后，在货架区将总量按照各个公司的订购量进行分配。

根据订单处理的结果，按单件拣货的汇总如表 6-21 所示。

表 6-21　客户散货订单汇总表

货物名称	天鄢公司	天来公司	天家公司	订购数量
营养果汁酸奶饮品草莓味 200mL	2	2	1	5
冰糖雪梨 500mL		1		1
直尺			2	2
饮用矿泉水 550mL		1		1
可乐 300mL	1		1	2
可乐 500mL		1		1
橡皮擦			2	2
饮用纯净水 550mL	1		1	2
铅笔			2	2
乳酸菌饮品草莓味 180mL		1		1
纯白清香型香皂 125g			2	2
活力运动型香皂 125g			2	2
雪碧 300mL		1		1
雪碧 330mL	1			1

货物订购的品种较多,且重复程度较低,因而适合采用按订单拣取的方式。以天鄢公司为例制作拣货单如图 6-20 所示。

公司名称			天鄢公司		
	订单编号		D201810130102	月台	1
序号	客户名称	货位地址	包装规格	数量	备注
1	营养果汁酸奶饮品草莓味200mL		瓶	2	
2	饮用纯净水550mL		瓶	1	
3	可乐300mL		瓶	1	
4	雪碧330mL		瓶	1	
	合计			5	

图 6-20 拣货单(天鄢公司)

步骤 3:拣货作业的执行。

按箱拣取的货物,经过批量拣取,然后根据客户分类,将相应货物运至对应的月台;按单件拣取的货物,采用按订单拣取方式,取出的货物直接对应相应的客户,因而可以运至该客户订单对应的月台,至此,每个客户订购的货物拣取完成。

步骤 4:补货计划。

因为可口发糕缺 1 箱,所以主管就需要进行补货的处理,将缺少的货物上报给采购部进行采购,然后补货给天来公司,如表 6-22 所示。

表 6-22 补货单

序号	货物名称	客户名称	补货数量/箱	货物类型	处理人
1	可口发糕	天来公司	1	食品类	采购部

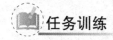

任务训练

一、实训目的

物品出库是仓储作业管理的最后一个环节,它使仓储作业与运输部门、物品使用单位直接发生联系。因此做好出库作业对改善仓储经营管理、降低作业费用、提高服务质量有重要的作用。完成出库作业首先要梳理出库作业流程,然后对出库过程中的各个环节重点把控,保证出库任务的完成。

二、实训任务

请以课本为例设计一个仓储出库方案并进行业务流程模拟演示。

假设教室为仓库,各个课桌为货位,书本为货物,先通过盘点确定仓库库存信息,然后设计客户订单,进行订单处理任务和作业,根据订单制定拣货单,完成拣货及补货任务,并按照出库流程完成出库任务。

要求完成:

(1)制作客户订单、拣货单、补货单、出库单等。

(2)设计"订单处理、拣货、出库"操作方案并提交操作方案。

(3) 各组分别以团队实际配合模拟所提交的操作方案,中间不能变更方案内容。

(4) 各组组长对其他组进行打分,最后去掉一个最高分及一个最低分,算总分进行组成绩排名。

三、实训道具

(1) 书本、笔、A4纸。

(2) 客户订单、拣货单、补货单、出库单等。

四、实训方案指导及模拟演练

进行岗位分工并设定角色。每组中,1人负责订单处理,1人充当拣货人员,1人充当仓储主管(负责检查下属人员的单、证是否正确及签字)。

假设你为某仓库管理员,请结合本章学习内容,分析出库管理的工作任务有哪些?你将如何安排各项工作有序进行,如需要工作人员,需要哪些工作人员?其各自的工作职责和任务分工是什么?主要的工作内容及注意事项有哪些?请写一份出库管理实训报告。

小 结

物品出库是仓储作业管理的最后一个环节,它使仓储作业与运输部门、物品使用单位直接发生联系。因此,做好出库作业对改善仓储经营管理、降低作业费用、提高服务质量有重要的作用。完成出库作业首先要梳理出库作业流程,然后对出库过程中的各个环节重点把控,保证出库任务的完成。出库作业管理可分解为三个任务:出库作业流程;订单处理;拣货、补货作业。

首先是出库作业流程。出库作业的主要环节包括出库准备、审核凭证、分拣备货、复核查对、点交货物、登账结算和库内清理。货物出库的基本要求是三不、三核、五检查;先进先出原则;出库凭证和手续必须符合要求;严格遵守仓库有关出库的各项规则制度。货物出库的主要形式:①送货;②自提;③过户;④取样;⑤转仓。

其次是订单处理。订单处理是指从接到客户订货开始到准备着手拣货为止的作业阶段,对客户订单进行品项数量、交货日期、客户信用度、订单金额、加工包装、订单号码、客户档案、配送货方法和订单资料输出等系列的技术工作。订单处理的流程包括:①接受订货;②订单确认;③设定订单号码;④建立客户档案;⑤存货分配。

最后是拣货、补货作业。拣货作业的流程包括:①拣货资料的形成;②行走或搬运;③拣取确认;④分类与集中。拣货方式包括按订单拣取、批量拣取和复合拣取。决定拣货策略的四个主要因素:分区、订单分割、订单分批和分类。补货方式包括整箱补货、整托盘补货、货架补货。补货时机包括批次补货、定时补货、随机补货。

测 试

一、单选题

1. 下列不属于产品出库步骤的是( )。

　　A. 核对出库凭证　　B. 配货出库　　C. 堆码　　D. 记账清点

2. 一种就地划拨的出库形式,货品虽未出库,但是所有权已发生转移,属于( )出库基本形式。
    A. 代办托运   B. 转仓   C. 过户   D. 取样
3. 以下不属于补货方式的是(　　)。
    A. 定时补货   B. 流动补货   C. 批次补货   D. 随机补货
4. 适合于订单数量变化频繁、商品差异较大的货物的拣货方式是(　　)。
    A. 按订单拣取   B. 批量拣取   C. 复合拣取   D. 播种式
5. 订单处理的内容不包括(　　)。
    A. 设定订单号码   B. 建立客户档案资料
    C. 从储位中拣取货物   D. 存货查询及订单分配存货

二、多选题

1. 货物出库的主要形式(　　)。
    A. 送货   B. 自提   C. 过户   D. 转仓
2. 属于订单处理的流程是(　　)。
    A. 接收订货   B. 订单确认
    C. 拣取货物   D. 建立客户档案
3. 对客户订单处理的内容包括(　　)。
    A. 品项数量   B. 交货日期   C. 客户信用度   D. 订单金额
4. 拣货作业的流程包括(　　)。
    A. 拣货资料的形成   B. 行走或搬运
    C. 分类与集中   D. 补货完成
5. 补货方式包括(　　)。
    A. 整箱补货   B. 随机补货   C. 整托盘补货   D. 货架补货
6. 拣货策略的四个主要因素是(　　)。
    A. 分区   B. 订单分割   C. 订单分批   D. 分类

三、简答题

1. 简述出库作业流程。
2. 简述订单处理原则。
3. 简述订单处理作业流程。
4. 简述拣货方式的分类及优缺点比较。
5. 简述补货时机及补货注意事项。

项目 7

配送作业管理

📌 项目导图

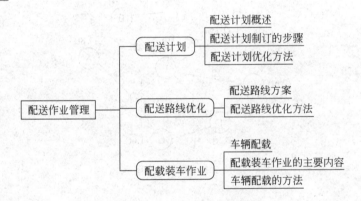

📌 任务描述

任务 1

某建材配送中心,某日需运送水泥量为 300~550t,盘条 100~420t 和不定量的平板玻璃。该中心有大型车 23 辆、中型车 26 辆、小型车 32 辆。各种车每日只运输一次物资,配送原始数据如表 7-1 所示,试运用 Excel 规划求解,给出最佳运输方案,使总的运输量最大。

表 7-1 配送原始数据

行号	B		C	D	E	F
2	项 目		运水泥量/t	运盘条量/t	运玻璃量/t	车辆数量/辆
3	车辆种类	大型车	20	17	14	23
4		中型车	18	15	12	26
5		小型车	16	13	10	32
6	需求量上限/t		550	420		
7	需求量上限/t		300	100		

任务 2

配送路线设计参考资料

某配送中心 P 将于 6 月 26 日向美麟(A)、美来(B)、美嫣(C)、美家(D)、美兰(E)、美乐(F)、美程(G)7 家公司配送货物。图 7-1 中连线上的数字表示公路里程(千米,km)。靠近各公司括号内的数字,表示各公司对货物的需求量(吨,t)。配送中心备有 4t 和 6t 载重量的汽车可供使用,假设送达时间均符合用户要求。

(1) 试用节约里程法制订最优的配送方案。

(2) 配送中心在向客户配送货物的过程中,平均每小时支出成本为 220 元,假定卡车行驶的平均速度为 38.5km/h,试比较优化后的方案比向各客户往返分送可节约多少费用。

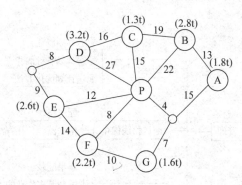

图 7-1 配送网络图

任务 3

有 A 和 B 两种货物需要运输,A 货物 $1m^3$、重 2.59t,B 货物 $1m^3$、重 0.56t,用载重 12t、容积 $20m^3$ 的货车装运,根据经验容积利用率为 95%,两种货物各装多少吨才能满载?

任务分解

配送作业管理是根据客户订单对货物品种、时间、数量的要求,结合客户分布、距离、同行条件等,拟订配送作业计划,进行送货路线优化,按照货物特征、送货顺序、车辆载重及容积,安排配载及装车,完成作业送达服务。本项目涉及配送作业管理的各项工作,可分解为三个任务:配送计划;配送路线优化;配载装车作业。

学习目标

任 务	知识目标	能力目标	素质目标
配送计划	1. 了解配送计划的概念,理解配送计划的内容及种类; 2. 掌握配送计划的制订步骤; 3. 掌握配送计划优化方法	1. 能够完成配送计划的制订; 2. 能够对实际任务完成配送计划的优化	1. 善于统筹全面考虑,周密安排计划; 2. 精益求精,不断尝试,寻找最合适的方法

续表

任　务	知识目标	能力目标	素质目标
配送路线优化	1. 了解配送路线方案的目标； 2. 理解配送路线约束条件； 3. 理解节约里程法基本原理，掌握节约里程法的求解步骤	1. 能够分析配送路线设计问题； 2. 能够应用节约里程法完成配送路线优化	1. 目标明确，才能正确把控方向，顺利完成任务； 2. 培养节约意识，无论是在工作中还是生活中，节约费用、节约时间
配载装车作业	1. 了解影响车辆配装的因素，理解车辆配装的原则； 2. 掌握配载装车作业的主要内容； 3. 掌握车辆配装的方法	1. 能够考虑各种因素、遵循相关原则进行配载； 2. 能够选择合适的方法完成车辆配载	1. 能够具备安全责任意识，不可为省成本而冒风险； 2. 理论与实际综合考虑，才能切实可行

任务 7.1　配 送 计 划

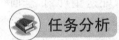

任务分析

配送计划是指配送中心为完成各项配送任务而做出的具体执行安排。其目的是实现配送管理的合理化；消除配送中的作业浪费、时间浪费；减少货物损失，提高设备、设施、运输工具的使用效率，从而削减配送费用，使配送工作能够按最高效率的路线和行车时间表进行（如进行夜间配送）。配送计划的主要目的是为具体的配送作业提供指导，因此配送计划的内容就是要确定在特定的时间、特定的场所，要做什么、谁去做和怎么做等问题。

7.1.1　配送计划概述

1. 配送计划的概念

配送计划是指配送企业（配送中心）在一定的时间内编制的生产计划。配送计划是配送中心生产经营的首要职能和中心环节。配送计划的主要内容应包括配送的时间、车辆选择、货物装载、配送路线以及配送顺序等的具体选择。

2. 配送计划的主要内容

配送作业计划的目的主要是为具体的配送作业提供指导，因此配送作业计划的内容就是要确定在特定的时间、特定的场所，要做什么、谁去做以及怎么做等问题。一般来说，配送作业计划的内容主要包括以下四个方面。

（1）按日期排定用户所需商品的品种、规格、数量、送达时间、送达地点、送货车辆与人员等。

（2）优化车辆行走路线与运送车辆趟次，并将送货地址和车辆行走路线在地图上标明或在表格中列出。如何选择距离短、配送时间短、配送成本低的线路,需要根据用户的具体位置、沿途的交通情况等做出优先选择和判断。除此之外,还必须满足某些客户或其所在地点环境对送货时间、车型等方面的特殊要求。例如,有些客户一般不在上午或晚上收货,有些道路在某高峰期实行特别的交通管制等。因此,确定配送批次顺序应与配送线路优化综合起来考虑。

(3) 按用户需要的时间并结合运输距离确定起运提前期。

(4) 按用户要求选择送达服务方式。配送计划确定之后,向各配送点下达配送任务,依据计划调度运输车辆、装卸机械及相关作业班组与人员,并指派专人将商品送达时间、品种、规格、数量等信息通知客户,使客户按计划准备好接货工作。

3. 配送计划的种类

配送计划一般包括配送主计划、每日配送计划和特殊配送计划。

(1) 配送主计划。配送主计划是指针对未来一定时期内,对已知的客户需求进行前期配送规划,便于对车辆人员、支出等做统筹安排,以满足客户的需要。例如,为迎接家电行业3月至7月空调销售旺季的到来,某公司于年初制订空调配送主计划,根据各个零售店往年的销售情况,加上相应系数预测配送需求量,提前安排车辆、人员等,制订配送主计划,全面保证销售任务的完成。

(2) 每日配送计划。每日配送计划是针对上述配送主计划,逐日进行实际配送作业的调度计划。例如,订单增减、取消、配送任务细分、时间安排、车辆调度等。制订每日配送计划的目的是使配送作业有章可循,成为例行事务,做到忙中有序。当然这和责任人也是有很大关系的。

(3) 特别配送计划。特别配送计划是指针对突发事件或者不在主计划规划范围内的配送业务,或者不影响正常性每日配送业务所做的计划。特别配送计划是配送主计划和每日配送计划的必要补充。例如,空调在特定商场进行促销活动,可能会导致配送需求量突然增加,或者配送时效性增高,这都需要制订特殊配送计划,增强配送业务的柔性,提高服务水平。

7.1.2 配送计划制订的步骤

1. 编制配送计划的依据

(1) 客户订单。一般客户订单对配送商品的品种、规格、数量、送货时间、送达地点、收货方式等都有要求。因此,客户订单是拟订配送计划的基本依据。

(2) 客户分布(运输路线、距离)。客户分布是指客户的地理位置分布。客户位置离配送据点的距离、配送据点到达客户收货地点的路径选择,直接影响输送成本。

(3) 配送货物的体积、形状、重量、性能、运输要求(及优化装载)、配载方案。这些因素是决定运输方式、车辆种类、载重、容积、装卸设备的因素。

(4) 运输、装卸条件。运输道路交通状况、运达地点(及其作业地理环境)、装卸货时间、天气状况等对输送作业的效率也起较大的约束作用。

2. 配送计划的编制步骤

制订一份高效的配送计划,不仅是为了满足客户的要求,而且应该能够对客户的各项业务起到有效的支撑作用,起到帮助客户创造利润的目的,也就是我们所说的挖掘"第三利润源泉",最终使客户和物流企业同时受益,实现"双赢"的效果。

配送计划的制订一般应遵循图7-2所示的步骤。

企业在制订配送计划时必须考虑制订配送计划的目的。例如,配送业务是为了满足短期时效性的要求,还是满足长期稳定性的要求;配送业务是服务于临时性的特定顾客,还是服务于长期固定客户。不同的配送目的,需要有不同的配送计划来支撑。对相关数据资料的收集并做相应的分析是制订配送计划的关键,是提高配送服务质量的关键。配送七要素是指货物、客户、车辆、人员、路线、地点、时间。七要素也称作配送的功能要素,在制订配送计划时应对此七项内容做深入了解并加以分析整理。

在完成上述工作之后,结合自身能力及客户需求,便可以初步制订配送计划。在具体业务的操作上,要取得良好的配送服务质量,是需要客户与配送公司密切配合的,并不是单纯某一方的责任。

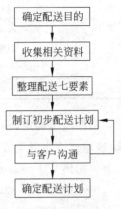

图7-2 制订配送计划的步骤

经过几次与客户进行协调沟通之后,初步配送计划经过反复修改最终确定。已经确定的配送计划应该成为配送合同中的重要组成部分,并且应该让执行此配送计划的双方或者多方人员全面了解,确保具体配送业务的顺利操作,确保配送服务质量。

3. 配送计划的实施步骤

配送计划的实施过程通常分为以下五个阶段(或步骤)。

(1)下达配送计划。即通知用户和配送点,以使用户按计划准备接货,使配送点按计划组织送货。

(2)配送点配货。各配送点按配送计划落实货物和运力,对数量、种类不符要求的货物,组织进货。

(3)下达配送任务。即配送点向运输部门、仓库、分货包装及财务部门下达配送任务,各部门组织落实任务。

(4)发送。理货部门按要求将各用户所需的各种货物进行分货、配货、配装,并将送货交接单交驾驶员或随车送货人。

(5)配达。车辆按规定路线将货物送达用户,用户点接后在回执上签章。配送任务完成后,由财务部门进行结算。

> **工作要点**
> 计划安排要周密,统筹全面考虑,执行时才能更加顺畅。

7.1.3 配送计划优化方法

1. 经验调度法

经验调度法就是根据实际经验进行车辆调度的方法。

某建材配送中心,某日需运送水泥580t、盘条400t和不定量的平板玻璃。该中心有大型车20辆、中型车20辆、小型车30辆。各种车每日只运输一次物资,配送原始数据如表7-2所示(为提高运算效率,运用Excel表求解)。

表 7-2 配送原始数据

行号	B		C	D	E	F
2	项	目	运水泥量/t	运盘条量/t	运玻璃量/t	车辆数量/辆
3	车辆种类	大型车	20	17	14	20
4		中型车	18	15	12	20
5		小型车	16	13	10	30
6	需求量/t		580	400		

根据经验确定,车辆安排的顺序为大型车、中型车、小型车。货载安排的顺序为水泥、盘条、玻璃。得出派车方案,共完成货运量 1 080 吨。表 7-3 中,相关 Excel 计算公式如下:

单元格 C13＝sumproduct(C＄3:C＄5,C10:C12)

单元格 D13＝sumproduct(D＄3:D＄5,D10:D12)

单元格 E13＝sumproduct(E＄3:E＄5,E10:E12)

单元格 C14＝C6,D14＝D6,E14＝E13

单元格 C15＝sum(C14:E14)

表 7-3 经验法调度方案

行号	B		C	D	E	F
9	项	目	运水泥/t	运盘条/t	运玻璃/t	车辆数量/辆
10	车辆种类	大型车	20			20
11		中型车	10	10		20
12		小型车		20	10	30
13	可运输量/t		580	410	100	
14	需求量(实际运输量)/t		580	400	100	
15	总运输量/t		1 080			

该方法的优点是简单、易于掌握。该方法的缺点是优化程度不高,需要人工给出方案,当货物种类较多、车辆类型较多时,计算比较烦琐,容易出错。

2. 运输定额比法

运输定额比法就是根据不同货物运输定额计算定额比,然后再根据定额比大小确定安排顺序,定额比大的优先安排,最终给出调度计划。

根据表 7-2 的资料,计算每种车运输不同货物的定额比,如表 7-4 所示,相关 Excel 计算公式如下。

单元格 C19＝C3/D3,单元格 D19＝D3/E3,E19＝C3/E3;其余类似,可复制 C19:E19 区域,然后粘贴到剩余区域 C20:E21 区域。

表 7-4 运输定额比

行号	B	C	D	E	F
18	车辆种类	运水泥	运盘条	运玻璃	车辆数量/辆
19	大型车	1.18	1.21	1.43	20

续表

行号	B	C	D	E	F
20	中型车	1.20	1.25	1.50	20
21	小型车	1.23	1.30	1.60	30

由表 7-4 知,运输水泥效率最高,其次是盘条,最后是玻璃。在运输水泥中,小型车定额比最大,所以优先安排小型车运水泥,小型车全部安排运水泥,经计算可运 480t;运盘条时,因小型车已全部安排完,不能再使用,在大型车和中型车中,中型车定额比最大,所以中型车优先安排运盘条,经计算 20 辆中型车全部运盘条,可运 300t,余下水泥、盘条及玻璃由大型车辆运输,给出最终方案,如表 7-5 所示,相关 Excel 计算公式与经验调度法类似。

表 7-5 运输定额比法调度方案

行号	B		C	D	E	F
24	项 目		运水泥/t	运盘条/t	运玻璃/t	车辆数量/辆
25	车辆种类	大型车	5	6	9	20
26		中型车		20		20
27		小型车	30			30
28	可运输量/t		580	402	126	
29	需求量(实际运输量)/t		580	400	126	
30	总运输量/t		1 106			

该方法的优点是优化程度高于经验调度法。该方法的缺点是计算工作量、优化顺序较复杂、烦琐、容易出错,尤其是当货物种类较多、车辆类型较多时。

工作要点

精益求精,不断尝试,寻找最合适的方法。

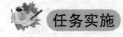
任务实施

解:目标函数选 L6 或 I10,单元格 I10＝L6。

解得 $X_{11}=0$、$X_{12}=3$、$X_{13}=20$、$X_{21}=3$、$X_{22}=23$、$X_{23}=0$、$X_{31}=31$、$X_{32}=1$、$X_{33}=0$,

$\max Z = 550 + 409 + 280 = 1\ 239(\mathrm{t})$,求解过程与结果参见表 7-6、表 7-7 和图 7-3。该问题有多个解。

表 7-6 Excel 规划求解表及求解结果

行号	H		I	J	K	L	M
2	项 目		运水泥量/t	运盘条量/t	运玻璃量/t	变量和	车辆数量/辆
3	车辆种类	大型车	0	3	20	23	23
4		中型车	3	23	0	26	26
5		小型车	31	1	0	32	32
6	需求量(实际运输量)/t		550	409	280	1 239	
7	需求量上限/t		550	420			

续表

行号	H	I	J	K	L	M
2	项　　目	运水泥量/t	运盘条量/t	运玻璃量/t	变量和	车辆数量/辆
8	需求量下限/t	300	100			
9	总运输量/t	1 239				

表 7-7　另一组最优解

行号	H		I	J	K	L	M
2	项　　目		运水泥量/t	运盘条量/t	运玻璃量/t	变量和	车辆数量/辆
3	车辆种类	大型车	0	8	15	23	23
4		中型车	3	18	5	26	26
5		小型车	31	1	0	32	32
6	需求量(实际运输量)/t		550	419	270	1 239	
7	需求量上限/t		550	420			
8	需求量下限/t		300	100			
9	总运输量/t		1 239				

线性规划求解

图 7-3　Excel规划求解数学模型参赛设计示意图

任务 7.2　配送路线优化

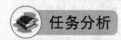

配送路线的确定是配送作业管理的重要组成部分。配送路线的选择影响配送效率的高低、配送时间的长短及配送满意度,是客户评判企业配送成功与否的关键因素。配送路线在一定程度上决定了配送作业管理过程中订单处理、拣货作业等环节。

知识准备

7.2.1 配送路线方案

1. 配送路线方案目标的选择

配送线路方案目标的选择可以从以下几个方面来考虑。

（1）以配送效益最高为目标。在选择效益最高为目标时，一般以企业当前的效益为主要考虑因素，同时兼顾长远的效益。效益是企业整体经营活动的综合体现，可以用利润来表示，因此，在计算时以利润的数值最大化为目标。

> **工作要点**
> 目标明确，才能正确把控方向，顺利完成任务。

（2）以成本最低为目标。成本和配送路线之间有密切的关系，在计算各条配送路线的成本时需要结合运输成本、装卸搬运成本、包装成本等进行综合考量，最终确定总送货成本最低。由于成本对最终效益起决定作用，选择成本最低为目标实际上还是选择了以效益为目标。

（3）以路程最短为目标。如果成本和路程相关性较强，而和其他因素是微相关时，可以采取路程最短为目标，这样可以大大简化计算，也可以避免许多不易计算的影响因素。需要注意的是，有时候路程最短并不见得成本就最低，如果道路条件、道路收费影响了成本，单以最短路程为最优解则不一定合适了。

（4）以吨公里（或吨千米）最小为目标。吨公里最低通常是长途运输或是采取共同配送方式时所选择的目标。在多个发货站和多个收货站的条件下，又是整车发货的情况下，选择吨公里最低为目标可以取得满意的结果。在"节约里程法"的计算中所确定的配送目标就是采用吨公里最小。

（5）以准时性最高为目标。准时性是配送活动中重要的服务指标，以准时性为目标确定配送路线就是要将各客户的时间要求和路线先后到达的安排协调起来，这样有时难以顾及成本问题，甚至需要牺牲一定的成本来满足准确性的要求。需要注意的是，这时总成本始终应控制在目标范围内而不能因此失控。

（6）以劳动消耗最低为目标。以油耗最低、司机人数最少、司机工作时间最短等劳动消耗最低为目标确定配送路线也有所应用。这主要是在特殊情况下（如供油异常紧张、油价非常高、意外事故引起人员减员、某些因素限制了配送司机人数等）所要选择的目标。

2. 配送路线约束条件

以上目标在实现时都受到许多条件的约束，必须在满足这些约束条件的前提下才能取得目标需要实现的结果。一般配送约束条件有以下几项。

（1）路线允许通行的时间限制。在一定的时间范围内，某些路段不允许某种类型的车辆通行，确定配送路线时应当考虑这一因素。

（2）运输工具最大装载能力的限制。最大装载能力的限制包括载重量的限制和装载容积的限制。运输途中需要保证货物的安全，因此在安排货物的配送路线时应确保同路线货物的重量或者体积不会超过所使用运输工具的最大装载能力。

（3）配送中心的能力。配送中心的能力包括运输和服务两个方面的能力。所谓运输能力,是指提供适当的专门化车辆的能力,如温度控制、散装产品以及侧面卸货等。对服务能力而言,包括编制时间表和开发票,在线装运跟踪以及储存和整合。

（4）自然因素的限制。自然因素主要包括气象条件、地形条件等,自然因素对于运输的影响已相对减少,但是自然因素仍是不可忽视的影响因素之一。如突然发生的地陷导致正常的运输道路毁坏,因此在进行配送路线的规划时应考虑好替代路线。

（5）其他不可抗力因素导致的风险。其他不可抗力主要是指法律的颁布、灾害的发生、战争的爆发等,这些因素有时会产生很严重的后果,为了规避风险,应对其进行充分的估计并购买相应的保险。

7.2.2　配送路线优化方法

当由一个配送中心向一位特定客户进行专门送货时,从物流的角度看,客户需求量接近或大于可用车辆的定额载重量,须专门派一辆或多辆车一次或多次送货。货物的配送追求的是多装快跑,选择最短配送线路,以节约时间和费用,提高配送效率。配送路线优化也就是寻求物流网络中最近距离的问题。

1. 节约里程法基本原理

随着配送的复杂化,配送线路的优化一般要结合数学方法及计算机求解的方法来制订合理的配送方案。下面主要介绍确定优化配送方案的一个较成熟的方法——节约里程法,也叫节约法。

节约法的基本规定:利用节约法确定配送线路的主要出发点是根据配送中心的运输能力(包括车辆的多少和载重量)和配送中心到各个客户以及各个客户之间的距离来制订使总的车辆运输的吨公里数最小的配送方案。

节约法的基本原理如图7-4所示,三角形的三个顶点分别为P、A、B。P点为配送中心,它分别向客户A和B送货。三者相互之间的道路距离分别为a、b、c。送货时如果利用两辆车分别为A、B两个客户配送,车辆实际运行距离为$2a+2b$。如果按照图7-4(c)所示,改用一辆车巡回配送,则实际运行距离为$a+b+c$,如果道路无特殊情况,可以节省车辆运行距离为$(2a+2b)-(a+b+c)=a+b-c$,根据"三角形两边之和大于第三边",$a+b-c>0$,则这个节约量被称为"节约里程"。

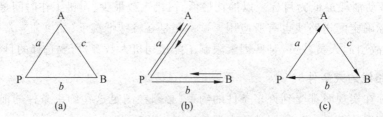

图7-4　节约里程法基本原理

根据节约法的基本思想,如果有一个配送中心P,分别向N个客户配送货物,在汽车载重能力允许的前提下,每辆汽车的配送路线上经过的客户个数越多,则总配送距离越小,配送线路越合理。

工作要点

培养节约意识,无论是工作还是生活,节约费用、节约时间。

2. 节约里程法实例

图 7-5 所示为某配送网络，P 为配选中心所在地，A 至 J 为客户所在地，共 10 个客户，括号内的数字为配送量，单位为吨(t)，路线上的数字为道路距离，单位为千米(km)。现有可以利用的车辆是最大装载量为 2t 和 4t 的两种厢式货车，并限制车辆一次运行距离在 30km 以内。为尽量缩短车辆运行的距离，试用节约里程法设计出最佳配送路线。

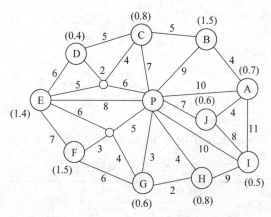

图 7-5 某配送网络

步骤 1：计算相互之间的最短距离。先根据图 7-5 列出配送中心 P 至各用户之间的距离，如 P 至 A 的距离为 10km，P 至 B 的距离为 9km，以此类推；再依次计算某一用户与其他用户之间的最短距离，如 A 至 B 的最短距离为 4km，A 至 C 的最短距离为 9km，A 至 D 的最短距离为 14km，A 至 E 的最短距离为 18km，以此类推；最后得出配送路线最短的距离矩阵，即最短距离表，如表 7-8 所示。

表 7-8 最短距离表

	P	A	B	C	D	E	F	G	H	I	J
A	10	A									
B	9	4	B								
C	7	9	5	C							
D	8	14	10	5	D						
E	8	18	14	9	6	E					
F	8	18	17	15	13	7	F				
G	3	13	12	10	11	10	6	G			
H	4	14	13	11	12	12	7	2	H		
I	10	11	15	17	18	18	17	11	9	I	
J	7	4	8	13	15	15	15	10	11	8	J

步骤 2：从最短距离矩阵中依次计算某一用户与其他用户之间的节约距离，编制节约里程表，如表 7-9 所示。例如，要计算 A 至 B 的节约距离，根据节约法的基本原理，设 P 至 A 的距离为 a，P 至 B 的距离为 b，A 至 B 的距离为 c，则 A 至 B 的节约距离为 $a+b-c=10+9-4=15$。

表 7-9 节约里程表

	A	B	C	D	E	F	G	H	I
B	15								
C	8	11							
D	4	7	10						
E	0	3	3	10					
F	0	0	0	3	9				
G	0	0	0	0	1	5			
H	0	0	0	0	0	4	5		
I	9	4	0	0	0	1	2	5	
J	13	8	1	0	0	0	0	0	9

步骤 3：对节约距离按从大至小顺序排列，编制节约里程排序表，如表 7-10 所示。

表 7-10 节约里程排序表

顺序号	连接点	节约里程	顺序号	连接点	节约里程
1	A—B	15	13	F—G	5
2	A—J	13	14	G—H	5
3	B—C	11	15	H—I	5
4	C—D	10	16	A—D	4
5	D—E	10	17	B—I	4
6	A—I	9	18	F—H	4
7	E—F	9	19	B—E	3
8	I—J	9	20	D—F	3
9	A—C	8	21	G—I	2
10	B—J	8	22	C—J	1
11	B—D	7	23	E—G	1
12	C—E	6	24	F—I	1

步骤 4：按照节约里程排序表和配车（车辆的载重和容积因素）、车辆行驶里程等约束条件，逐渐绘出配送路线。

(1) 初始解。从配送中心 P 向各个用户配送，共有 10 条配送路线，总运行距离为 148km，需要最大装载量 2t 的汽车 10 辆。

(2) 二次解。按照节约里程的大小顺序连接 A—B、A—J、B—C，同时取消 P—A、P—B，形成 P—J—A—B—C 的配送路线Ⅰ，且共有配送路线 7 条，总运行距离为 111km，需要 2t 车 6 辆、4t 车 1 辆。规划的配送路线Ⅰ，装载量为 3.6t，运行距离为 29km。

(3) 三次解，按照节约里程大小顺序，应该 C—D 和 D—E，C—D 和 D—E 都有可能连接到二次解的配送路线Ⅰ中，但是由于受车辆装载量和每次运行距离限制，配送路线Ⅰ不能再增加用户，为此不再连接 C—D，而连接 D—E，组成配送路线Ⅱ，该路线装载量为 1.8t，运行距离为 22km。此时，配送路线共 6 条，总运行距离为 99km，需要 2t 车 5 辆、4t 车 1 辆。

(4) 四次解。接下来的顺序是 A—I、E—F，由于已将用户 A 组合到配送路线Ⅰ中，而且该路线不能再扩充用户,所以不再连接 A—I,连接 E—F 并组合到配送路线 Ⅱ 中,配送路线 Ⅱ 的装载量为 3.3t,运行距离为 29km,此时,配送路线共有 5 条,运行距离为 90km,需 2t 车 3 辆、4t 车 2 辆。

(5) 五次解。按节约里程顺序排列接下来应该是 I—J、A—C、B—J、B—D、C—E,但是,这些连接均包含在已组合的配送路线中,不能再组成新的配送线路。接下来可以将 F—G 组合到配送路线 Ⅱ 中,这样配送路线 Ⅱ 的装载量为 3.9t,运行距离为 30km,均未超出限制条件。此时,总配送路线只有 4 条,运行距离为 85km,需要 2t 车 2 辆、4t 车 2 辆。

(6) 最终解。接下来按节约里程顺序 G—H,连接 H—I 组成新的配送路线 Ⅲ。到此为止,完成了全部配送路线的规划设计。共有 3 条配送路线,运行距离为 80km。需要 2t 车 1 辆、4t 车 2 辆,如图 7-6 所示。

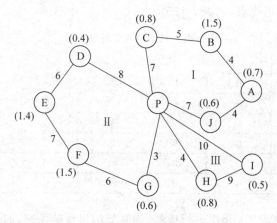

图 7-6 最终解

配送路线如下。

配送路线 Ⅰ:4t 车 1 辆,运行距离为 27km,装载量为 3.6t。

配送路线 Ⅱ:4t 车 1 辆,运行距离为 30km,装载量为 3.9t。

配送路线 Ⅲ:2t 车 1 辆,运行距离为 23km,装载量为 1.3t。

使用节约里程法的注意事项如下。

(1) 适用于顾客需求稳定的配送中心。

(2) 对于需求不稳定的顾客,采用其他途径配送,或并入其他配送路线中。

(3) 最终确定的配送路线要充分听取司机及现场工作人员的意见。

(4) 各配送路线的负荷量尽量调整平衡。

(5) 要充分考虑道路运输状况。

(6) 不可忽视在送达用户后需停留的时间。

(7) 要考虑司机的作息时间及指定的交货时间。

(8) 因为交通状况和需求的变化会影响配送路线,所以最好利用仿真模拟来研究对策及实施措施。

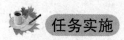

步骤 1:计算相互之间的最短距离,如表 7-11 所示。

表 7-11 最短距离表

	P						
A	19	A					
B	22	13	B				
C	15	32	19	C			
D	27	46	35	16	D		
E	12	31	34	27	17	E	
F	8	27	30	23	31	14	F
G	11	22	33	26	38	23	10	G

步骤 2：编制节约里程表，如表 7-12 所示。

表 7-12 节约里程表

	A					
B	28	B				
C	2	18	C			
D	0	14	26	D		
E	0	0	0	22	E	
F	0	0	0	4	6	F
G	8	0	0	0	0	9	G

步骤 3：对节约距离由大至小进行排列，编制节约里程顺序表，如表 7-13 所示。

表 7-13 节约里程排序表

序号	路线	节约里程	序号	路线	节约里程
1	A—B	28	6	F—G	9
2	C—D	26	7	A—G	8
3	D—E	22	8	E—F	6
4	B—C	18	9	D—F	4
5	B—D	14	10	A—C	2

步骤 4：按照节约里程排序表和配车（车辆的载重和容积因素）、车辆行驶里程等约束条件，绘出配送路线，如图 7-7 所示。

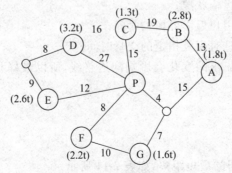

图 7-7 配送路线安排

步骤 5：路线比较。

比较 P—A—B—C—P 和 P—C—B—A—P 两条路线的物流量。

路线 1：P—A—B—C—P。

物流量 = 19×(1.8+2.8+1.3) + 13×(2.8+1.3) + 19×1.3 + 15×0 = 190.1(t·km)

路线 2：P—C—B—A—P。

物流量 = 15×(1.3+2.8+1.8) + 19×(2.8+1.8) + 13×1.8 + 19×0 = 199.3(t·km)

根据以上分析，本条线路可以选择 P—A—B—C—P，选用 6t 的车辆。

步骤 6：节约成本计算。

配送中心往返各客户的路程 = 2×(PA+PB+PC+PD+PE+PF+PG) = 228(km)

总成本 = 228÷38.5×220 = 1 302.9(元)

按最优方案往返各客户的成本分别为

$$(PA+AB+BC+CP)÷38.5×220 = 377.1(元)$$

$$(PD+DE+EP)÷38.5×220 = 320(元)$$

$$(PF+FG+PG)÷38.5×220 = 165.7(元)$$

根据以上分析，优化后的方案比往返向各客户分送可节约费用 = 1 302.9 − 377.1 − 320 − 165.7 = 440.1(元)。

任务 7.3　配载装车作业

车辆配装是指车辆的载重和容积都能得到有效的利用。车辆配装技术要解决的主要问题就是在充分保证货物质量和数量的前提下，尽可能提高车辆在容积和载货两方面的装载量，以提高车辆利用率，节省运力，降低配送费用。

7.3.1　车辆配装

1. 影响车辆配装的因素

（1）货物特性因素。例如轻泡货物，由于车辆容积的限制和运行限制（超高或超宽），而无法满足吨位，造成吨位利用率低；重泡货物，比重大，因车辆载重限制，而无法充分利用车辆容积。

（2）货物包装情况。如果车厢尺寸不是与货物包装容器的尺寸成整倍数关系，则无法装满车厢。例如，货物宽度为 80cm，车厢宽度为 220cm，将会剩余 60cm。长度方向和高度方向也有同样的问题，从而无法充分利用货箱长度或高度尺寸。

（3）有些货物不能拼装运输。应尽量选派核定吨位与所配送的货物重量接近的车辆去运输，或按有关规定减载运行，比如有些危险品必须减载运送才能保证安全。

（4）由于装载技术的原因，造成不能装足吨位。

(5) 托盘尺寸与货箱不匹配,造成载重量或容积的浪费。

(6) 装箱配载或装箱方案优化程度不高,造成载重量或容积的浪费。

2. 车辆配装的原则

在明确客户的配送顺序后,接着就要考虑车辆配装的问题。为提高配送效率、装卸效率和装箱率,降低配送成本和减少货损货差,车辆配装应遵循以下原则。

(1) 装车的顺序是先送后装,后送先装。先送靠近货箱车门或货堆外围或顶部的货物,便于卸货。

(2) 轻重搭配,重不压轻。重货靠近货箱中心,必须将重货置于底部,轻货置于货堆外围或顶部,避免重货压坏轻货,并使整箱货物重心下移,从而保证运输安全。怕压、易碎、易变形的产品,在装载时要采取防护措施。

(3) 大小搭配。大不压小,优化组合,充分利用货箱三维尺寸。

(4) 注意货物性质的匹配。拼装在一个车厢内的货物,其化学属性、物理属性不能互相抵触。特别注意食品不能和有异味的、有毒的货物混装。

> **工作要点**
>
> 车辆配装时安全因素不可忽视,不可为了节约成本而超载。

(5) 确定合理的堆码层次及方法。可根据车厢的尺寸、容积、货物外包装的尺寸来确定。

(6) 配装时不超重、分布均匀。配装时不能超过载重量的限制,并且配装时车厢内货物的重量应分布均匀,避免整箱货物的重心发生偏离,影响运输安全。

(7) 应防止车厢内货物之间发生碰撞、相互玷污。

3. 提高车辆装载效率的具体方法

(1) 研究各类车厢的装载标准,根据不同货物和不同包装体积的要求,合理安排装载顺序,努力提高装载技术和操作水平,力求装足车辆核定吨位。

(2) 根据客户所需要的货物品种和数量,调派适宜的车型承运,这就要求配送中心根据经营商品的特性,配备合适的车型结构。

(3) 凡是可以拼装运输的,尽可能拼装运输,但要注意防止差错。

箱式货车有确定的车厢容积,车辆的载货容积为确定值。设车厢容积为 V,车辆载重量为 W。现要装载质量体积为 R_a、R_b 的两种货物,便得车辆的载重量和车厢容积均被充分利用。

设两种货物的配装重量为 W_a、W_b,则

$$W_a = \frac{V - W \times R_b}{R_a - R_b}$$

$$W_b = \frac{V - W \times R_a}{R_b - R_a}$$

【例 7-1】 某仓库某次需运送水泥和玻璃两种货物,水泥质量体积为 $0.9\text{m}^3/\text{t}$,玻璃是 $1.6\text{m}^3/\text{t}$,计划使用的车辆的载重量为 11t,车厢容积为 15m^3。试问如何装载才能使车辆的载重量能力和车厢容积都被充分利用?

解:设水泥的装载量为 W_a,玻璃的装载量为 W_b。

其中：$V=15\mathrm{m}^3, W=11\mathrm{t}, R_a=0.9\mathrm{m}^3/\mathrm{t}, R_b=1.6\mathrm{m}^3/\mathrm{t}$

$$W_a = \frac{V - W \times R_b}{R_a - R_b} = \frac{15 - 11 \times 1.6}{0.9 - 1.6} = 3.71(\mathrm{t})$$

$$W_b = \frac{V - W \times R_a}{R_b - R_a} = \frac{15 - 11 \times 0.9}{1.6 - 0.9} = 7.29(\mathrm{t})$$

该车装载水泥 3.71t、玻璃 7.29t 时车辆到达满载。

通过以上计算可以得出两种货物的搭配使车辆的载重能力和车厢容积都得到充分的利用，但是前提条件是：车厢的容积系数介于所要配载货物的容重比之间。如所需要装载的货物的质量、体积都大于或小于车厢容积系数，则只能是车厢容积不满或者不能满足载重量。当存在多种货物时，可以将货物比重与车辆容积系数相近的货物先配装，剩下两种最重和最轻的货物进行搭配配装；或者对需要保证数量的货物先足量配装，再对不定量配送的货物进行配装。

7.3.2 配载装车作业的主要内容

1. 零担运输的配载

（1）整理各种随货同行单据，包括提货联、随货联、托运单、零担货票及其他附送单据，按中转、直达分开。在应考虑发运到中转次数最少的中转站进行中转，不得任意中转，更不能迂回中转。凡中转货物一律不得分批运送。

（2）根据车辆核定吨位、车厢容积，以及起运货物的重量、理化性质、长度、大小和形状等，优化装车方案，合理配载，编制货物交接清单。

2. 装车组织

1）备货

货运仓库接到货物装车交接清单后，应逐批核对货物台账、货位、货物品名和到站信息，点清件数，检查包装标志、票签或贴票。

2）交代装车任务

货物装车前，仓库保管人员要将待装货物按货位、批量向承运车辆的随车理货员或驾驶员交代货物品名、件数、性能及具体装车次序、装载要求、防护要领和消防方法等。

3）监装

实行装车时，可采用点筹对装法，由仓库保管员发筹，随车理货员或驾驶员收筹，按筹点数核对。零担运输配运员与随车理货员（或驾驶员）根据零担运输配运计划监装，并以随货同行的托运单及附件为凭证按批点交。装车时，应注意以下几点。

（1）检查零担车车体、车门、车窗是否良好，车内是否干净。

（2）根据车辆容积、货物的尺寸与重量均衡地分布货物，防止偏重或中心过高；对某些集中货物和畸形偏重货物，下面应垫以一定厚度的木板或钢板，并使其重心尽可能位于车辆纵横中心线的交叉点。

（3）使货件堆放紧密，充分利用车辆载重量和容积，巧装满载，防止由于车辆运行中的震荡造成货物倒塌、破损。

（4）每批货物要堆放在一起，并按公—铁、公—水、公—航空、公—公联运中转零担和直线零担次序装车，为到站和中转站快速卸货提供便利。

中转站装卸零担运输,应先卸后装,依次进行,避免因货物混乱而产生差错。无论卸货进仓还是装货上车,均按起点站装卸作业程序办理。在装车前还应将车上的货物按到达站的远近适当排序,以减少下一站卸货困难。

中转站应积极组织车辆发运,减少货物在中转站的滞留时间。对破散受潮、包装污染的货物,除在卸车交接时如实编制记录外,应先进行整理加固,然后换装。

3. 站车交接

起运站与承运车辆,依据零担运输装车交接清单办理交接手续,按交接清单有关栏目,在监装时逐批点交,逐批接收。交接完毕后,由随车理货员或驾驶员在交接清单上签字。

7.3.3 车辆配装的方法

1. 货物摆放容积利用率较高时的解法

货物摆放容积利用率较高是指货物三维尺寸较小,或货厢三维尺寸与货物三维尺寸成倍比关系,或袋装货物,容积利用率高,容积损失率容易估计的情况。这种解法首先根据经验确定容积损失率,确定货车可利用的容积,然后根据可利用的容积和载重,计算货物各装多少吨。

设货车载重量为 W 吨,车厢容积为 $V \text{m}^3$,货物 A 的质量体积比为 R_A,货物 B 的质量体积比为 R_B,问 A 和 B 两种货物各装多少吨,才能充分利用货车的载重量和容积?

设 A 和 B 两种货物各装 W_A 吨和 W_B 吨,则应满足如下约束条件。

$$W_A + W_B = W$$
$$W_A R_A + W_B R_B = V$$

解得:

$$W_A = \frac{V - W R_B}{R_A - R_B}$$

$$W_B = \frac{V - W R_A}{R_B - R_A}$$

2. 其他情况下的精确计算法

当不满足上述情况,装箱率很难估计、容积利用率无法估计时,应详细计算两种货物摆放方式所占用的容积,再根据质量体积比计算货物总重量,充分利用货车载重和容积。这是精确计算法。这类问题实际上是比两种货物装箱更为复杂的装箱问题,不仅需要考虑货箱三维尺寸的充分利用,还要考虑载重约束、货物摆放重心是否合理、各承重轴是否超载等约束条件。

> **工作要点**
> 不可只考虑理论角度,需结合实际问题精细考虑,才能切实可行。

设货车载重量为 W(单位:t),车厢容积为 V(单位:m^3),车厢三维尺寸分别为 L、W 和 H(单位:m),货物 A 的质量体积比为 R_A,三维尺寸分别为 L_A、W_A 和 H_A(单位:m),每箱重 EW_A(单位:t);货物 B 的质量体积比为 R_B,三维尺寸分别为 L_B、W_B 和 H_B(单位:m),每箱重 EW_B(单位:t),问 A 和 B 两种货物各装多少件,才能充分利用货车的载重量和容积?

设 A 和 B 两种货物各装 X_A 件和 X_B 件,则有以下计算公式:

$$V = LWH$$

$$EW_A = \frac{L_A W_A H_A}{R_A}$$

$$EW_B = \frac{L_B W_B H_B}{R_B}$$

装箱的约束条件为

$$X_A EW_A + X_B EW_B = W$$

$$X_A(L_A W_A H_A) + X_B(L_B W_B H_B) = V$$

这是一个复杂的装箱问题,在考虑载重总量和车厢体积的约束条件下,求得 A 和 B 各装多少件。

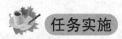
任务实施

解:首先计算 R_A 和 R_B(1t 货物有多少立方米,体积÷重量),然后计算 W_A 和 W_B。

$$R_A = 1 \div 2.59 \approx 0.386, \quad R_B = 1 \div 0.56 \approx 1.786$$

$$V = 20 \times 95\% = 19, W = 12$$

$$W_A = \frac{V - WR_B}{R_A - R_B} = \frac{19 - 12 \times 1.786}{0.386 - 1.786} \approx 1.737$$

$$W_B = \frac{V - WR_A}{R_B - R_A} = \frac{19 - 12 \times 0.386}{1.786 - 0.386} \approx 10.263$$

答:A 货物装 1.737t,B 货物装 10.263t,达到满载满装。

注意:组合配装适用条件,不是任意两种货物都可以组合配装。

因为

$$V - WR_B < 0$$

所以得

$$V < WR_B$$

$$\frac{V}{W} < R_B$$

又因为

$$V - WR_A > 0$$

所以得

$$V > WR_A$$

$$\frac{V}{W} > R_A$$

所以得适用条件为

$$R_B > \frac{V}{W} > R_A$$

若不满足这一约束条件,只能装一种货物,最大限度地装满。

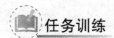

配送路线设计参考资料

某配送中心 P 将于 5 月 11 日向德家(A)、德兰(B)、德鄢(C)、德来(D)、德麟(E)、德乐(F)、德程(G)、德福(H)、德凯(I)、德翔(J)10 家公司配送货物。图 7-8 配送网络中连线上的数字表示公路里程(千米,km),靠近各公司括号内的数字表示各公司对货物的需求量(吨,t)。配送中心备有 2t 和 4t 载重量的汽车可供使用,且配送车辆一次巡回里程不超过 40km。设送到时间均符合用户要求,试用节约里程法制订最优的配送方案。

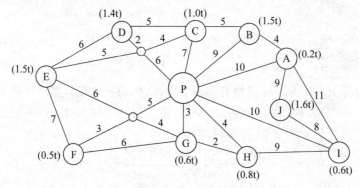

图 7-8 配送网络

配送车辆信息需根据指定车型完成车辆配装,指定车型信息如下。
(1) 大车规格。
车厢内尺寸:长 1.54m、宽 0.97m、高 0.84m。
车辆外尺寸:长 1.60m、宽 1.05m、高 0.91m。
车厢侧拉门 1 个,后双开门 1 个。
(2) 小车规格。
车厢内尺寸:长 1.36m、宽 0.89m、高 0.90m。
车辆外尺寸:长 1.41m、宽 0.97m、高 0.94m。
车厢侧拉门 1 个,后双开门 1 个。
以上数据误差在±0.02m。
(3) 车辆使用成本。
大车:500 元。
小车:300 元。

小　　结

配送作业管理是根据客户订单对货物品种、时间、数量的要求,结合客户分布、距离、同行条件等,拟定配送作业计划,进行送货路线优化,按照货物特征、送货顺序、车辆载重及容积,安排配载及装车,完成作业送达服务。本项目涉及配送作业管理的各项工作,可分解为三个任务:配送计划;配送路线优化;配载装车作业。

首先,配送计划一般包括配送主计划、每日配送计划和特殊配送计划。配送七要素是指货物、客户、车辆、人员、路线、地点、时间。配送计划的实施过程通常分为五个阶段或步骤:①下达配送计划;②配送点配货;③下达配送任务;④发送;⑤配送。经验调度法的优点是简单、易于掌握;缺点是优化程度不高,需要人工给出方案,当货物种类较多、车辆类型较多时,比较烦琐,容易出错。运输定额比的优点是优化程度高于经验调度法;缺点是计算工作量、优化顺序较复杂、烦琐、容易出错,当货物种类较多、车辆类型较多时,更加烦琐,更容易出错。

其次,节约法的基本原理是利用两辆车分别为 A、B 两个客户配送,车辆实际运行距离为 $2a+2b$。然而如果改用一辆车巡回配送,则实际运行距离为 $a+b+c$,如果道路无特殊情况,可以节省车辆运行距离为 $(2a+2b)-(a+b+c)=a+b-c$,根据三角形两边之和大于第三边,$a+b-c>0$,则这个节约量被称为"节约里程"。节约里程法的求解步骤:第一步,计算相互之间最短距离;第二步,从最短距离矩阵中依次计算某一用户与其他用户之间的节约距离,编制节约里程表;第三步,对节约距离按由大至小顺序排列,编制节约里程排序表;第四步,按照节约里程排序表和配车(车辆的载重和容积因素)、车辆行驶里程等约束条件,逐渐绘出配送路线。

最后,影响车辆配装的因素:①货物特性因素;②货物包装情况;③有些货物不能拼装运输;④装载技术;⑤托盘尺寸与货箱匹配程度;⑥装箱配载或装箱方案优化程度。车辆配装的原则:①装车的顺序是先送后装,后送先装;②轻重搭配,重不压轻;③大小搭配;④注意货物性质的匹配;⑤堆码层次及方法;⑥积载时不超重、分布均匀;⑦应防止车厢内货物之间发生碰撞、相互玷污。

测　　试

一、单选题

1. 根据配送主计划,逐日进行实际配送作业的调度计划是(　　)。

　　A. 配送主计划　　B. 配送月计划　　C. 每日配送计划　　D. 特殊配送计划

2. 根据不同货物运输定额计算定额比,然后根据定额比大小确定安排顺序,定额比大的优先安排,最终给出调度计划,这是(　　)。

　　A. 经验调度法　　B. 运输定额比法　　C. 车辆调度法　　D. 节约里程法

3. 以油耗最低、司机人数最少、司机工作时间最短等为目标确定配送路线的属于(　　)。

　　A. 配送效益最高　　B. 成本最低　　C. 准时性最高　　D. 劳动消耗最低

4. 根据定理三角形两边之和大于第三边,确定一个节约量,然后按照节约排序安排路线的方法是(　　)。

　　A. 经验调度法　　B. 运输定额比法　　C. 车辆调度法　　D. 节约里程法

5. 先送的货物靠近货箱车门或货堆外围或顶部的货物,便于卸货,属于车辆积载的哪个原则(　　)。

　　A. 先送后装　　B. 轻重搭配　　C. 大小搭配　　D. 货物性质匹配

二、多选题

1. 配送计划一般包括(　　)。
   A. 配送主计划　　　B. 配送月计划　　　C. 每日配送计划　　　D. 特殊配送计划
2. 编制配送计划的依据包括(　　)。
   A. 客户订单　　　B. 客户分布　　　C. 配送货物体积　　　D. 运输、装卸条件
3. 以下属于配送七要素的是(　　)。
   A. 货物　　　B. 客户　　　C. 车辆　　　D. 路线
4. 以下属于配送线路方案目标选择的是(　　)。
   A. 配送效益最高　　　B. 成本最低　　　C. 准时性最高　　　D. 劳动消耗最高
5. 影响配送车辆积载的因素包括(　　)。
   A. 货物特性因素　　　B. 装载技术　　　C. 货物包装　　　D. 拼装运输
6. 配送车辆积载的原则包括(　　)。
   A. 先送先装　　　B. 轻重搭配　　　C. 大小搭配　　　D. 货物性质匹配

三、简答题

1. 简述配送计划的内容。
2. 简述配送计划制订的步骤。
3. 简述节约里程法的求解步骤。
4. 简述配载装车作业的主要内容。
5. 简述车辆配装的方法。

项目 8

仓储与配送成本管理

➡ 项目导图

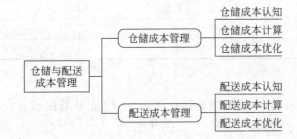

➡ 学习目标

任 务	知 识 目 标	能 力 目 标	素 质 目 标
仓储成本管理	1. 掌握仓储成本的概念和特征； 2. 了解仓储成本计算方法； 3. 掌握降低仓储成本的途径	1. 掌握仓储成本核算的程序； 2. 掌握降低仓储成本的途径	1. 具有成本控制的意识； 2. 具备统筹安排的思想
配送成本管理	1. 掌握配送成本的概念和特征； 2. 了解配送成本计算方法； 3. 掌握降低配送成本的途径	1. 掌握配送成本核算的程序； 2. 掌握降低配送成本的途径	1. 具有成本控制的意识； 2. 具备统筹安排的思想

任务 8.1　仓储成本管理

➡ 任务描述

小王上大学时主修的是物流专业，毕业后来到华润仓储公司实习，他被派到财务部，主要工作就是帮助张会计核算该公司当月的仓储成本。张会计给了他下列资料，请小王帮忙核算华润公司 2020 年 6 月的仓储成本。该公司 6 月发生的各项费用如表 8-1 所示。

表 8-1　华润仓储公司仓储费用表

序号	项　目	金额/元
1	仓储租赁费	100 000
2	材料消耗费	50 000
3	工资津贴费	370 000
4	燃料动力费	20 000
5	保险费	10 000
6	维修费	32 000
7	仓储搬运费	25 000
8	仓储保管费	50 000
9	仓储管理费	21 000
10	低值易耗品费	18 000
11	资金占用利息	36 000
12	税金	53 000
13	合　计	785 000

其他资料如下。

华润仓储公司共有 200 人，其中仓储人员有 40 人；企业总面积有 6 000m²，仓储设施所占面积为 3 200m²。

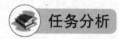

任务分析

为了完成上述任务，小王需要掌握以下内容：仓储成本的概念及特点；仓储成本的构成；仓储成本的核算方法。

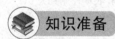

知识准备

8.1.1　仓储成本认知

1. 仓储的概念

"仓"也称为仓库，是存放、保管、储存物品的建筑物和场地的总称，可以为房屋建筑、大型容器、洞穴或者特定的场地等，具有存放和保护物品的功能；"储"表示将储存对象收存以备使用，具有收存、保护、管理、储藏物品、交付使用的意思，也称为储存。"仓储"则为利用仓库存放、储存未即时使用的物品的行为，它是包含库存和储备在内的一种广泛的经济现象，不论社会形态如何，仓储都会存在，是以改变"物"的时间状态为目的的活动，它通过客户供需之间的时间差异而使产品获得更好的效用。

2. 仓储对企业物流成本的影响

仓储对企业物流成本的影响具有以下两重性。

1）正面影响

仓储可以降低企业成本，主要表现在以下几个方面。

(1) 拥有适当的库存,可以节省加班费用,有利于降低成本。

(2) 拥有适当的库存,避免由于缺货而进行紧急采购时引起的成本提高。

(3) 拥有适当的库存,使企业能在有利时机进行销售,或在有利时机实施购进,从而增加销售利润或减少购进成本。

仓储对企业物流成本的影响

2) 负面影响

物流系统中,仓储是十分重要与必要的。但仓储作为一种停滞,也常常会冲减物流系统效益、恶化物流系统运行,从而冲减企业利润。这主要是因为在"存"的过程中产品的使用价值可能不断降低,同时为了实施仓储活动,必须有成本的支出,这都会冲减利润。

(1) 增加固定资产投资与其他成本的支出。实施仓储活动会引起仓库建设等固定资产投资的增加,从而增加企业成本。而进货、验收、储存、发货、搬运等仓储作业的支出会导致企业收益的降低;此外,社会保障体系和安全体系的日益完善,将增加对库存产品的保险费和仓库管理成本。

(2) 造成机会损失。库存占用资金所必须支付的利息,以及这部分资金用于其他项目可能带来的收益,都是企业由于仓储活动而必须承担的机会成本。

(3) 造成陈旧损失和跌价损失。产品在库存期间可能发生各种化学、生物、物理、机械等方面的损失,严重时产品会失去全部使用价值,从而报废。随着库存时间的延续,存货不断发生陈旧变质,库存时间越长,造成陈旧损失的可能性与数量就越大。对于技术含量较高且技术发展迅速的产品而言,由于储存时间过长,产品技术过时而引起的跌价损失,是企业仓储活动不得不面临的另一个重大问题。

(4) 仓储活动有可能占用企业过多的流动资金,从而影响企业正常运转。在企业全部运营活动中,仓储对流动资金的占用有时可能高达 40%~70%,更为严重的是,有的企业的库存可能会占用了其全部流动资金,从而影响企业的现金流动,使企业无法正常运转,甚至倒闭。

3. 仓储成本的概念

仓储成本是指储存、管理、保养、维护物品的相关物流活动中所发生的各种费用,它是伴随着物流仓储活动所消耗的物化劳动和活化劳动的货币表现。

仓储成本管理的任务是用最低的费用在合适的时间和合适的地点取得适当数量的存货。在企业的物流总成本中,仓储成本是一个重要组成部分。对各种仓储成本的合理控制能增加企业利润,反之就会增加物流总成本,降低企业利润。

4. 仓储成本的特征

(1) 重要性。从微观方面来看,在企业经营活动中,仓储成本有时可能占用流动资金高达 40%~70%,从而影响企业的现金流动,进而影响企业的正常运转。因此加强仓储成本的控制对企业有着积极的作用。

从宏观方面来看,仓储成本是物流成本的重要组成部分,而物流成本又占国民经济产值的很大部分。据世界银行分析,发达国家物流成本占 GDP 的 10% 左右,美国低于 10%,中国为 16.7%。如果中国物流成本占 GDP 的比重下降到 15%,每年将为全社会直接节约

2 400多亿元人民币,将会给社会和企业带来可观的经济效益。因此仓储成本的管理成为"第三利润源"的重要源泉之一。

(2) 复杂性。在现代会计制度下对物流成本的核算缺乏统一的标准。如仓储成本中的仓储保管费用、仓储办公费用、仓储物资的合理损耗等一般计入企业的经营管理费用,而不是仓储成本。此外,对于内部所发生的仓储成本有时涉及面广、环节多而无法划归相应的科目,因此增加了仓储成本的复杂性。

(3) 效益背反性。为提高客户的满意度,会增加仓库建设、仓库管理、仓库工作人员工资、存货等费用开支,增加了仓储成本。而为降低仓储成本,减少物流网络中仓库的数目并减少存货,就会增加运输成本。因此要将仓储成本管理纳入整个物流系统,以物流总成本为核心,使物流系统的总成本最低,使整个物流系统最优化。

8.1.2 仓储成本计算

1. 仓储成本的构成

在计算仓储成本之前,需要明确仓储成本核算的范围。仓储成本核算范围取决于成本核算的目的,如果需要对所有的仓储物流活动进行管理,就需要计算出所有的仓储成本。同样是仓储成本,由于所包括的范围不同,计算结果也不一样。如果只考虑库房本身的费用,不考虑仓储物流等其他领域的费用,也不能全面反映仓储成本的全貌。每个企业在统计仓储费用时的口径不一样,往往缺乏可比性。因此,在讨论仓储成本时,首先应该明确成本计算所包括的范围。

1) 按仓储物流成本的形成计算

(1) 仓储储存成本

仓储储存成本是指企业为保持适当的库存而发生的成本,它可以分为固定成本和变动成本。固定成本是不随储存货物数量的变化而变化的成本,与一定限度内的仓储数量无关,如仓储设备的折旧费、维修费、仓库工人工资等;变动成本与仓储数量的多少相关,如库存占用资金的利息费用,仓库的挑选整理费,仓储商品的毁损和变质损失,保险费用,搬运装卸费用等。可以分为资金占用成本、仓储维护成本、仓储运作成本、仓储风险成本四项。

① 资金占用成本,也称利息费用机会成本,是仓储成本的隐性费用。资金占用成本反映失去的盈利能力,如果资金投入其他方面,就会要求取得投资回报,因此资金占用成本就是这种尚未获得的回报费用。资金占用成本通常用持有库存的货币价值的百分比表示,也有用企业新投资的最低回报率来计算资金占用成本,因为从投资角度来说,库存决策与做广告、建新厂、增加机器设备等投资决策是一样的。为核算方便,一般情况下,资金占用成本指占用资金能够获得的银行利息。

② 仓储维护成本,主要包括与仓库有关的租赁、取暖、照明、设备折旧、保险费和税金等费用。仓储维护成本随着企业采取的仓储方式的不同而有不同的变化。如果企业利用自有仓库,大部分仓储维护成本是固定的;如果企业利用公共仓库,则有关储存的所有成本将直接随库存数量的变化而变化。在做仓储决策时,这些成本都要考虑。另外,根据产品的价值和类型,产品丢失或损坏的风险高时,就需要较高的保险费用。同时,许多国家将库存列入应税财产,高水平库存导致高税费。保险费用和税金将随着产品的不同而有很大的变化,在计算仓储维护成本时,必须对此加以考虑。

③ 仓储运作成本,主要与商品出入库有关,即通常所说的搬运装卸成本。

④ 仓储风险成本,反映由企业无法控制的原因造成的库存商品贬值、损坏、丢失、变质等损失。

(2) 取得成本。取得成本中的订货成本是指企业为了实现一次订货进行的各种活动的费用,包括处理订货的差旅费、办公费等支出。订货成本中有一部分与订货次数无关,如常设机构的基本开支等,称为订货的固定成本;另一部分成本与订货次数有关,如差旅费、通信费等,称为订货的变动成本。具体来讲,订货成本包括与下列活动有关的费用:检查和清点货物;编制并提出订货申请费用;对多个供货商进行调查比较;选择最合适的供应商;填写并发出订单,验收货物;筹集资金并进行付款。这些成本很容易被忽视,但在考虑订货、收货的全部活动时,这些成本都很重要。

取得成本中的生产准备成本是指当某些产品不由外部供应而由企业自己生产时,企业为生产这些产品而进行准备的成本。其中,更换模具、增添某些专用设备等属于固定成本。与生产产品的数量有关的费用,如材料费、加工费、人工费等属于变动成本。

(3) 缺货成本。缺货成本是指由于库存供应中断而造成的损失,包括原材料供应中断造成的停工损失,库存缺货造成的延迟发货损失和丧失销售机会的损失(还包括商誉损失)。

(4) 库存持有成本。库存持有成本是指和库存数量相关的成本,它由许多不同的部分组成,通常是物流成本中较大的一部分。

库存持有成本的发生主要由库存控制、包装、废弃物处理等物流活动引起。它是与库存水平有关的那部分成本,由以下几部分构成。

① 库存投资资金成本。库存投资资金成本是指库存商品占用了可以用于其他投资的资金,不管这种资金是从企业内部筹集的还是从外部筹集(如销售股票或从银行贷款等)的,对于企业而言,都因为保持库存而丧失了其他投资的机会,因此,应以使用资金的机会成本来计算库存持有成本中的资金成本。事实上,资金成本往往占持有成本的大部分。

② 库存服务成本。库存服务成本和仓储空间成本不同于仓储成本,库存服务成本只包括那些随库存数量变动的成本。仓储空间通常分为三类:自有仓库、租赁仓库和公共仓库。不同仓储条件下,仓储空间成本是不同的。

③ 库存风险成本。库存风险成本一般包括以下几项:a. 废弃成本,废弃成本是指再也不能以正常的价格出售而必须处理掉的成本。废弃成本是产品的原始成本和残值之间的差额,或者是正常销售价格和为了清除这种产品而降价销售的价格之间的差额。b. 损坏成本,损坏成本是仓库营运过程中发生的产品损毁而丧失使用价值的那一部分产品成本。而在搬运过程中发生的损坏应被看成一种产量成本,与库存水平无关,不应计入持有成本。c. 损耗成本,损耗成本多是因为盗窃造成的产品缺失而损失的那一部分产品成本。这部分损耗成本也是因保持库存而产生,因此应计入持有成本。d. 移仓成本,移仓成本是指为避免废弃而将库存从一个仓库所在地运至另一个仓库所在地时产生的成本。

知识链接

在途库存的资金占用成本一般等于仓库中库存资金的占用成本。仓储运作成本一般与在途库存不相关,但要考虑在途货物的保险费用。选择快递运输方式时,一般货物过时或变质的风险要小些,因此仓储风险成本较小。

2) 按仓储物流成本核算项目计算

(1) 保管费。保管费是指储存货物所开支的货物养护、保管费用,它包括用于商品保管的货架、货柜的费用摊销,仓库场地的房地产税等。

(2) 人工费。人工费是指支付给从事仓储业务活动的人员的工资及福利费用。工资部分应包括仓储管理人员的固定工资、奖金和各种生活补贴;福利费可按标准提取,包括库房基金、医疗(保险)基金、退休基金等。

(3) 折旧费。折旧费是指固定资产按折旧期分年提取所得的折旧费用,包括库房、堆场等基础设施的折旧和机器设备的折旧等。

(4) 修理费。修理费是指对仓库设施设备和运输工具等进行修理而发生的费用,可按一定的修理费用每年提取,主要用于设施设备和运输工具的定期大修理。每年的大修理基金可按设施设备和运输工具投资额的一定比例来提取。

(5) 动力费。动力费是指仓储照明和仓储设备运转所发生的电力和燃料、润滑材料费用。作为动力用的电力和燃料开支按装卸、搬运货物的吨数(有时可以按件数)分摊,照明用电的开支根据照明面积和规定的仓库照明亮度而确定。用于设备润滑材料的费用可按设备使用情况来计算。

(6) 租赁费。如果仓储企业所使用的铁路线和码头不属于自己,则应按协议规定支付这些设施的租用费用。

(7) 保险费。货物仓储保险费是指为应对仓储企业在责任期限内因发生货物意外灾害所造成的经济损失而支付给保险部门的费用。它已成为仓储成本的重要组成部分。

(8) 其他业务开支。其他业务开支是指不属于以上项目的其他开支,如管理费(用于办公、业务处理管理人员工资、人员培训等)、营销费(如企业宣传、广告及其他促销手段所需要的支出),水、煤、电话等费用的支出。

3) 按仓储物流作业环节计算

(1) 仓储费。仓储费专指物资储存、保管业务发生的费用,主要包括仓库管理人员的工资,物资在保管保养过程中的衬垫、防腐、倒垛等维护保养费,固定资产折旧费,修理费,劳动保护费,动力照明费等。

(2) 进出库费。进出库费是指物资进出库过程中所发生的费用,包括进出库过程中装卸搬运和验收等开支的工人工资、劳动保护费,以及固定资产折旧费、大修费、材料费、燃料费、照明费、管理费等。

(3) 服务费。服务费是指配送中心在外保管服务过程中所消耗的物化劳动和活劳动的货币表现。

对以上每一项成本进行核算时都要仔细分析,才能准确计算出实际成本。

2. 仓储成本的计算

(1) 按支付形态计算仓储成本。把仓储成本分别按仓储搬运费、仓储保管费、材料费、人工费、仓储管理费、仓储占用资金利息等支付形态分类,就可以计算付出仓储成本的总额。这种计算方法是从月度损益表中的"管理费用、财务费用、营业费用"等各个项目中,取出一定数值乘以一定的比值(物流部门比值,分别按人数平均、台数平均、面积平均、时间平均等计算出来)计算出仓储部门的费用,将算出的成本总额与上一年度的数值作比较,分析增减的原因,最后制订修改方案。

企业计算仓储成本在各项费用支出中所占的比例,可以是人数比例,也可以是面积比例,还可以是时间比例。

【例8-1】 某公司2020年10月按支付形态划分的仓储成本核算表如表8-2所示,已知该公司总人数为80人,物流人员有24人,公司总面积为2 885m²,物流设施面积为1 500m²。

表8-2 某公司按支付形态划分的仓储成本计算表　　　　　　　　　　单位:元

仓储成本形态	管理等费用 ①	计算基准/% ②	仓储成本 ③=①×②	备 注
仓储租赁费	100 000	100	100 000	全额
材料消耗费	35 024	100	35 024	全额
工资津贴费	560 483	30	168 145	人数比值
燃料动力费	22 357	52	11 626	面积比值
保险费	9 760	52	5 075	面积比值
维修费	14 248	52	7 409	面积比值
仓储搬运费	33 257	52	17 294	面积比值
仓储保管费	24 692	52	12 840	面积比值
仓储管理费	14 326	45	6 447	仓储费用比值
低值易耗品费	17 530	45	7 889	仓储费用比值
资金占用利息	31 528	45	14 188	仓储费用比值
税金等	32 656	45	14 695	仓储费用比值
仓储成本合计	895 861	45	400 630	仓储费占费用总额比值

核准基准的计算公式与计算结果如下:

$$人数比例 = \frac{物流人员数}{全公司人数} \times 100\% = \frac{24}{80} \times 100\% = 30\%$$

$$面积比例 = \frac{物流设施面积}{全公司面积} \times 100\% = \frac{1\ 500}{2\ 885} \times 100\% \approx 52\%$$

$$仓储费比例 = \frac{1\sim 8项仓储成本之和}{1\sim 8项管理费用之和} \times 100\% = \frac{357\ 071}{799\ 821} \times 100\% \approx 45\%$$

(2)按仓储项目核算仓储成本。企业按仓储成本的支付形态进行仓储成本分析,虽然可以得出总额,但还不能充分说明仓储成本各组成费用的分布情况。企业真正想降低仓储成本,就应把这个仓储总额按照项目详细区分开来,以便掌握仓储的实际状态,找出企业在哪些费用上有浪费,没有控制好,以达到控制成本的目的。这就是按仓储项目计算仓储成本的方法。与按形态核算成本的方法相比,这种方法可以核算出标准仓储成本(单位个数、重量、容器的成本),也能进一步找出阻碍现实仓储合理化的情况,用于确定合理化的目标。

【例8-2】 某公司2020年10月按仓储项目计算的仓储成本计算表如表8-3所示。

表 8-3　某公司仓储成本计算表　　　　　　　　　　　　　　单位：元

项　　目	管理等费用	仓储租赁费	仓储保管费	仓储管理费	材料消耗费	搬运费
仓库租赁费	50 040	50 040				
材料消耗费	15 092	4 307	6 202	2 445	2 408	
工资津贴费	315 668	1 652	219 015	45 000		50 000
燃料动力费	6 322	1 350		3 622	1 350	
保险费	5 124	2 567	2 582	25		
维修费	9 798	3 704		2 390	3 704	
仓储搬运费	14 057				3 558	10 498
仓储保管费	19 902		19 902			
仓储管理费	9 638	1 496	1 496	1 496	5 152	
低值易耗品费	10 658					
资金占用利息	11 930	5 022	6 908			
税金等	16 553	1 666	6 908			
仓储成本合计	434 782	71 534	263 013	54 978	26 830	60 498

按仓储项目计算仓储成本是在各种支付形态的基础上进一步分解仓储项目，可以使企业更好地掌握仓储的实际状态，进一步了解在哪些功能环节上还存在浪费，以切实达到控制成本的目的。

(3) 按适用对象核算仓储成本。按不同功能的仓储成本来核算，不仅实现了降低成本，而且能分别掌握按产品、地区、客户的不同而产生的仓储成本。这就是一般所说的按适用对象核算仓储成本。由此可以分析出产生仓储成本的不同对象。按货物核算仓储成本是指把项目计算出来的仓储费，以各自不同的基准，分配给各类货物，以此核算出仓储成本。这种方法可用于分析各类货物的盈亏。

8.1.3　仓储成本优化

企业为达到仓储成本管理的目标，需要努力控制各项仓储成本，以减少不必要的费用开支，获取最大的经济效益。企业降低物流仓储成本的主要途径有下列几种。

1. 运用 ABC 库存分类管理法

企业的库存货物种类很多，特点不一。如果对所有库存货物都千篇一律地管理，不仅会浪费时间、人力和物力，而且会造成仓储成本的增加。ABC 库存管理法根据库存种类、数量及所占资金比重之间的关系，将库存货物划分为 A、B、C 三类：对占资金主要部分的 A 类货物进行重点控制管理，有利于库存积压资金的节约。对 B 类货物和 C 类货物，采用常规库存管理法。这样管理库存货物，便于分门别类地进行仓储成本控制，在节约成本的同时，既保证了各项库存的供应，也保证了生产经营活动的正常进行，是实践中广泛应用的库存管理方法。

2. 加速周转，提高仓容产出

周转速度加快可以使资金周转加快、资本效益提高，可以减少货损货差，增加仓库入库出库的能力，降低仓储成本等。

3. 适当集中库存，追求经济规模

在形成一定社会总规模的前提下，企业可适当集中库存，追求经济规模。适当集中库存是在利用储存规模的情况下,以合理集中的储存代替分散的小规模储存来实现库存合理化。在企业集中规模的情况下,适当集中库存,既有利于采用机械化、自动化的方式,又有利于形成一定批量的干线运输,成为支线运输的起始点,从而使仓储以外的运输费用降低,进而降低仓储总成本。

4. 提高储存密度,提高仓容利用率

这一方式的主要目的是降低储存的高度。其具体方法有:采用高层货架仓库,使用集装箱等,这些比一般的堆存方法更容易增加储存高度。

5. 用"先进先出"法,减短储存期,减少保管风险

"先进先出"是储存管理的重要原则之一。企业实行"先进先出"的有效方法有以下几种。

(1) 使用贯通式货架系统。利用货架每层的通道,从一端存入货物,从另一端取出货物,货物按先后次序排队,不会出现越位等现象。

(2) 采用"双仓法"储存。给每种货物都准备两个仓位或货位,轮换进行存取,再补充一个必须"一个货位取光后才可以补货"的规定,则可以保证顺利实现"先进先出"。

(3) 使用计算机储存系统。采用计算机管理,存货时在计算机中输入记录,取货时根据计算机的提示提取货物。计算机系统的采用,不仅可以保证"先进先出",而且可以保证在采用随机利用货位的情况下准确提取货物。

6. 采用有效的储存定位系统

储存定位是指确定被储存货物的位置。如果采用有效的定位系统,就能很大限度地节省寻找、存放、取出的时间,不仅可以节约大量的劳动力,而且能防止出现差错,便于清点。

7. 采用有效的检测清点方式

对存货的数量和质量的检测,不仅是库存管理的基本工作,也是进行科学控制库存的有效措施。在经营中进行有效的监测是掌握被储存货物的质量保证工作的一个重要环节。

8. 充分利用仓储技术和设备

现代技术和设备在减少差错、提高仓库利用率、降低残损、减少人员劳动强度、防止人身伤害等方面都会为仓储企业带来直接的长远收益,如采用计算机管理技术、仓储条形码技术、现代化货架、专业作业设备、叉车、新型托盘等。

9. 盘活资产和合理使用外协

仓储设施设备的极大投入,只有在充分利用的情况下才能获得收益,如果不能投入使用或者只是低效率使用,只会造成成本的加大。仓储企业应及时决策,采取出租、借用、出售等方式,使这些资产盘活。面对仓储企业不擅长运作的仓储活动,仓储企业也可以充分利用社会服务,通过外协的方式,让更具有优势的其他企业提供服务,如运输、重型起吊的信息服务等,使企业充分获得市场竞争的利益。

10. 降低经营管理成本

经营管理成本是企业经营活动和管理活动的费用和成本支出,包括管理费、业务费、交易成本等。加强该类成本管理,减少不必要的支出,也能降低成本。当然,经营管理成本费用的支出时常不能够产生直接的收益和回报,加强管理是很有必要的。

11. 从物流管理层面考虑降低仓储成本

物流管理的最主要目标就是降低产品的最终成本。独立的仓储经营活动，也是构成物流的最重要的环节，仓储经营人员应该站在全程物流的层面，通过调整其他物流环节和改变仓储运作，参与降低企业的整体成本。

任务实施

步骤1：确定用于仓储、不必分配的项目。

仓储企业中有一些成本直接用于仓储工作，没有必要进行分配，如仓储设施费、仓库租赁费等。根据前文所述，本资料中不用分配的项目是仓储租赁费100 000元，材料消耗费50 000元。

步骤2：计算人数比例，确定仓储成本。

该公司总人数为200人，其中仓储人员有40人

$$人数比例 = \frac{40}{200} \times 100\% = 20\%$$

$$工资津贴 = 370\,000 \times 20\% = 74\,000(元)$$

步骤3：计算面积比例，确定仓储成本。

$$面积比例 = \frac{仓储设施所占面积}{企业总面积} \times 100\% = \frac{3\,200}{6\,000} \times 100\% = 53\%$$

燃料动力费应分配的仓储成本 = 20 000×0.53 = 10 600(元)
保险费应分配的仓储成本 = 10 000×0.53 = 5 300(元)
维修费应分配的仓储成本 = 32 000×0.53 = 16 960(元)
仓储搬运费应分配的仓储成本 = 25 000×0.53 = 13 250(元)
仓储保管费应分配的仓储成本 = 50 000×0.53 = 26 500(元)

步骤4：计算仓储费比例，确定仓储成本。

按照仓储费比例计算的仓储成本项目有仓储管理费、易耗品消耗、资金占用利息、税金等。这些项目没有涉及明确的人数或面积的比例关系，因此采用已分配的仓储成本占相应的管理费用的比重来分配。仓储费比例的计算公式为

$$\begin{aligned}仓储费比例 &= \frac{已分配的仓储成本合计}{相对应的管理费用合计} \times 100\% \\ &= \frac{前8项仓储成本合计}{前8项管理费用合计} \times 100\% \\ &= \frac{100\,000+50\,000+74\,000+10\,600+5\,300+16\,960+13\,250+26\,500}{100\,000+50\,000+370\,000+20\,000+10\,000+32\,000+25\,000+50\,000} \times 100\% \\ &= 45\%\end{aligned}$$

仓储管理费应分配的仓储成本 = 21 000×0.45 = 9 450(元)
易耗品消耗应分配的仓储成本 = 18 000×0.45 = 8 100(元)
资金占用利息应分配的仓储成本 = 37 000×0.45 = 16 200(元)
税金应分配的仓储成本 = 53 000×0.45 = 23 850(元)

步骤 5：编制成本计算表。

根据以上数据编制仓储成本计算表，如表 8-4 所示。

表 8-4　华润仓储公司仓储成本计算表

序号	项　目	管理费用/元	仓储成本/元	计算比例/%	备　注
1	仓储租赁费	100 000	100 000	100	全额
2	材料消耗费	50 000	50 000	100	全额
3	工资津贴费	370 000	74 000	20	人数比例
4	燃料动力费	20 000	10 600	53	面积比例
5	保险费	10 000	5 300	53	面积比例
6	维修费	32 000	16 960	53	面积比例
7	仓储搬运费	25 000	13 250	53	面积比例
8	仓储保管费	50 000	26 500	53	面积比例
9	仓储管理费	21 000	9 450	45	仓储费比例
10	低值易耗品费	18 000	8 100	45	仓储费比例
11	资金占用利息	36 000	16 200	45	仓储费比例
12	税金	53 000	23 850	45	仓储费比例
13	合　计	785 000	354 210	45	仓储费占费用总额的比率

任务 8.2　配送成本管理

任务描述

小王毕业后入职华泰物流公司，该公司专门为连锁超市提供物流配送服务。对于连锁超市来说，降低物流成本是提高企业竞争力的重要举措，而配送成本占物流总成本的比重较高，因此该物流公司始终把降低配送成本作为第一目标。小王入职后接到一项具体工作，要和财务部门的会计一起对公司的配送成本进行核算。他该如何完成这项任务呢？

任务分析

要想完成该任务，小王需要做以下工作：要明确配送成本的含义、特性以及分类方法；要明确配送成本的成本构成及计算方法。

只有这样才能对配送成本有进一步的分析并且完成配送成本的核算工作。

知识准备

8.2.1　配送成本认知

1. 配送及配送成本的概念

配送一般是指在经济合理区域范围内，根据用户的要求，对物品进行拣选、加工、包装、分割、组配等作业,并按时送达指定地点的物流活动。配送发挥了资源配置作用,而且是"最终配置",即配送是最接近用户的物流阶段。配送的主要经济活动是送货,但应是现代送货,即和当代科技相结合,是"配"和"送"的有机结合。

配送成本是指商品在空间位移(含静止)过程中所耗费的各种劳动和物化劳动的货币表现。由于物流活动贯穿于企业活动的全过程,包括原材料物流、生产物流,从工厂到配送中心再到用户的过程。因此,包装、装卸搬运、储存、流通加工等各个活动中费用都计作配送成本。

配送活动具备以下三方面的重要功能。

(1) 准确而又稳定的配送活动可以在保证供给的同时,最大限度地降低生产企业或流通企业中商品的库存量,从而降低销售总成本。

(2) 集中而高效的配送活动可以在简化流通程序、缩短流通渠道的同时,提高物流系统本身的效率及服务水平。

(3) 合理而顺畅的配送活动,可以提高车辆的利用率,节约能源,降低成本,减少交通拥挤和城市污染,也可以降低物流系统的单位成本。

2. 配送成本的特征

(1) 配送成本与服务水平密切相关。在一定范围内,配送成本与服务水平呈正相关,即配送成本越高,服务水平也越高;配送成本越低,服务水平也越低。配送的目的是以尽可能低的配送成本来实现较高水平的配送服务。配送服务与服务成本之间存在以下关系:①配送服务不变,降低成本,如以合理的车辆配载、合理的配送路线来降低配送的成本等;②成本不变,提高服务水平,如人工费不变,水电等费用不变,提高服务水平;③配送服务水平和成本均增高;④成本降低,服务水平提高。

(2) 配送成本的隐蔽性。日本早稻田大学的教授西泽修提出了著名的"物流成本冰山"说,其含义是说人们对物流成本费用的总体内容并不掌握,提起物流费用大家只看到了冰山一角,而潜藏在海水里的整个冰山却看不见。事实上,海水中的山才是物流费用的主体部分,他透彻地阐述了物流成本的难以识别性。同样,要想直接从企业的财务中完整地提取出企业发生的配送成本也是难以办到的。例如,通常的财务会计通过销售费用、管理费用科目可以看出部分配送成本的情况,但这些科目反映的费用仅是全部配送成本的一部分,即企业对外支付的配送费用。而且这一部分费用往往是混合在其他有关费用中,而不是单独设立配送费用科目进行独立核算。因此,配送成本确实犹如一座海里的冰山,露出水面的仅是冰山一角。

(3) 配送成本削减的乘法效应。配送成本削减具有乘法效应,配送成本的减少可以显著增加企业的效益与利润。假定销售额为1 000元,配送成本为100元。如果配送成本降低10%,就可能得到10元的利润。假定这个企业的销售利润率为2%,则创造10元利润,需要增加500元的销售额。也就是说,降低10%的配送成本所起的作用相当于销售额增加50%所带来的利润。可见配送成本的下降会产生极大的效益。

(4) 配送成本与服务水平的背反。高水平的配送服务是由高的配送成本来保证的,企业很难既提高配送服务水平,同时也降低配送成本,除非有较大的技术进步。要想超过竞争对手,提出并维持更高的服务标准就需要有更多的投入,因此一个企业在做出这种决定时必须经过仔细研究和对比。

(5) 配送系统各功能活动的效益背反。效益背反是指对于同一资源的两个方面处于相互矛盾的关系中,想要较多地达到其中一个方面,必然使另一方面受到损失。如尽量减少库存节点,就会引起配送距离变化,运输费用将增大;减少库存,就会增加补货频率,运输次数将增加;包装高档,费用增大,而破损减少。

(6) 专业设备无通用性。当设备不具有通用性时,成本会增加。比如当国际运输中采用托盘,而托盘没有采用同一标准,则在运输过程中会很不方便,会增加搬运装卸、包装等费用。

8.2.2 配送成本计算

1. 配送成本的构成

配送成本的高低直接影响物流活动的成本,进而影响到企业的净收入。对配送成本进行归集时必须明确其范围。影响配送成本范围的因素有三个。

(1) 在储存、备货、配货、送货等物流配送活动中,把哪几项配送活动作为计算配送成本的对象。选择不同的配送活动进行核算,最后得出的配送成本也有差别。

(2) 成本的核算范围。配送过程中涉及不同的配送对象,不同的配送对象与配送服务,对应的配送成本的核算范围应不同。

(3) 把哪几项费用作为配送成本进行计算。支付保管费、人工费、运费和折旧费等,取哪些列入成本核算,会直接影响配送成本。

企业应根据自身的情况及管理的需要决定本企业配送成本的计算范围。

配送成本费用的计算由于涉及多环节的成本计算,对每个环节应当计算各成本计算对象的总成本。总成本是指成本计算期内成本计算对象的成本总额,即各个成本项目金额之和。配送成本费用总额是由各个环节的成本组成的。其计算公式如下:

$$配送成本 = 配送运输成本 + 分拣成本 + 配装成本 + 流通加工成本$$

需要指出的是,在进行配送成本费用核算时要避免配送成本费用重复交叉、减少或夸大费用支出,使配送成本的计算结果不准确,这种做法不利于企业对配送成本的控制与管理。下面分别介绍配送成本中的配送运输成本、分拣成本、配装成本与流通加工成本的计算方法。

2. 配送成本的计算

1) 配送运输成本的核算

配送运输成本的核算,是指将配送车辆在配送生产过程中所发生的费用,按照规定的配送对象和成本项目,计入配送对象的运输成本项目中的方法。

(1) 具体项目及内容。

① 工资及职工福利费。根据工资分配汇总表和职工福利费计算表中各车型分配的金额计入成本。

② 燃料。根据燃料发出凭证汇总表中各车型耗用的燃料金额计入成本。

③ 轮胎。轮胎外胎采用一次摊销法,根据轮胎发出凭证汇总表中各车型领用的金额计入成本。

④ 修理费。辅助生产部门对配送车辆进行保养和修理的费用,根据辅助营运费用分配表中分配各车型的金额计入成本。

⑤ 折旧。根据固定资产折旧计算表中按照车辆种类提取的折旧金额计入各分类成本。

⑥ 养路费及运输管理费。配送车辆应交纳的养路费和运输管理费,应在月终计算成本时,编制配送营运车辆应纳养路费及管理费计算表,据此计入配送成本。

⑦ 车船使用税、行车事故损失和其他费用。如果是通过银行转账、应付票据、现金支付的,根据付款凭证等直接计入有关的车辆成本;如果是在企业仓库内领用的材料物资,根据材料发出凭证汇总表低值易耗品发出凭证汇总表中各车型领用的金额计入成本。

⑧ 营运间接费用。根据营运间接费用分配表计入有关配送车辆成本。

(2) 配送运输成本计算表的编制。物流配送企业每月应编制配送运输成本计算表,以反映配送总成本和单位成本。配送总成本是指成本计算期内各成本计算对象的成本总额,即各个成本项目金额之和。单位成本是指成本计算期内各成本计算对象完成单位周转量的成本额。一般配送运输成本计算表的编制如表8-5所示。

表8-5 配送运输成本计算表

编制单位: 年 月

项 目	计算依据	配送车辆合计	配送营运车辆		
			解放	东风	其他
一、车辆费用/元					
工资					
职工福利费					
燃料费					
轮胎费					
修理费					
大修费					
折旧费					
公路运输管理费					
车船使用税					
行车事故损失					
其他费用开支					
二、配送运输间接费用/元					
三、配送运输总成本/元					
四、周转量/千吨千米					
五、单位成本/(元/千吨千米)					

2) 分拣成本的计算

分拣成本是指分拣机械及人工在完成货物分拣过程中所发生的各种费用。包括分拣的直接费用和间接费用两种。

(1) 分拣成本的项目和内容。

① 分拣直接费用:工资是指按规定支付给分拣作业工人的标准工资、奖金、津贴等;职工福利费是指按规定的工资总额和提取标准计提的职工福利费;修理费是指分拣机械进行保养和修理所发生的费用;折旧费是指分拣机械按规定计提的折旧费;其他费用是指不属于以上各项的费用。

②分拣间接费用。分拣间接费用是指配送分拣管理部门为管理和组织分拣作业,需要由分拣成本分担的各项管理费用和业务费用。配送直接费用与间接费用构成了配送环节的分拣成本,即

$$分拣成本＝分拣直接费用＋分拣间接费用$$

(2) 分拣成本的计算方法。配送环节的分拣成本的计算方法是指分拣过程中所发生的费用按照规定的成本计算对象和成本项目,计入分拣成本的方法。

① 折旧费。根据固定资产折旧计算表中按照分拣设备提取的折旧金额计入成本。

② 修理费。辅助生产部门对分拣设备进行保养和维修的费用,根据辅助生产费用分配表中分配的分拣成本金额计入成本。

③ 工资及职工福利费。根据工资分配汇总表和职工福利费计算表中的金额计入分拣成本。

④ 其他。根据低值易耗品发出凭证汇总表中分拣成本领用的金额计入成本。

⑤ 分拣间接成本。根据配送管理费用分配表计入分拣成本。

(3) 配送分拣成本计算表的编制。物流配送企业一般在月末编制配送分拣成本计算表,以反映配送成本分拣总成本。其成本计算表的编制形式如表 8-6 所示。

表 8-6 配送分拣成本计算表

编制单位:　　　　　　　　　　　　年　月　　　　　　　　　　　　单位:元

项　目	计算依据	合计	分拣品种				
			货物甲	货物乙	货物丙	货物丁	……
一、分拣直接费用							
工资							
职工福利费							
修理费							
折旧费							
其他费用							
二、分拣间接费用							
分拣总成本							

3) 配装成本的核算

配装成本是指在完成配装货物过程中所发生的各种费用。

配送环节的配装活动是配送的独特要求,其成本的计算方法,是指配装过程中所发生的费用按照规定的成本计算对象和成本项目进行计算的方法。

(1) 配装成本的具体项目。

① 工资及福利费。根据工资分配汇总表和职工福利费计算表中分配的配装成本的金额计入成本。计入产品成本中的直接人工费用的数额,是根据当期工资结算汇总表和职工福利费计算表。

② 材料费用。根据材料发出凭证汇总表、领料单及领料登记表等原始凭证,配装成本耗用的金额计入成本。直接材料费用中,材料费用数额是根据全部领料凭证汇总编制的耗用材料汇总表确定的;在归集直接材料费用时,凡能分清某一成本计算对象的费用,应单独

列出,以便直接计入该配装对象的产品成本计算单中;属于几个配装成本对象共同耗用的直接材料费用,应当选择适当的方法,分配计入各配装成本计算对象的成本计算单中。

③ 辅助材料费用。根据材料发出凭证表和领料单中的金额计入成本。

④ 其他费用。不属于以上各项配装直接费用的费用均列为其他费用。

⑤ 配装间接费用。根据配送间接费用分配表计入配装成本。

配装作业是配送的独特要求,只有进行有效的配装,才能提高送货水平,降低送货成本。

(2) 配装成本计算表的编制。物流企业一般在月末编制配送环节中的配装成本计算表,以反映配装总成本。作为配送环节中的独特环节,只有进行有效的配装,才能提高送货水平,从而降低送货成本。配装成本计算表的编制形式如表8-7所示。

表8-7 配装成本计算表

编制单位：　　　　　　　　　　　　　年　月　　　　　　　　　　　　　单位：元

项 目	计算依据	合计	配装品种				
			货物甲	货物乙	货物丙	货物丁	……
一、配装直接费用							
工资							
职工福利费							
材料费							
辅助材料费							
其他费用							
二、配装间接费用							
配装总成本							

4) 流通加工成本的核算

流通加工成本的核算是指在流通过程中所发生的费用按照规定的成本计算对象和成本项目进行计算的方法。

(1) 具体项目及计算方法。

① 直接材料费用的归集。直接材料费用中,材料和燃料的费用数额是根据全部领料凭证汇总编制的耗用材料汇总表来确定的,外购动力费用是根据有关凭证确定的。在归集直接材料费用时,凡能分清某一成本计算对象的费用,应单独列出,以便直接计入该加工对象的产品成本计算单中;属于几个加工成本对象共同耗用的直接材料费用,应当选择适当的方法,分配计入各加工成本计算对象的成本计算单中。

② 直接人工费用的归集。计入产品成本中的直接人工费用的数额,是根据当期工资结算汇总表和职工福利费计算表来确定的。

③ 制造费用的归集。制造费用是通过设置制造费用明细账,按照费用发生的地点来归集的。制造费用明细账按照加工生产单位开设,并按费用明细账项目设专栏组织核算。流通加工制造费用的格式可以参考工业企业制造费用的一般格式。由于流通加工环节的折旧费用、固定资产修理费用等占成本比例较大,其费用归集尤其重要。

(2) 流通加工成本计算表的编制。物流配送企业一般在月末编制流通加工成本计算表,以反映流通加工总成本。配送环节流通加工总成本是指成本计算期内成本计算对象的成本总额,即各个成本金额之和。流通加工成本计算表的编制形式如表 8-8 所示。

表 8-8 流通加工成本计算表

编制单位:　　　　　　　　　　　　　年　月　　　　　　　　　　　　　单位:元

项　目	计算依据	合计	流通加工物品				
			物品 A	物品 B	物品 C	物品 D	……
直接材料费用							
直接人工费用							
制造费用							
流通加工总成本							

8.2.3 配送成本优化

1. 配送成本控制的原则

由于实际运营中物流情况复杂多变,降低配送成本的方法也是多种多样、变化不定,但是一般要遵守以下原则。

(1) 加快物流速度,扩大流量。物流速度越快,其成本越小。从物流速度与流动资金需要量的关系来看,在其他条件不变的情况下,物流速度越快,所需物流资金越少,从而减少资金占用,减少利息支出,使配送成本降低。

(2) 减少物流周转环节。尽可能减少流通环节和节约物流时间,尽可能直达运输,尽可能减少物资分散,这样能加快物流速度,降低配送成本。

(3) 采用先进、合理的配送技术。采用先进、合理的配送技术是降低配送成本的根本措施,不仅有助于加快物流速度,增加物流量,还可以减少物流中的损失。

(4) 改善配送管理,加强经济核算。实现管理现代化是降低配送成本最直接、最有效的方法。在具体实施过程中,采用岗位责任制、加强经济核算、实行目标管理等都是行之有效的措施。

2. 降低配送成本的途径

在物流总成本中,配送成本所占的比例最高,为 35%～60%。因此配送成本的控制不仅是客户需要考虑的内容,也是配送企业需要考虑的内容。控制配送成本对降低整个物流成本、提高物流效益有极大的贡献,因此配送企业应认真分析配送成本的影响因素,积极探寻控制成本的措施,达到降低成本、提高效率的目的。

1) 合理筹措资源

配送可利用较大批量筹措资源的优势降低用户的筹措成本,从而取得专业优势。如果不是集中多个用户需要进行批量筹措资源,而仅是为某一两户代购代筹,对用户来讲,不仅不能降低资源筹措费,相反要多支付一笔配送企业的代筹代办费。另外,配送量计划不准,资源筹措过多或过少,在资源筹措时不考虑与资源供应者之间建立长期稳定的供需关系等,都会给企业带来损失。

2) 进行合理的库存决策

配送应充分利用集中库存总量低于各用户分散库存总量,从而大大节约社会财富,同时降低用户实际平均分摊的库存负担。因此,配送企业必须依靠科学管理来实现一个低于总量的库存,否则就会出现单是库存转移,而未解决库存降低的问题。当然,配送企业在进行库存决策时,若为保持较低库存而出现储存量不足,不能保证随机需求,将会造成缺货损失,有时甚至会失去现有的市场。

3) 正确积载货物

明确了客户的配送顺序及路线后,接下来就是如何将货物装车,以什么次序装车的问题。车辆的积载原则上应遵循下列原则。

(1) 为减少或避免差错,尽量把外观相近、容易混淆的货物分开装载。

(2) 重不压轻,大不压小。轻货应放在重货的上面,包装强度差的应放在包装强度好的上面。

(3) 不要将散发臭味的货物与吸臭性的货物混装。

(4) 尽量不将散发粉尘的货物与清洁货物混装。

(5) 切勿将渗水的货物与易受潮的货物一同存放。

(6) 包装不同的货物应分开装载,如板条箱货物不要与纸箱、袋装货物堆放在一起。

(7) 具有尖角或其他突出物的货物应和其他货物分开或用木板隔离,以免损伤其他货物。

(8) 装载易滚动的卷状、桶状货物时要垂直摆放。

(9) 货与货之间、货与车辆之间应留有空隙并适当衬垫,防止货损。

(10) 在装车时尽量做到"后送先装"。

4) 优化配送流程

配送是配送中心的核心环节。高效的配送,需要的是在配送调度和配送运输、交货等具体操作上的整合优化。在专业化分工越来越细的经济环境下,物流配送流程优化的发展方向将趋向于利用集成供应链来达到配送流程的上中下游的连贯性,以及降低各相关企业的物流成本。

5) 推广使用现代化信息技术

提高配送作业效率,加强自动识别技术的开发与应用,提高入货和发货时商品检验的效率。配送企业可以通过加强自动识别技术的开发与应用来提高入货和发货时商品检验的效率。使用自动化智能设备提高保管、装卸、备货和拣货作业的效率。采用先进的计算机分析软件,优化配送运输作业,降低配送运输成本。可以采用解析法、线性规划法或静态仿真法对配送中心选址进行合理布局,使用车辆安排程序,合理安排配送运输的路线、顺序、积载等来降低成本。

6) 制定合理的配送价格

总的来讲,配送价格应低于用户自己进货的产品购买价格加上自己提货、运输、进货的成本总和,这样用户才会有利可图。有时候,由于配送有较高的服务水平,配送价格稍高,用户也是可以接受的,但这不能是普遍的原则。如果配送价格普遍高于用户自己去进货的价格,损伤了用户利益,就会失去客户。而配送价格过低,会使配送企业处于无利或亏损状态,配送企业也将无法生存下去。

7) 减少退货和换货

经营物流配送,有时会遇到有瑕疵的商品、搬运中损坏、商品送错、商品过期等问题,遇到这些问题时退货或者换货则不可避免。而退货或换货的处理,则会大幅度增加成本,减少利润。因此配送中心应采取有效措施,特别是在经常出错的地方增加控制点,尽量减少退、换货的次数,提高配送效率。

8) 合理选择配送策略

对配送的管理就是在满足一定的顾客服务水平与配送成本之间寻求平衡:在一定的配送成本下尽量提高顾客服务水平,或在一定顾客服务水平下使配送成本最低。一般来说,要想在一定的顾客服务水平下使配送成本最低,可考虑以下策略。

(1) 混合策略。混合策略是指配送业务一部分由企业完成,另一部分则外包给第三方物流公司完成。这种策略的基本思想是,尽管采用纯策略(即配送活动要么全部由企业完成,要么完全外包给第三方物流公司完成)易形成一定的规模经济,并使管理简化,但由于产品品种多变、规格不一、销量不等等情况,采用纯策略的配送方式超出一定程度不仅不能取得规模效益,反而会造成规模不经济。而采用混合策略能使配送成本最低。

(2) 差异化策略。差异化策略的指导思想是:产品特征不同,顾客服务水平也不同。当企业拥有多种产品线时,不能对所有的产品都按同一标准的顾客服务水平来配送,而应按产品的特点、销售水平来设置不同的库存、不同的运输方式以及不同的储存地点,忽视产品的差异性会增加不必要的配送成本。

(3) 合并策略。合并策略包括两个层次:①配送方法上的合并。配送成本增加的一个原因在于配货时货物的体积、重量、包装、储运性能及目的地各不相同导致一定的车辆空载率,实行合理的轻重配装、容积不同的货物搭配装车就不但可以在载重方面达到满载,而且充分利用车辆的有效容积,取得最优效果。②共同配送。共同配送是一种产权层次上的共享,也称集中协作配送。共同配送包括两种情况:一种是中小生产、零售企业之间分工合作,实行共同配送;另一种是几个中小型配送中心之间的联合,共同协作制订配送计划,共同组织车辆设备,对某一地区的客户实行配送。具体执行时由于共同使用配送车辆,既提高了车辆实载率,也提高了配送效率,还有利于降低配送成本。

(4) 延迟策略。实施延迟策略常采用两种方式:生产延迟(或称形成延迟)和物流延迟(或称时间延迟)。而配送中往往存在着加工活动,所以实施配送延迟策略,既可采用形成延迟方式,也可采用时间延迟方式。具体操作时,常常发生在诸如贴标签(形成延迟)、包装(形成延迟)、装配(形成延迟)和发送(时间延迟)等领域。

延迟策略的基本思想就是对产品的外观、形状及其生产、组装、配送,应尽可能推迟到接到顾客订单后再确定。一旦接到订单就要快速反应,因此采用延迟策略的一个基本前提是信息传递要非常快。一般来说,实施延迟策略的企业应具备以下几个基本条件:①产品特征,模块化程度高,产品价值密度大,有特定的外形,产品特征易于表述,定制后可改变产品的容积或重量;②生产技术特征,模块化的产品设计,设备智能化程度高,定制工艺与基本工艺差别不大;③市场特征,产品生命周期短,销售波动性大,价格竞争激烈,市场变化大,产品的提前期短。

(5) 标准化策略。标准化策略就是尽量减少因品种多样而导致附加配送成本,尽可能多地采用标准零部件、模块化产品。如服装制造商按统一规格生产服装,直到顾客购买时才按顾客的身材调整尺寸大小。采用标准化策略要求厂家从产品设计开始就要站在消费者的立场去考虑怎样节省配送成本,而不要等到产品定型生产出来了才考虑采用什么技巧降低配送成本。

任务实施

步骤1:查找原始数据。

小王知道,要准确核算出配送总成本,就必须掌握公司发生的相关成本的原始数据。于是他找到了公司的老员工赵会计,请教如何获得相关的成本数据表。赵会计给小王拿出了公司2020年11月的所有成本数据表,包括工资分配汇总表、职工福利费计算表、固定资产折旧计算表、材料发出凭证汇总表等。小王拿到这些成本数据表后,开始了分析计算工作。

步骤2:计算配送运输成本。

(1) 根据工资分配汇总表和职工福利费计算表,小王汇总出11月驾驶员的工资共150 000元,福利费共18 000元。

(2) 根据燃料发生凭证汇总表,小王汇总出11月燃料费共150 000元。

(3) 根据轮胎发生凭证汇总表和材料发出凭证汇总表,小王计算出11月轮胎费共81 000元。

(4) 根据辅助营运费用分配表,小王提取计算出11月大修费共15 000元,修理费共8 500元。

(5) 根据固定资产折旧计算表,小王提取计算出月折旧费共55 000元。

(6) 根据配送营运车辆应缴纳管理费计算表,小王提取计算出11月公路运输管理费共100 000元。

(7) 根据相关付款凭证和材料发出凭证汇总表、低值易耗品发生凭证汇总表等,小王提取计算出11月车船使用税共35 000元,行车事故损失共40 000元,其他费用共23 000元。

(8) 根据营运间接费用分配表,小王提取计算出11月营运间接费用共140 000元。

(9) 计算配送运输成本。

$$
\begin{aligned}
配送运输成本 &= 150\,000 + 18\,000 + 150\,000 + 81\,000 + 15\,000 + 8\,500 + 55\,000 \\
&\quad + 100\,000 + 35\,000 + 40\,000 + 23\,000 + 140\,000 \\
&= 815\,500(元)
\end{aligned}
$$

(10) 根据以上数据编制配送运输成本计算表,如表8-9所示。

表8-9 华泰物流公司配送运输成本计算表

编制单位:华泰物流公司　　　　　　　　　　　　　　　　　　　2020年11月

项目	计算依据	配送车辆合计/元	配送营运车辆		
			解放	东风	其他
一、车辆费用/元		675 500			
工资		150 000			
职工福利费		18 000			
燃料费		150 000			
轮胎费		81 000			
修理费		8 500			
大修费		15 000			
折旧费		55 000			
公路运输管理费		100 000			
车船使用税		35 000			

续表

项 目	计算依据	配送车辆合计/元	配送营运车辆		
			解放	东风	其他
行车事故损失		40 000			
其他费用开支		23 000			
二、配送运输间接费用/元		140 000			
三、配送运输总成本/元		815 500			
四、周转量/千吨千米		11 000			
五、单位成本/(元/千吨千米)		74.1			

步骤 3：计算配送分拣成本。

(1) 根据工资分配汇总表和职工福利费计算表，小王汇总出 11 月分拣工人的工资共 50 500 元，福利费共 8 850 元。

(2) 根据辅助生产费用分配表，小王提取计算出 11 月修理费共 13 000 元。

(3) 根据固定资产折旧计算表，小王提取计算出 11 月折旧费共 34 000 元。

(4) 根据低值易耗品发出凭证汇总表，小王提取计算出 11 月其他费用共 15 000 元。

(5) 根据配送间接费用分配表，小王提取计算出 11 月分拣间接费用共 34 500 元。

(6) 计算配送分拣成本。

配送分拣成本 = 50 500 + 8 850 + 13 000 + 34 000 + 15 000 + 34 500 = 155 850(元)

(7) 根据以上数据编制配送分拣成本计算表，如表 8-10 所示。

表 8-10 华泰物流公司配送分拣成本计算表

编制单位：华泰物流公司　　　2020 年 11 月　　　　　　　　　　　　　单位：元

项 目	计算依据	合 计	分拣品种				
			货物甲	货物乙	货物丙	货物丁	……
一、分拣直接费用		121 350					
工资		50 500					
职工福利费		8 850					
修理费		13 000					
折旧费		34 000					
其他费用		15 000					
二、分拣间接费用		34 500					
分拣总成本		155 850					

步骤 4：计算配装成本。

(1) 根据工资分配汇总表和职工福利费计算表，小王汇总出 11 月配装工人的工资共 90 000 元，福利费共 13 500 元。

(2) 根据材料发出凭证汇总表、领料单等原始凭证，小王提取计算出 11 月配装材料费共 50 000 元。

(3) 根据材料发出凭证汇总表、领料单等原始凭证，小王提取计算出 11 月辅助材料费共 12 500 元。

(4) 根据材料发出凭证汇总表和低值易耗品发出凭证汇总表,小王提取计算出 11 月其他费用共 24 000 元。

(5) 根据配送间接费用分配表,小王提取计算出 11 月配装间接费用共 25 200 元。

(6) 计算配装成本。

配装成本＝90 000＋13 500＋50 000＋12 500＋24 000＋25 200＝215 200(元)

(7) 根据以上数据编制配装成本计算表,如表 8-11 所示。

表 8-11　华泰物流公司配装成本计算表

编制单位:华泰物流公司　　　　　2020 年 11 月　　　　　　　　　　单位:元

项目	计算依据	合计	配装品种				
			货物甲	货物乙	货物丙	货物丁	……
一、配装直接费用		190 000					
工资		90 000					
职工福利费		13 500					
材料费		50 000					
辅助材料费		12 500					
其他费用		24 000					
二、配装间接费用		25 200					
配装总成本		215 200					

步骤 5:计算流通加工成本。

(1) 根据耗用材料汇总表及相关凭证,小王提取计算出 11 月直接材料费用共 7 500 元。

(2) 根据工资分配汇总表及职工福利费计算表,小王提取计算出 11 月直接人工费用共 53 000 元。

(3) 根据公司制造费用明细账,小张提取计算 11 月制造费用共 55 300 元。

(4) 计算流通加工成本。

流通加工成本＝7 500＋53 000＋55 300＝115 800(元)

(5) 根据以上数据编制流通加工成本计算表,如表 8-12 所示。

表 8-12　华泰物流公司流通加工成本计算表

编制单位:华泰物流公司　　　　　2020 年 11 月　　　　　　　　　　单位:元

项目	计算依据	合计	流通加工物品				
			物品 A	物品 B	物品 C	物品 D	……
直接材料费用		7 500					
直接人工费用		53 000					
制造费用		55 300					
流通加工总成本		115 800					

步骤 6:计算配送总成本。

(1) 计算配送总成本

配送总成本＝815 500＋155 850＋215 200＋115 800＝1 302 350(元)

(2) 根据以上数据编制配送成本计算表,如表 8-13 所示。

表 8-13 华泰物流公司配送成本计算表

编制单位:华泰物流公司　　　　　　　2020 年 11 月　　　　　　　　　　单位:元

项　　目	合　　计
配送运输成本	815 500
配送分拣成本	155 850
配装成本	215 200
流通加工成本	115 800
合　　计	1 302 350

任务训练

下面是某物流配送公司 2021 年 1 月的一份经过整理后的成本数据资料,请你对这些数据资料按照配送成本的每个构成项目进行归集,并编制相应的成本计算表,最后计算出该公司 2021 年 1 月的配送总成本。

(1) 当月驾驶员的工资共 62 500 元,福利费共 8 190 元;分拣工人的工资共 41 200 元,福利费共 5 300 元;配装工人的工资共 34 000 元,福利费共 7 432 元;流通加工工人的工资共 21 970 元,福利费共 3 260 元。

(2) 当月发生车辆修理费 4 420 元、大修费 15 200 元、折旧费 2 870 元;分拣设备的修理费为 4 600 元,折旧费为 16 400 元。

(3) 当月发生燃料费 68 900 元、轮胎费 24 000 元、车辆其他费用 14 000 元;配装材料费 24 300 元、配装辅助材料费 6 820 元、配装其他费用 13 200 元;流通加工直接材料费共 3 600 元;分拣其他费用共 7 100 元。

(4) 当月发生运输管理费 39 690 元、车船使用税 25 000 元、行车事故损失 32 000 元。

(5) 当月发生车辆营运间接费用 65 700 元、分拣间接费用 16 400 元、配装间接费用 14 300 元。

(6) 当月流通加工的制造费用为 26 730 元。

(7) 当月车辆周转量为 4 900 千吨千米。

一、实训目标

使学生了解配送成本的构成,会分析配送成本的影响因素,会按不同环节计算配送成本。

二、实训准备

走访配送型物流企业,了解企业的配送作业流程,分析配送作业过程中消耗的成本构成,了解企业控制配送成本的方法。

三、实训步骤

(1) 自由组合成小组,每组 4~6 人。

(2) 学生分组分析配送作业的特性,并分析该公司配送成本的基本构成。

(3) 学生可以去企业收集实际数据,并用成本分析方法计算配送成本,并对企业目前的配送成本状况进行分析,为企业提出优化建议。

(4)各组形成设计优化方案,并在班上进行分享。

小　　结

本项目主要分为仓储成本管理与配送成本管理两大部分,以成本概念及基本特征,成本构成及核算方法,成本控制的途径为主要任务,通过对任务的实施,引领学生掌握仓储成本与配送成本的特点、构成、主要计算项目、主要计算方法,以及降低仓储及配送成本的方法与优化措施等。在项目实施过程中,通过情景模拟,介绍了任务的完成步骤与方法,并导入相关成本的理论知识。

测　　试

一、单选题

1. 企业由于缺货带来的损失属于(　　)。
   A. 订货成本　　　　　　　　　　B. 缺货成本
   C. 生产准备成本　　　　　　　　D. 库存持有成本
2. 利息费用属于(　　)。
   A. 仓储维护　　B. 资金占用　　C. 仓储运作　　D. 仓储风险
3. 仓库租赁费属于(　　)成本。
   A. 仓储　　　　B. 运输　　　　C. 流通加工　　D. 包装
4. (　　)是集货、分拣、配载、包装、组配及加工等一系列功能的集合。
   A. 配送　　　　B. 运输　　　　C. 储存　　　　D. 流通加工
5. 各项配送成本计算表一般于(　　)编制。
   A. 周末　　　　B. 月末　　　　C. 季末　　　　D. 顾客

二、多选题

1. 下列属于仓储对物流成本的负面影响的有(　　)。
   A. 避免缺货　　　　　　　　　　B. 机会损失
   C. 陈旧损失　　　　　　　　　　D. 流动资金占用过多
2. 配装成本主要包括(　　)。
   A. 配装设备费　B. 配装材料费　C. 配装辅助费　D. 配装人工费
3. 根据配送流程计配送环节,配送成本实际上包含了(　　)。
   A. 配送运输费用　　　　　　　　B. 配送分拣费用
   C. 配装费用　　　　　　　　　　D. 流通加工费用

三、简答题

1. 仓储成本由哪些项目构成?
2. 配送成本的概念是什么?
3. 配送成本主要由哪些项目构成?
4. 试分析影响仓储成本的因素。

项目 9

仓储与配送绩效管理

项目导图

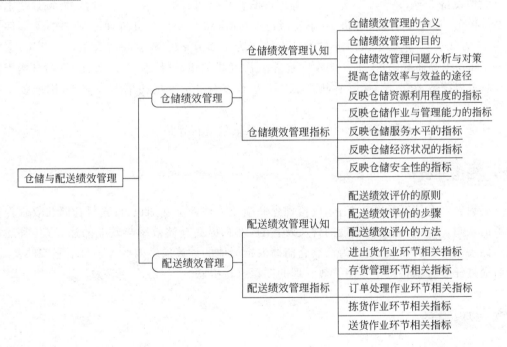

学习目标

任 务	知 识 目 标	能 力 目 标	素 质 目 标
仓储绩效管理	1. 了解仓储绩效管理的含义及目的; 2. 掌握提高仓储效率与效益的途径; 3. 掌握仓储绩效管理的相关指标	1. 能够熟练计算不同仓储绩效管理指标; 2. 能够根据企业不同的绩效指标值进行评估	1. 具备认真细致,精益求精的工匠精神; 2. 具备独立思考,综合分析问题的能力

续表

任　务	知 识 目 标	能 力 目 标	素 质 目 标
配送绩效管理	1. 了解配送绩效评价的原则及步骤； 2. 掌握配送绩效评价的方法； 3. 掌握配送绩效管理的相关指标	1. 能够结合案例中的相关数据计算不同配送绩效管理指标； 2. 能够根据相关绩效管理指标分析配送中心运作存在的问题	1. 具备提前规划的意识，统筹安排的思想； 2. 具备具体问题具体分析，自主解决问题的能力

任务 9.1　仓储绩效管理

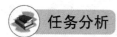
任务描述

鹏飞仓储有限公司占地 12 500m²，仓库可利用面积为 6 000m²，建造费用 600 万元，仓库有大型设备 3 台，每台 150 万元（不考虑折旧费）；公司有员工 40 人，平均每人每月基本工资 2 000 元；平均每人每月加班 10 小时，每小时加班费 25 元；2021 年维护维修的零部件费用为 12 万元。假设公司 2020 年的设计吞吐量为 860 万 t，业务总收入为 1 800 万元，累计收发了 1 084 笔业务，发生了 5 次收货差错、6 次发货差错，赔偿客户 60 万元，货物自然损耗 80t，账实相符数 1062 笔，实际吞吐总量 782 万 t，该商品标准损耗率为 0.01%，标准收发错率 0.9%。

任务：对鹏飞仓储有限公司 2021 年的仓储绩效进行评估。

任务分析

要想做好仓储绩效管理工作，应梳理仓储绩效管理的基础知识，首先对仓储绩效管理有清晰的认知，了解仓储绩效管理的含义及目的，理解提高仓储效率与效益的途径；其次要掌握仓储绩效管理的相关指标，为后续仓储绩效指标值的计算及绩效的评估打下坚实的基础；最后通过任务实施将整个仓储绩效管理的知识进行串联。

知识准备

9.1.1　仓储绩效管理认知

1. 仓储绩效管理的含义

仓储绩效管理是通过对行动过程中各项指标的观察与评估，按计划完成生产经营目标，保持并逐步提高对客户和其他部门的服务水平，保证战略目标实现的过程，强调的是对仓储过程的监控。

2. 仓储绩效管理的目的

仓储绩效管理的目的是按计划完成生产经营目标，保持并逐步提高对客户和其他部门适度的服务水平，控制仓储部成本和物流总成本。

（1）提高决策层本身工作的规范化和计划性。绩效是层层分解的，如果高层没有明确目标，中层、基层班组自然茫然。当然，如果中层有目标，也可实施，只是功效减半。

（2）改善（明晰）管理层次的逻辑关系，从而减少单位（部门）摩擦，提高组织运行效率。

（3）让所有员工肩上都有担子，适时有事做，事事有目标。绩效管理是一个系统工程，但是关键绩效考核指标（KPI）分解是核心，而层层分解的指标就是各个层次员工的具体工作。

（4）疏通员工职业发展渠道。通过绩效测评，好的升、奖、委以重任，差的降、罚、再培训、降低要求和薪酬，甚至淘汰。

（5）构建和谐的企业文化。奖勤罚懒、优胜劣汰、有言在先、目标明确、心往一处想，劲往一处使，都是和谐的企业文化的关键内容，而绩效管理的长期推进，恰恰能实现这些目标。

（6）按计划完成生产经营目标，保证战略目标的实现。

3. 仓储绩效管理问题分析与对策

仓储绩效管理容易出现的问题主要如下。

（1）管理系统不够科学与实用，反而让管理者不知道如何对部属进行迅速、合理和真实的评估。

（2）考核完毕，被考核人经常觉得结果不公平，影响员工的工作情绪。

（3）评估过程比较烦琐，耽误很多时间，而且评估项目不能全面反映员工的综合素质和技能，缺乏灵活性。

仓储绩效管理是一种防止绩效不佳和提高绩效的工具，这是由企业领导和员工以共同合作的方式来完成。这就需要领导和员工之间进行不断的双向沟通。通过沟通，使员工对既定的工作职责，员工和上级之间应如何共同努力达成共识。整个绩效评估的核心工作就是沟通。通过沟通，可以改变管理者和员工的观念。管理者要加大实施过程的执行力度，使评估过程公平化、透明化，员工也不要把绩效评估看作是一种负担，而应积极配合与参与，进一步促进管理规范，提高组织绩效。同时，设计科学、合理和灵活的评估体系，是仓储绩效管理取得成效的重要保障。另外，建立绩效评估投诉制度，有利于及时发现矛盾，解决冲突。

4. 提高仓储效率与效益的途径

（1）加速库存周转，提高资金使用效率。在现代仓储管理中，首先应核定先进、合理的储备定额和储备资金定额，加强进货管理，做好货物的入库验收和在库管理、清仓查库，积极处理积压货物，加快货物的周转，提高仓储的经济效益。

（2）节约成本开支，降低仓储费用。仓储成本费用支出项目众多，影响费用支出增减的客观因素十分复杂。在现代仓储管理中，应不断提高仓储设备设施的利用效率，提高劳动效率，节约各种费用开支，努力减少库存损耗，最大限度地节约开支，降低费用。

（3）加强基础工作，提高经营管理水平。仓储管理的基础工作是仓储管理工作的基石，为适应仓储管理功能的变化，应相应加强各项基础工作，如标准化工作、计量工作和经济核算制度等，要以提高仓储经济效益为目标，从不断完善责任制入手，建立全面、系统的仓储管理基础工作，为提高仓储经营管理水平创造良好的条件。

（4）扩大仓储经营范围和内容，增加仓储增值服务项目。随着全球电子商务的不断扩张,物流业得到了快速的发展。仓储企业应充分利用其联系面广、仓储手段先进等有利条件,向多功能的物流服务中心方向发展,开发流通加工、配送、包装、贴标签等多项增值业务,提高仓储在市场经济中的竞争能力,增加仓储的利润来源,提高自身的经济效益。

> **案例背景**

成本分摊的潜在隐患

绝大多数的物流成本核算系统还处于初级阶段,并且严重依赖于成本分摊来决定每部分的绩效。D公司所使用的方法导致了错误的决定,并最终使得公司的利润遭受损失。

D公司是一个多部门的企业,主要生产和销售药物产品以及包装物,这个公司在许多地方拥有现场仓库,由公司员工处理。这些带有温控的仓库是为药品设计的,要求的安全和管理技能远远超过包装物产品的储存要求。为了充分利用这些仓库设备,公司鼓励非药品部门将他们的产品储存在这些仓库中,运营这些仓库的费用大部分是固定的,但是如果产量增加就需要增加额外的工作人员或者加班。这个公司的做法是把成本按照在仓库中的占地面积来分摊,药品仓储的要求使得这个费用相对很高。此外,公司各个部门是在分散的利润中心的基础上进行管理的。

一个经营相对笨重、价值较低的部门副总认识到,类似的服务能够以更便宜的价格在公共仓储服务中获得。因此,他将本地区的产品从公司中撤出,开始采用公共仓库来储存产品。结果,整个公司的仓储成本不是减少了而是增加了。

> **案例解析**

公司的仓储成本是固定的,所以无论仓库是空的还是满的,都不能大幅度改变成本。实际上,这个成本系统促使部门物流经理的行为以本部门的利润最大化为原则,而不是以整个公司的利润最大化为原则。因此,整个公司的成本增加了,利润减少了。

9.1.2 仓储绩效指标管理

为提高储运企业或部门的经济效益和业务、技术、操作水平,要认真进行管理考核工作。合理的指标考核体系有利于仓库管理的顺利进行。

1. 反映仓储资源利用程度的指标

(1) 仓库利用率。仓库利用率是衡量和考核仓库利用程度的指标,是进行仓库管理首先要考虑的一个问题,它可以用仓库面积利用率和仓库容积利用率来表示。其计算公式为

$$仓库面积利用率 = \frac{仓库可利用面积}{地产面积} \times 100\%$$

$$仓库容积利用率 = \frac{仓库可利用容积}{仓库总容积} \times 100\%$$

仓库的面积利用率越大,表明仓库面积的有效使用情况越好。库房的容积利用率越大,表明仓库的利用效率越高。

仓库利用率是反映仓库管理工作水平的重要经济指标。通过考核仓库利用率,可以反

映货物储存面积与仓库实际面积的对比关系,以及仓库面积的利用是否合理,也可以为提高仓库面积的有效利用率提供依据。

(2) 设备利用率。设备利用率包括设备能力利用率和设备时间利用率两个方面,其计算公式为

$$设备能力利用率 = \frac{设备实际载荷量}{设备额定载荷量} \times 100\%$$

$$设备时间利用率 = \frac{设备实际工作时间}{设备额定工作时间} \times 100\%$$

设备额定载荷量和额定工作时间可以由设备的性能情况和设备工作时间的长短计算得出。对于仓库来说,设备利用率主要是考核起重运输和搬运设备的利用效率。对于多台设备而言,设备利用率可以用加权平均数来计算。

(3) 资金使用效率。资金使用效率主要用于考核仓库资金的使用情况,反映资金的利用水平,资金的周转以及资金使用的经济效果。资金使用效率指标包括资金使用的经济效果,这类指标包括单位货物固定资产平均占用量、单位货物流动资金占用量、流动资金周转次数和周转天数等。其计算公式分别为

$$单位货物固定资产平均占有量(元/t) = \frac{固定资产平均占有量}{平均货物储存量}$$

$$单位货物流动资金平均占有量(元/t) = \frac{流动资产平均占有量}{平均货物储存量}$$

其中,固定资产和流动资金平均占用量可以用某一报告期初数和期末数的平均数计算得出。

$$流动资金周转次数(次/年) = \frac{年仓储业务收入总额}{全年流动资金平均占用额流动资金周转天数}$$

$$= \frac{全年流动资金平均占用 \times 360}{年仓储业务总收入}$$

流动资金周转天数和周转次数指标主要是针对进行独立核算的仓储企业或要求进行独立核算收入和支出的企业仓储部门。若不能核算仓库的业务收入,则无法计算这两项指标。

(4) 人力资源利用情况。人力资源这类指标主要用于考核仓库的人力使用情况,可以反映仓库在某一时段人员的流动性和波动性,同时也可以帮助确定仓库适合的临时的搬运工、维修工等非正式员工的数量。该指标一般计算年或月的平均职工人数。其计算公式为

$$月平均人数 = \frac{月内每日实际人数之和}{该月天数}$$

$$月平均人数 = \frac{月初人数 + 月末人数}{2}$$

$$年平均人数 = \frac{年内各月平均人数之和}{12}$$

2. 反映仓储作业与管理能力的指标

仓库作业与管理能力指标是反映货物储存工作质量的指标。通过这类指标的核算,可以全面反映仓储工作质量,体现对储存工作多快好省的要求,减少损耗,降低费用,提高经济效益。这类指标包括以下几项。

(1) 仓储吞吐能力实现率。仓储吞吐能力实现率是指仓储实际吞吐能力与预测吞吐能力的比值。其计算公式为

$$仓储吞吐能力实现率=\frac{期内实际吞吐量}{仓库设计吞吐量}\times100\%$$

(2) 货物周转速度指标。库存货物的周转速度是反映仓储工作水平的重要效率指标。在货物的总需求量一定的情况下,如果能降低仓库的货物储备量,则其周转的速度就会加快。从降低流动资金占用和提高仓储利用效率的要求出发,就应当减少仓库的货物储备量。但是,如果将减少库存作为目的,就有可能影响到货物的供应。

因此,仓库的货物储备量应建立在一个合理的基础上,即要在保证供应需求的前提下,尽量降低库存量,从而加快货物的周转速度,提高资金利用率和仓储的效率。

货物的周转速度可以用周转次数和周转天数两个指标来反映。其计算公式为

$$货物的周转次数(次/年)=\frac{全年消耗货物总量}{全年货物平均储存量}$$

$$货物周转天数=\frac{全年货物平均储存量\times360}{全年消耗货物总量}$$

$$=\frac{全年货物平均储存量}{货物平均日消耗量}$$

全年货物消耗总量是指报告年度仓库中发出货物的总量,全年货物平均量常采用月初货物储存量的平均数。货物周转次数越少,则周转天数越多,货物的周转越慢,周转的效率就越低,反之则越好。

(3) 商品缺损率。

$$商品缺损率=\frac{期内商品缺损量}{期内商品总数}\times100\%$$

(4) 劳动生产率。仓库的劳动生产率可以用平均每人每天完成的出入库货物量来表示,出入库量是指吞吐量减去直拨量。全员劳动生产率的计算公式可表示为

$$全员劳动生产率=\frac{全年货物出入库总量}{仓库全员年工日总数(工日数)}\times100\%$$

考核仓库劳动生产率也可以用仓库员工平均每日收发货物的笔数、员工平均保管货物的吨数等指标来评价。

(5) 货物损耗率。货物损耗率是指在保管期内,自然减量的数量占原来入库数量的比值,该指标可用于反映货物保管与养护的实际状况。货物损耗率的计算公式为

$$货物损耗率=\frac{货物损耗额}{货物保管总额}\times100\%$$

货物损耗率指标主要可用于对那些易挥发、失重或破碎的货物,制定一个相应的损耗限度,通过货物损耗率与货物损耗限度相比较,凡是超过限度的,意味着货物的损失,反之,反映仓库管理更有成效,从而力争使货物的自然损耗率降到最低点。

(6) 设备完好率。设备完好率是指处于良好状态,随时能投入使用的设备占全部设备的百分比。其计算公式为

$$设备完好率=\frac{完好设备台数}{设备总台数}\times100\%$$

完好设备台数是指设备处于良好状态的累计台数,其中不包括正在修理或待修理设备的台数。良好设备的标准包括以下两方面:①设备的各项性能良好;②设备运转正常,零部件齐全,磨损腐蚀程度不超过技术规定的标准,计量仪器、仪表和润滑系统正常。

(7) 平均保管损失。平均保管损失是按货物储存量中平均每吨货物的保管损失金额来计算的。其计算公式为

$$平均保管损失(元/t) = \frac{保管损失金额}{平均储存量}$$

货物保管损失是仓库的一项直接损失。保管损失的计算范围包括:因保管养护不善造成的霉变残损,丢失短少,超定额损耗及不按规定验收、错收、错付而发生的损失等。有保管期的货物,经仓库预先催办调拨,但存货部门未及时调拨出库而导致的损失,不算作仓库的保管损失。

(8) 账货相符率。账货相符率是指在货物盘点时,仓库货物保管账面上的货物储存数量与相应库存实有数量的相互符合程度。一般在对仓储货物进行盘点时,要求逐笔与保管账面数字相核对。账货相符率的计算公式为

$$账货相符率 = \frac{账货相符数}{储存货物的总件数} \times 100\%$$

通过此项指标的核算,可以衡量仓库账面货物的真实程度,反映保管工作的管理水平,是避免货物遭受损失的重要手段。

(9) 库存周转率。库存周转率代表企业利益的测定值,也被称为"仓储周转率",其基本计算公式为

$$仓储周转率 = \frac{使用数量}{仓储数量} \times 100\%$$

使用数量并不等于出库数量,因为出库数量包括一部分备用数量。除此之外也有以金额计算库存周转率的。

$$库存周转率 = \frac{使用金额}{仓储金额} \times 100\%$$

使用金额也好,库存金额也好,都需要确定是哪个时间段的金额,因此规定某个期限来研究金额时,使用的计算公式为

$$库存周转率 = \frac{该期间的出库总金额}{该期间的平均库存金额} \times 100\%$$

① 库存周转率高,经济效益好。销售增加并且远远超过存货资产,使企业获得较好的利润,同时也因决策合理缩短了周转时间。

② 库存周转率虽高,企业经济效益却不佳。销售额超过标准库存的拥有量,缺货率远远超过了允许的范围,使企业失去销售机会,带来经济损失。库存调整过于彻底,超过预测的销售额最低值而发生缺货,减少企业收益。

③ 库存周转率低,经济效益较好。准确预测能够大幅度涨价的商品,库存充足;对于有缺货危险的商品,有计划地拥有适当的库存量;正确预测销售额的增加,在周密计划下,持有适量的存货。

④ 库存周转率低,经济效益较差。销售额降低,却不做库存调整;库存中的伪劣品、滞销品、积压品、过时商品等不良商品不但不减少,反而增加,或长期储存在仓库不做处理,占

压资金。

3. 反映仓储服务水平的指标

（1）平均收发货时间。平均收发货时间是指仓库收发每笔货物平均所用的时间。平均收发货时间既是一项反映仓储服务质量的指标，同时也能反映仓库的劳动效率。其计算公式为

$$平均每批货物的收发时间(小时/批) = \frac{收发时间总和}{收发货的总批数}$$

收发货时间一般界定：收货时间指自单证和货物到齐后开始计算，经验收入库后，把入库单送交保管会计登账为止。发货时间指自仓库接到发货单（调拨单）开始，经备货、包装、填单等，到办妥出库手续为止。一般不把在库待运时间列为发货时间计算。

（2）准时交货率。

$$准时交货率 = \frac{准时交货次数}{总交货次数} \times 100\%$$

（3）收发货差错率。收发货差错率是指收发货所发生差错的累计笔数占收发货总笔数的百分比，此项指标反映收发货的准确程度。其计算公式为

$$收发货差错率 = \frac{收发货差错累计笔数}{收发货累计总笔数} \times 100\%$$

收发货差错率是仓储管理的重要质量指标，可用于衡量收发货的准确性。

（4）顾客满意度。

$$顾客满意度 = \frac{满足顾客要求数量}{顾客要求数量} \times 100\%$$

（5）缺货率。

$$缺货率 = \frac{缺货次数}{顾客订货的次数} \times 100\%$$

4. 反映仓储经济状况的指标

储存的经济性指标主要是指有关储存的成本和效益指标，它可以综合反映仓库经济效益水平。

（1）平均储存费用。平均储存费用是指保管每吨货物一个月平均所需的费用开支。

货物保管过程中消耗的一定数量的活劳动和物化劳动的货币形式为各项仓储费用，包括在货物出入库、验收、储存和搬运过程中消耗的燃料、材料，人工工资和福利费，固定资产折旧、照明费、修理费、租赁费以及应分摊的管理费等。这些费用的总和构成仓库总的费用。其计算公式为

$$平均储存费用(元/t) = \frac{每月储存费用总额}{月平均储存量}$$

平均储存费用是仓库经济核算的主要经济指标之一，它可以综合反映仓库的经济成果、劳动生产率、技术设备利用率、材料和燃料的节约情况和管理水平等。

（2）资金利用率。资金利润率是指仓库所得利润与全部资金占用之比，它可以用来反映仓库的资金利用效果，其计算公式为

$$资金利润率 = \frac{利润总额}{固定资产平均占用 + 流动资金平均占用} \times 100\%$$

(3) 利润总额。利润是企业追求的目标,仓储型企业也不例外。利润总额是利润核算的主要指标,它表明利润的实现情况,是企业经济效益的综合指标。

利润总额＝仓库总收入额－仓库总支出额
＝仓库营业收入－储存成本和费用－税金＋其他业务利润±营业外收入净额

(4) 收入利润率。收入利润率指标是指仓库实现的利润与实现的收入之比,其计算公式为

$$收入利润率=\frac{利润}{收入}\times 100\%$$

(5) 人均实现利润。人均实现利润指标是指报告年度实现的利润总额与仓库中的全员人数之比,其计算公式为

$$人均实现利润(元/人)=\frac{利润总额}{全员人数}$$

(6) 每吨保管货物利润。

$$每吨保管货物利润(元/t)=\frac{利润总额}{货物储存总量}$$

这里的报告期货物储存总量一般可以用报告期间出库的货物总量来衡量。

5. 反映仓储安全性的指标

仓库的安全指标,用来反映仓库作业的安全程度,主要可以用发生的各种事故的大小和次数来表示,如人身伤亡事故,仓库失火、爆炸和被盗事故,机械损坏事故等。这类指标一般不需要计算,只是根据损失的大小来划分不同的等级,以便于考核。

以上五大类指标构成了仓储管理比较完整的指标体系,从多个方面反映了仓储部门经营管理、工作质量以及经济效益的水平。

知识拓展

仓库生产绩效指标体系是反映仓库生产成果和经营状况等各项指标的总和,指标的种类因仓库在供应链中所处的位置或者仓库的经营性质不同而有所区别。除了上述介绍的指标之外,还包括仓库的吞吐量、库存量、存货周转率等指标。

任务实施

步骤 1:根据鹏飞仓储有限公司 2021 年的作业统计指标值,如表 9-1 所示。

表 9-1 鹏飞仓储有限公司 2021 年统计指标值

序号	指标统计	指标值	序号	统计指标	指标值
1	公司占地面积/m²	12 500	6	固定资产总额/万元	450
2	仓库可利用面积/m²	6 000	7	公司员工数/人	40
3	建造费用/万元	600	8	员工基本工资/(元/月)	2 000
4	大型设备/台	3	9	平均每人每月加班时间/小时	10
5	大型设备每台价格/万元	150	10	每小时加班费/元	25

续表

序号	指标统计	指标值	序号	统计指标	指标值
11	维修费/万元	12	17	赔偿费/万元	60
12	设计吞吐量/万 t	860	18	货物自然损耗数/t	800
13	年业务总收入/万元	1 800	19	账实相符业务数/t	1 062
14	累计收发业务/笔	1 084	20	实际吞吐量/t	782
15	收货差错数/笔	5	21	标准损耗率/%	0.01
16	发货差错数/笔	6	22	标准收发错率/%	0.9

步骤2：通过分析表9-1作业统计指标值，计算相关的绩效指标，完成2021年的绩效指标表，如表9-2所示。

从表9-1中可得到

$$仓库面积利用率 = \frac{仓库可利用面积}{地产面积} \times 100\% = \frac{6\,000}{12\,500} \times 100\% = 48\%$$

$$仓库吞吐能力实现率 = \frac{期内实际吞吐量}{仓库设计吞吐量} \times 100\% = \frac{782}{860} \times 100\% = 91\%$$

$$货物损耗率 = \frac{货物损耗额}{货物保管总额} \times 100\% = \frac{800}{8\,600\,000} \times 100\% = 0.01\%$$

$$账货相符率 = \frac{账货相符数}{储存货物的总件数} \times 100\% = \frac{1\,062}{1\,084} \times 100\% = 98\%$$

$$收发货差错率 = \frac{收发货差错累计笔数}{收发货累计总笔数} \times 100\% = \frac{11}{1\,084} \times 100\% = 1\%$$

$$总支出额 = 建造费用 + 固定资产 + 员工工资 + 维修费用 + 赔偿费$$
$$= 600 + 150 \times 3 + (2\,000 + 25 \times 10) \times 12 \times 40 + 12 + 60 = 1\,230(万元)$$

$$利润总额 = 仓库总收入额 - 仓库总支出额 = 1\,800 - 1\,230 = 570(万)$$

$$收入利润率 = \frac{利润}{收入} \times 100\% = \frac{570}{1\,800} = 31.7\%$$

$$人均实现利润 = \frac{570}{40} = 14.25(万元)$$

表9-2 鹏飞仓储有限公司2021年绩效指标值表

序号	指标统计	指标值	序号	统计指标	指标值
1	仓库面积利用率/%	48	5	收发货差错率/%	1
2	仓库吞吐能力实现率/%	91	6	利润总额/万元	570
3	货物损耗率/%	0.01	7	收入利润率/%	31.7
4	账货相符率/%	98	8	人均实现利润/万元	14.25

步骤3：通过分析表9-1作业统计指标值，及表9-2绩效指标表，对鹏飞仓储有限公司2021年的仓储绩效进行评估。

（1）仓储资源利用程度方面。仓储资源利用程度主要通过仓库面积利用率来体现。鹏飞仓储有限公司仓库面积利用率为48%，一般情况应不小于60%，仓库的利用面积率较小，仓库的有效使用情况不好。因此,为大幅度提高仓库的利用率,可以从仓位规划、储位优化和包装标准化三个方面进行提高。

(2)仓储作业与管理能力方面。仓储作业与管理能力主要通过仓库吞吐能力实现率、货物损耗率、账货相符率三个指标来体现。鹏飞仓储有限公司的仓库吞吐能力实现率为91%,货物损耗率为0.01%,账货相符率为98%,三个数据均在合理范围内,表明公司货物储存工作质量,货物保管与养护的实际状况,账面货物真实情况较好。

(3)仓储服务水平方面。仓储服务水平主要通过收发货差错率来体现。鹏飞仓储有限公司收发货差错率为1%,差错率大于标准收发错率0.9%,工作人员收发货出错率相对较高,顾客满意度相对较低,因此,在日常工作中,应常查账、常数料、常核对。应该经常对账务进行查询,有异议立即进行账物核对;经常自行盘点,对易出错物料增加账物核对频率。

(4)仓储经济状况方面。仓库服务水平主要通过利润总额、收入利润率、人均实现利润三个指标来体现。鹏飞仓储有限公司2021年利润总额为570万元,收入利润率为31.7%,人均实现利润14.25万元,利润总额及收入利润率均在合理范围内,但是人均实现利润较低,因此,应制定整套完善科学的奖罚制度,提高员工工作的积极性,减少出错率,提高劳动效率。

任务9.2 配送绩效管理

任务描述

某配送中心专为汽车制造公司提供仓储、配送服务,因此仓库内主要存放的都是装配汽车所需要的各种零配件。这些零配件主要由相关的汽车协作单位生产,然后运至配送中心。

配送中心的建筑面积约为1 000平方米,其中心仓库面积约为490平方米,除去作业通道等面积外,可保管面积仅为400平方米。而仓库的平均库存量为3 000件,库里的货架多为传统货架,仅有4层。另外,库位于配送中心的东南角,离分拣中心较远。同时,配送中心也发现目前的仓库容量有时会出现储位不够的情况。

6—8月,该配送中心配送出去的货物为1 500件,而接到供应商的货物为2 000件。进货作业人员数为25人,基本每天工作时间为8小时,在这3个月的工作天数为80天,每天处理进货作业时间均在4小时左右。在这3个月内,配送中心接到的客户投诉次数偏多。6—8月,共计接到出库配送订单100单,而遭到客户投诉的订单多达64次。客户投诉的内容主要集中在两方面:一是接到配送中心缺货,要求延迟送货的电话,二是无法在网上查询到货物的运送状况。

任务:

(1)结合案例中的相关数据及内容,计算下列指标:①该配送中心的仓库空间利用率;②该配送中心的作业人员效率;③该配送中心的库存周转率;④该配送中心的顾客满意度。

(2)结合上述指标值,分析该配送中心的运作存在哪些问题?

(3)结合上述分析出来的问题,尝试对该配送中心提出相应的解决措施。

任务分析

对于做好配送绩效管理工作,应梳理配送绩效管理的基础知识,首先对配送绩效管理有清晰的认知,了解配送绩效评价的原则,理解配送绩效评价的步骤,掌握配送绩效评价的方法;其次要熟练掌握配送绩效管理的相关指标值的计算;最后通过具体的案例,对某企业的配送中心进行分析评估,并根据分析出来的问题提出相应的解决措施。

 知识准备

9.2.1 配送绩效管理认知

1. 配送绩效评价的原则

(1) 客观公正的评价原则。绩效评价应当根据明确规定的考评标准,针对客观考评资料进行评价,尽量避免掺杂主观性和感情色彩。

(2) 全面系统的评价原则。在评价系统的设计上要全面,要能够综合反映整个配送作业系统真实的运作情况;在评价数据的统计上要全面,要获得完成整个配送作业评价的所有数据,为上级决策提供全面的数据资料。

(3) 经常化、制度化的评价原则。绩效分析评价既能够反映一次配送作业的基本状况,也能够反映某一个时期配送作业的基本状况。为了能够获得系统全面的配送作业评价数据,必须将配送作业绩效分析作为一种管理制度持续推行,并根据评价信息提出配送作业改进方案。配送绩效评价应该形成一种定期评价的形式,如月度绩效分析、季度绩效分析、年度绩效分析等。

(4) 反馈与修改的评价原则。绩效评价分析的结果要及时发布给相关部门,相关部门要根据绩效评价的结果,及时对比自己部门的运行情况,从而发现绩效分析评价方法存在的问题,及时对绩效分析结果提出修改意见,反馈给绩效分析部门,对绩效分析结果或绩效分析方法进行修改,以提高绩效分析的客观性和合理性。各部门要发现部门运行中存在的问题,并提出改进措施,以提高部门的绩效水平,从而全面提高企业的运作水平。

(5) 目标与激励的评价原则。在进行绩效评价之前,要给各部门制定绩效控制目标,每一阶段的绩效分析评价结果要及时通知给各部门并公开,对已经完成绩效控制目标的部门给予奖励,对没有完成绩效控制目标的部门给予处罚。

2. 配送绩效评价的步骤

(1) 确定评价工作实施机构。在评价过程中,为了保证评价结果客观、公正及评价过程顺利进行,需要成立专门的评价实施机构。通常有两种方法:一是由评价组织机构直接组织实施评价,评价组织机构负责成立评价工作组,选聘有关专家组成专家咨询组;二是委托社会中介机构实施评价,先选择中介机构,并签订评价委托书,然后由中介机构成立评价工作组和专家咨询组。

(2) 确定评价指标体系。评价指标体系是配送绩效评价工作的基础,评价方案的制订、材料的收集整理与计算分析都围绕着指标体系来进行。对配送活动的成效进行度量与分析,从而判断工作的存在价值,形成客观、准确的评价结论,必须先确定配送作业绩效评价标准。评价标准一般包括客户服务水平、配送成本、配送效率和配送质量四个方面的指标体系。

(3) 制订评价工作方案。配送绩效的评价工作方案是由评价工作组制定的工作安排,由评价组织机构批准后,开始组织实施,并送专家咨询组咨询,内容包括评价对象,评价目的,评价依据,评价项目负责人和评价工作人员,时间安排,评价方法和标准,准备评价资料及有关工作要求等。

(4) 收集并整理基础资料和数据。根据评价工作方案的要求及评分的需要收集、核实、整理基础资料和数据,包括评价方法、评价准则、连续三年的会计决算报表及有关统计数据和定性评价的基础资料,制作各种调查表,分发给调查对象,并提出填写要求,然后及时收回并对数据进行分类登记。

(5) 进行计算分析、评价计分。计算分析与评价计分是评价过程的关键步骤,企业配送的经营绩效主要就是由一系列指标反映出来的,因此,在进行配送经营绩效评价时应根据企业配送绩效评价的指标体系计算出相应的指标值,然后对指标值进行综合分析评价,并形成综合评价结果。

(6) 形成评价结论。将配送绩效的综合评价结果与同行业相当规模的企业的配送绩效进行比较分析,也可以与企业自身的历史综合评价结果进行比较分析或选择行业内先进水平的组织或企业中的标杆进行对比分析。通过对企业配送绩效进行深入、细致的分析判断,形成综合评价结论,并听取企业有关方面负责人的意见,进行适当地修正和调整,使评价结论能够更加客观、准确、全面地反映企业配送活动的实际情况。

(7) 撰写评价报告。评价结论形成以后,评价工作人员要撰写配送企业配送绩效评价报告。评价报告的主要内容包括评价结果、评价分析、评价结论及相关附件等,送专家咨询组征求意见。完成报告后,经评价项目主持人签字,报送评价组织机构审核认定,如果是委托中介机构进行评价,需要加盖中介机构公章方能生效。

(8) 评价工作总结。评价项目完成后,工作组应该进行工作总结,需将评价工作背景,时间与地点,基本情况,评价结果,工作中的问题及措施,工作建议等形成书面材料,建立评价工作档案,同时报送企业备案。

3. 配送绩效评价的方法

配送绩效评价的方法就是进行配送服务绩效评价指标要素的分析,确定各要素对配送绩效的影响。通过对配送服务绩效评价指标要素的比较和优化,企业依据发展配送服务的实际需要,形成一个完善的由多种评价方法构成的体系。

配送绩效评价的主要方法如下。

(1) 全方位绩效评价方法。全方位绩效评价方法指将绩效评价确定为一套完整的管理过程,把企业的策略目的变成有条理的绩效评价方式。这种方法主要有五个步骤:预备、访问记录、研讨会、完成、改进。

(2) 以客户定位、员工驱动、数据为基础的原则绩效评价方法。该方法包括以下要素:确定各环节原则,进行设计,改进质量和工作,整合人力资源等。

(3) 综合平衡计分卡方法。平衡计分卡方法的优点是强调了绩效管理与企业战略之间的紧密关系,提出了一套具体的指标框架体系。综合平衡计分卡方法包括四个要素:学习与成长性,内部管理性,客户价值,财务。这四种要素的内在关系是:学习与成长主要解决企业长期生命力的问题,是提高企业内部战略管理的素质与能力的基础;企业通过管理能力的提高为客户提供更大的价值;客户的满意使得企业获得良好的财务效益。一般认为,财务性指标指的是结果性指标;非财务性指标则是决定结果性指标的驱动指标,强调指标的确定性必须包含财务性和非财务性。

平衡计分卡

(4) 标杆瞄准评价方法。标杆瞄准评价方法指以行业内的物流服务绩效为标杆进行评价。

(5) 关键业绩指标评价法。关键业绩指标评价法的精髓是指企业服务业绩指标的设置必须与企业的战略挂钩。"关键"两字的含义是指在某一阶段某一企业在战略上要解决的最主要的问题。绩效评价管理体系则相应地针对这些问题的解决设计管理指标。

9.2.2 配送绩效指标管理

按配送作业环节和工作内容描述,常用的配送作业绩效评价量化指标主要有以下几方面,应用时可根据评价目的和评价对象进行适当的调整。

1. 进出货作业环节相关指标

在进出货作业环节,企业管理人员需要从作业人员的工作效率及工作时间指标,进出货工作的质量指标及作业设施设备的利用指标三个层面来考虑。

(1) 作业人员的工作效率及工作时间。该指标用于考核工作分配是否合理,作业效率如何。

$$每人每小时处理进货量 = \frac{考核期总进货量}{进货人员数 \times 每日进货时间 \times 工作天数}$$

$$每人每小时处理出货量 = \frac{考核期总出货量}{出货人员数 \times 每日出货时间 \times 工作天数}$$

$$进货时间率 = \frac{每日进货时间}{每日工作时数} \times 100\%$$

$$出货时间率 = \frac{每日出货时间}{每日工作时数} \times 100\%$$

如果进出货共用一批人员,则可合并计算。

$$每人每小时处理进出货量 = \frac{考核期总进出货量}{进出货人员数 \times 每日进出货时间 \times 工作天数}$$

$$进出货时间率 = \frac{每日进出货时间}{每日工作时数} \times 100\%$$

(2) 进出货工作的质量。

$$进货数量误差率 = \frac{进货误差量}{进货总量} \times 100\%$$

$$进货品合格率 = \frac{进货品合格的数量}{进货总量} \times 100\%$$

$$进货时间延迟率 = \frac{延迟进货的货品总量}{进货总量} \times 100\%$$

$$出货数量误差率 = \frac{出货误差量}{出货总量} \times 100\%$$

$$出货时间延迟率 = \frac{延迟出货的货品总量}{出货总量} \times 100\%$$

(3) 作业设施设备的利用。该指标用于考核站台是否因数量不足或规划不当而造成拥挤或低效。

$$站台使用率 = \frac{进出货车次装卸货停留总时间}{站台泊位数 \times 工作天数 \times 每天工作时数} \times 100\%$$

$$站台高峰率 = \frac{高峰车数}{站台泊位数} \times 100\%$$

想一想：若站台使用率过高，易造成作业拥挤堵塞，如何应对？若站台使用率低而高峰率高，同样会造成高峰作业拥挤，如何应对？

2. 存货管理环节相关指标

配送企业的存货管理主要是将货物短期妥善保管，要求充分利用仓库空间，加强库存控制，既要防止存货过多而占用资源和资金，又要及时补货，降低存货的缺货率，并且定期或不定期做好盘点，为日后准确、及时出货做准备。

因此，存货管理绩效量化指标可包括以下几类。

(1) 空间设施利用率。

$$储区面积率 = \frac{储区面积}{配送中心建筑面积} \times 100\%$$

$$储区容积使用率 = \frac{存货总体积}{储区总容积} \times 100\%$$

$$单位面积保管量 = \frac{平均储存量}{可保管面积}$$

$$平均每项所占储位数 = \frac{料架储位数}{总品项数}$$

其中，平均每品项所占储位数应规划在 0.5~2，便于储存、拣货人员找寻存取货品。

(2) 库存周转率。

$$库存周转率 = \frac{出货量}{平均库存量} \times 100\%$$

或者

$$库存周转率 = \frac{营业额}{平均库存金额} \times 100\%$$

周转率是考核配送企业库存控制水平和经营绩效的重要指标，该指标值越高，表明库存积压占用资金越少，企业利润随周转率的提高而增加。

(3) 库存管理费率。

$$库存管理费率 = \frac{库存管理费用}{平均库存量} \times 100\%$$

一般存货管理费用包括仓库租金，仓库管理费用（出入库验收、盘点等人工、保卫、仓库照明、温湿度调节、建筑物、设备、器具维修等费用），保险费，货物变质、破损、盘亏等损耗费，货物换季过时减值损失等。欲降低存货管理费率，需要针对上述费用项逐一检查和分析，寻找改进途径，比如尽可能少量、频繁补货，提高库存的周转速度。

（4）呆废货品率。

$$呆废货品率=\frac{呆废货品件数}{平均库存量}\times100\%$$

或者

$$呆废货品率=\frac{呆废货品金额}{平均库存金额}\times100\%$$

该指标用于测定补货策略、库存控制水平和储存现场管理水平。

（5）出货品采购成本率。

$$出货品采购成本率=\frac{出货品采购成本}{营业额}\times100\%$$

这是采购成本合理性指标，用于考察销售配送型企业的供应商选择、采购谈判、采购策略等的绩效水平，可以采用公开招标选择最佳供应商，通过签订长期供货合同、集中采购获得数量折扣以降低采购价格，通过供应商 ABC 管理取得竞争性价格。

（6）货品采购储存总费用。

$$货品采购储存总费用=采购成本费用+库存管理费用$$

该指标衡量采购与库存策略的合理性，降低货品采购储存总费用需要计算经济订货批量和最佳订货周期。一般来说，高单价货品宜小批量多次订购，低单价货品宜大批量订购。

（7）补货作业质量。

$$补货数量误差率=\frac{补货误差量}{补货量}\times100\%$$

$$补货次品率=\frac{补货不合格量}{补货量}\times100\%$$

$$补货延迟率=\frac{延迟补货数量}{补货量}\times100\%$$

该类指标反映所选择供应商的商品质量、供货可靠性，与订单缺货率相关联。

（8）盘点误差率。

$$盘点数量误差率=\frac{盘点误差量}{盘点总量}\times100\%$$

$$盘点品项误差率=\frac{盘点误差品项数}{盘点实际品项数}\times100\%$$

3. 订单处理作业环节相关指标

从接到客户订单开始到着手准备拣货之间的作业阶段，包括订单资料确认、存货查单据处理等，主要评价指标有四项。

（1）订单处理的数量指标。

$$日均受理订单数=\frac{考核期总订单数}{工作天数}$$

$$每单平均订货数量=\frac{出货量}{订单数量}$$

$$日均商品单价 = \frac{营业额}{订单数量}$$

该类指标提示每天的订单及其特性变化,用于拟定客户管理策略及业务发展计划。

(2) 订单延迟率。

$$订单延迟率 = \frac{延迟交货订单数}{订单数量} \times 100\%$$

此指标用于衡量交货的及时性。改善对策:找出作业瓶颈,加以解决;研究物流系统前后作业能否相互支持或同时进行,谋求作业的均衡性;掌握库存情况,防止缺货;合理安排配送时间。

$$订单货件延迟率 = \frac{延迟交货量}{出货量} \times 100\%$$

此指标用于衡量订货实现的程度及其影响。改善对策:及时掌握库存的状况,防止缺货;制定严格的管理及操作规程,防止货损货差的发生。

(3) 紧急订单响应率。

$$紧急订单响应率 = \frac{未超过12小时出货订单}{订单数量} \times 100\%$$

此指标反映配送企业的订单快速处理能力和紧急插单业务处理能力,需要事先制定快速作业处理流程与操作规程。

(4) 订单缺货率。

$$订单缺货率 = \frac{接单缺货率}{出货量} \times 100\%$$

如果缺货率过高,就应当重新审视目前的库存控制策略,有无调整订货点、订货批量基准的必要,督查是否及时录入进出货品情况,动态关注存货异动,掌握采购、补货时机,督促供应商准时送货。

4. 拣货作业环节相关指标

拣货作业是指依据客户订货要求或配送作业计划,准确、迅速地将货品从其储位或其他区域拣取出来的过程,一般属于劳动密集型作业,耗费成本较多,而拣货时间、拣货策略及拣货精确度对接单出货时间与出货质量的影响较大。拣货作业环节指标包括以下方面。

(1) 拣货作业效率。

$$人均每小时拣货品项数 = \frac{订单总品项数}{拣货人员数 \times 每天拣货时数 \times 工作天数}$$

$$人均每小时拣货件数 = \frac{订单累计总件数}{拣货人员数 \times 每天拣货时数 \times 工作天数}$$

$$拣货时间数 = \frac{拣货人员数 \times 每日拣货时数 \times 工作天数}{拣货分批次数}$$

(2) 拣货作业成本。

$$每个订单投入拣货成本 = \frac{拣货投入成本}{订单数量}$$

$$每件货品拣货成本 = \frac{拣货投入成本}{拣货单位累计件数}$$

$$单位材积投入拣货成本 = \frac{拣货投入成本}{出货品材积数}$$

(3) 拣货作业质量。

$$拣误率 = \frac{拣取错误笔数}{订单总比数} \times 100\%$$

(4) 拣货作业数量。

$$单位时间处理订单数 = \frac{订单数量}{每日拣货时数 \times 工作天数}$$

$$单位时间拣取品项数 = \frac{订单数量 \times 每件订单平均品项数}{每日拣货时数 \times 工作天数}$$

$$单位时间拣取体积数 = \frac{发货品体积量}{每日拣货时数 \times 工作天数}$$

5. 送货作业环节相关指标

送货作业是将货品送达客户的活动,是配送作业绩效的最终体现。如何选择适合的送货人员和送货车辆,确定最佳行车路径,合理规划送货时间,实现最大配载效率,控制成本费用以及减少交货延迟发生率等都是送货管理人员应该考虑的问题。送货作业绩环节相关指标有以下几个方面。

(1) 资源利用效率。

$$人均送货量 = \frac{送货量}{送货人员数}$$

$$平均每辆车送货量 = \frac{送货总材积}{自车数量 + 外车数量}$$

$$车辆作业率 = \frac{送货总次数}{(自车数量 + 外车数量) \times 工作天数} \times 100\%$$

$$平均每车次送货吨公里数 = \frac{送货总距离 \times 送货总重量}{送货总车次}$$

$$空驶率 = \frac{空车行驶距离}{送货总距离} \times 100\%$$

以上指标均考察送货人、车资源的利用率,合理配置资源,合理配载和调度车辆,可改善该类指标值。

知识拓展

降低配送车辆空驶率的方法有以下三种。

(1) 订单处理人员在配载时,考虑每车的合理送货路径。

(2) 在往程业务开发时,促使业务目的地尽量集中在回程货源多的地点。

(3) 了解到回程出发地车源较多且等待时间较长时,尽量不接纳往那个地方的货源,避免自己也等待回程货源或空返。

(2) 外车比例。

$$外车比率 = \frac{外车数量}{自车数量 + 外车数量} \times 100\%$$

该指标评估外车数量比例是否适合本企业送货业务的特点。若本企业送货货物中季节性或节假日商品所占比重高,旺、淡季出货量差别大,对应外车所占比重高,以此应付业务量变动和降低平日的养车成本;反之,宜降低外车比例,选择自车,以提高送货效率和成本。

(3)送货成本。

$$送货成本比率 = \frac{自车送货成本 + 外车送货成本}{送货总费用} \times 100\%$$

$$每公里送货成本 = \frac{自车送货成本 + 外车送货成本}{送货总距离}$$

$$每材积送货成本 = \frac{自车送货成本 + 外车送货成本}{出货品材积数}$$

$$每车次送货成本 = \frac{自车送货成本 + 外车送货成本}{送货总车次}$$

(4)送货延误率。

$$送货延误率 = \frac{送货延误车次}{送货总车次} \times 100\%$$

送货延误的原因很多,可能是车辆设备故障、路况不佳、交通意外、供应交货延误、缺货等,要全面分析,有针对性地采取对策。

(5)送货短缺率。

$$送货缺货率 = \frac{出货品短缺率}{出货量} \times 100\%$$

出货品短缺会影响客户满意度,增加再次送货成本,需要注重每位员工每次作业的质量,做好出货每一作业环节的复核。

知识拓展

顾客满意度

顾客满意度是指对一个产品可感知的效果(或结果)与期望值对比后,顾客形成的愉悦或失望的感觉状态。对配送中心而言,顾客满意度主要集中在客户是否对配送中心提供的配送服务及其他相关客户服务感到满意。其顾客满意度评价可以通过计算客户投诉率来分析。

$$顾客投诉率 = \frac{客户投诉次数}{订单数量} \times 100\%$$

$$顾客满意度 = 1 - 顾客投诉率$$

任务实施

步骤1:结合案例中的相关数据及内容,计算相关指标。

(1)该配送中心的仓库空间利用率。配送中心的仓库空间利用率可用储区面积率、单位面积保管量表示。

从案例中得出配送中心的建筑面积约为1 000m²,其中心库面积约为490m²,可保管面积只有400m²,而仓库的平均库存量为3 000件。

$$储区面积率 = \frac{储区面积}{配送中心建筑面积} \times 100\% = \frac{490}{1\,000} \times 100\% = 49\%$$

$$单位面积保管量 = \frac{平均库存量}{可保管面积} = \frac{3\,000}{400} = 7.5$$

（2）该配送中心的作业人员效率。配送中心的作业人员效率可用每人每小时处理的进货量、进货时间率表示。

从案例中得出接到供应商的货物为 2 000 件，进货作业人员数为 25 人，每天处理进货作业时间为 4 小时，工作天数为 80 天，每天工作时间为 8 小时，得出：

$$每人每小时处理进货量 = \frac{考核期总进货量}{进货人员数 \times 每日进货时间 \times 工作天数} = \frac{2\,000}{25 \times 4 \times 80} = 0.25$$

$$进出时间率 = \frac{每日进货时间}{每日工作时数} \times 100\% = \frac{4}{8} \times 100\% = 50\%$$

（3）该配送中心的库存周转率。从案例中得出配送出去的货物为 1 500 件，仓库的平均库存量为 3 000 件。

$$库存周转率 = \frac{出货量}{平均库存量} \times 100\% = \frac{1\,500}{3\,000} \times 100\% = 50\%$$

（4）该配送中心的顾客满意度。从案例中得出出库配送订单 100 单，而遭到客户投诉的订单多达 64 次。

$$顾客投诉率 = \frac{客户投诉次数}{订单数量} \times 100\% = \frac{64}{100} \times 100\% = 64\%$$

$$顾客满意度 = 1 - 顾客投诉率 = 1 - 64\% = 36\%$$

步骤 2：结合上述指标值，分析该配送中心的运作存在哪些问题。

（1）储区面积率指标值偏小，空间未得到充分利用。

（2）每人每小时处理进货量低，出货时间率高。

（3）库存周转率偏低，库存周期偏长，资金的使用效率偏低。

（4）顾客投诉率高，满意度低。

步骤 3：结合上述分析出来的问题，尝试对该配送中心提出相应的解决措施。

（1）考虑采取作业组合的方式，比如将加工、检查两项作业同处同时进行。一方面减少了必要的空间，另一方面也能取消部分搬运动作，对于整个营运作业更有帮助。

（2）考虑缩减进出货人员；对于工资差的问题应随时敦促、培训，同时应尽量想办法减少工作量及装卸次数(如托盘化)。

（3）通过配送中心自行决定采购、补货的时机及存货量，缩短库存量，建立预测系统，增加出货量。

（4）加强库存管理，并将存货异动及时登录；要求供应商准时送货，并予以督促监督；优化订单查询系统，及时更新货物的状况。

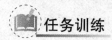
任务训练

一、实训目的

（1）增进学生对配送中心绩效评价内容的了解。

(2) 激发学生的学习兴趣。
(3) 培养学生的实际操作能力、分析能力及团队合作意识。
(4) 培养学生了解适应社会的能力。

二、实训内容

(1) 学生需要认真回顾本章节内容,弄清楚各指标分析时所需的数据及其他相关依据。
(2) 学生分组,组内各成员需负责 1~2 项指标的绩效评价分析。
(3) 有条件的学校可以组织各组学生到当地的配送中心进行数据采集。若无此条件,可由任课教师先行收集或编撰相关数据,以提供给学生使用。

三、实训要求

每小组需完成一份配送中心绩效评估报告,要求内容详细、有条理、有依据,避免空泛。

小 结

本项目主要围绕绩效管理作业展开,主要分为两部分,即仓储绩效管理和配送绩效管理。

第一部分为仓储绩效管理。首先梳理了仓储绩效管理的基础知识,主要包括仓储绩效管理的含义及目的,仓储绩效管理问题的分析与对策,提高仓储效率与效益的途径;其次介绍了仓储绩效管理的相关指标,具体包括反映仓储资源利用程度的指标,反映仓储作业与管理能力的指标,反映仓储服务水平的指标,反映仓储经济状况的指标,反映仓储安全性的指标;最后通过任务实施案例对所学知识进行进一步的理解、巩固。

第二部分为配送绩效管理。首先梳理了配送绩效管理的基础知识,主要包括配送绩效评价的原则,配送绩效评价的步骤,配送绩效评价的方法;其次介绍了配送绩效管理的相关指标,具体包括进出货作业环节相关指标,存货管理环节相关指标,订单处理作业环节相关指标,拣货作业环节相关指标,送货作业环节相关指标;最后通过具体的案例,对某企业的配送中心进行分析评估,并根据分析出来的问题提出相应的解决措施。

通过绩效管理,能够加强产品的周转,增强员工对本职工作的理解以及执行的能力,有利于公司的发展,为公司长久的平稳发展打下了基础。

测 试

一、单选题

1. 仓储绩效评估的核心工作就是(   )。
   A. 参与   B. 执行   C. 合作   D. 沟通
2. 下列不属于反映仓储资源利用程度的指标的是(   )。
   A. 仓库利用率   B. 设备利用率
   C. 资金使用利用率   D. 设备完好率
3. 订单延迟率是(   )。
   A. 延迟交货订单数/订单总数   B. 交货订单数/订单总数

C. 订单数量/工作天数　　　　　　D. 实际交货数量/订单需求数量
4. 配送服务质量指标可用（　　）来分析。
　　A. 配送延迟率　　　　　　　　B. 缺货率
　　C. 配送平均速度　　　　　　　D. 平均每人的配送重量
5. （　　）偏高，则表示高价位的货物误差发生率较大，最好的改善方式是严格执行ABC管理。
　　A. 盘点品种误差率　　　　　　B. 盘点次数比值
　　C. 盘点数量误差率　　　　　　D. 平均盘差品金额

二、多选题

1. 仓库绩效评价体系必须遵循（　　）。
　　A. 指标全面　　B. 科学实用　　C. 标准规范　　D. 客观公正
2. 下面属于仓库服务水平指标的是（　　）。
　　A. 准时交货率　　　　　　　　B. 收发货差错率
　　C. 货物损耗率　　　　　　　　D. 商品缺损率
3. 配送绩效评价的原则包含（　　）。
　　A. 客观公正的评价原则　　　　B. 安全系统的评价原则
　　C. 反馈与修改的评价原则　　　D. 目标与激励的评价原则
4. 下列属于拣货作业效率的指标是（　　）。
　　A. 人均每小时拣货品项数　　　B. 人均每小时拣货件数
　　C. 拣货时间数　　　　　　　　D. 每件订单投入拣货成本
5. 下列属于订单处理作业绩效指标的是（　　）。
　　A. 出货短缺率　　B. 订单缺货率　　C. 订单延迟率　　D. 紧急订单响应率

三、简答题

1. 为什么要进行仓库的绩效考核？
2. 仓储管理绩效考核指标包含哪些内容？
3. 如果拣货差错率指标数值高，说明什么？分析原因及措施。
4. 配送绩效评价的主要方法有哪些？

参 考 文 献

[1] 闫春荣,陈领会. 新编仓储管理实务[M]. 北京:电子工业出版社,2016.
[2] 柳荣. 智慧仓储物流配送精细化管理实务[M]. 北京:人民邮电出版社,2020.
[3] 王骏. 物流技能竞赛指导[M]. 2版. 北京:中国人民大学出版社,2021.
[4] 靳荣利. 仓储与配送管理——基于ITP一体化教学管理平台[M]. 北京:机械工业出版社,2018.
[5] 滕宝红. 仓库管理实操从入门到精通[M]. 北京:人民邮电出版社,2019.
[6] 刘常宝. 现代仓储与配送管理基于仓配一体化[M]. 北京:机械工业出版社,2020.
[7] 徐杰,田源. 采购与仓储管理[M]. 北京:清华大学出版社,2019.
[8] 刘贵生. 物流配送管理[M]. 北京:清华大学出版社,2015.
[9] 殷延海,焦刚. 互联网+物流配送[M]. 上海:复旦大学出版社,2019.
[10] 沈文天. 配送管理[M]. 北京:中国人民大学出版社,2018.
[11] 张扬,国云星. 仓储与配送管理实务[M]. 北京:中国人民大学出版社,2018.
[12] 贾春玉,双海军,钟耀广. 仓储与配送管理[M]. 北京:机械工业出版社,2019.
[13] 谢翠梅. 仓储与配送管理实务[M]. 北京:北京交通大学出版社,2013.
[14] 阮喜珍. 仓储配送管理[M]. 武汉:华中科技大学出版社,2020.